111 GRÜNDE, DIE NIEDERLANDE ZU LIEBEN

Oliver Hübner

111 Gründe, die Niederlande zu lieben

Eine Liebeserklärung an
das schönste Land der Welt

SCHWARZKOPF & SCHWARZKOPF

Inhalt

zu den schönsten der Welt zählt · Weil man mit dem Zug bis fast zum Strand fahren kann · Weil inmitten eines Polders eine Weltkulturerbe-Insel liegt: Schokland · Weil hier der Kaiser sein Exil fand – Kaiser Wilhelm auf Huis Doorn · Weil direkt hinter der Grenze ein bezauberndes Künstlerdorf liegt: Ootmarsum · Weil in Giethoorn die Boote flüstern · Weil in der Festungsstadt Heusden keine Reklame leuchten darf · Weil ein Steuertrick die weiße Stadt Thorn geschaffen hat · Weil eine kleine Insel im IJsselmeer eine echte Marke ist · Weil der alte Hafen von Enkhuizen wunderschön ist · Weil eine Vielzahl von Schlössern und »Buitenplaatsen« zum Besuch locken, beispielsweise das Landgut Twickel in Delden · Weil die Provinz Limburg einen frankophilen Charme besitzt · Weil die Provinz Friesland eine stolze Geschichte und jüngst auch die Kultur entdeckt hat

Land der Tulpen, Land der Mühlen, Land zwischen Schelde und Watt

Vorwort

Die Niederlande, das sind Tulpen, Windmühlen und Holzschuhe, das sind pittoreske Grachtenstädte, kilometerlange Sandstrände und weitläufige Dünenlandschaften, das sind flache Polder, das sind auch großartige Leckereien wie Vanillevla, Lakritz, himmlisches Gebäck, Käse und wässrige Tomaten. Von dort kommen Menschen, die mit ihrem Wohnwagen die deutschen Autobahnen blockieren. Das Spektrum an Klischees ist breit!

Im Vergleich zu Deutschland ist unser Nachbarland ein relativ kleines Land, es besitzt etwa ein Achtel der Fläche und ein Fünftel der Einwohnerzahl. Die Niederlande erscheinen uns auf den ersten Blick vertraut, doch ist dieser auch trügerisch. Sagt da gerade jemand Holland? Ja, ja! Über Stolperfallen bei der Begegnung mit unserem Nachbarland möchte dieses Buch aufklären und dabei eine Liebeserklärung an dessen Besonderheiten sein.

Seit dem zarten Alter von zwei Jahren bereise ich die Niederlande. Von meinen Eltern im Bollerwagen über den Strand von Texel gezogen, später kreuz und quer durchs ganze Land mit dem Fahrrad, dem Segelboot, der Eisenbahn und dem Automobil. Auch durfte ich schon einmal vom Amsterdamer Flughafen Schiphol aus in die Lüfte steigen.

1994/95 verbrachte ich ein Studienjahr an der Universiteit van Amsterdam, für mich und meine Hollandliebe ein sehr prägendes Jahr. Davon zu berichten, finde ich an vielen Stellen in diesem Buch die Gelegenheit.

Viele meiner persönlichen Erlebnisse sind die Grundlage zu den einzelnen Kapiteln, den 111 Gründen, die Niederlande zu lieben. Die

Gründe, die den Weg ins Buch gefunden haben, sind daher höchst subjektiv. Dieses Buch ist kein Reiseführer im klassischen Sinne. Ich hoffe aber, es dient als hilfreicher Leitfaden bei der Begegnung mit dem wunderschönen Land von Frau Antje und Johan Cruyff und mit dessen liebenswerten, manchmal auch eigenartigen Menschen. Sowohl bei der ersten Begegnung als auch noch bei der einhundertelften.

Ich hoffe, Zusammenhänge und Entwicklungen erklären zu können, ganz nebenbei, damit die Kost nicht zu schwer wird. Dabei greife ich häufig auf historische Kontexte zurück. So taucht bei vielen Gelegenheiten das Goldene Zeitalter auf, das 17. Jahrhundert, eine Zeit der wirtschaftlichen und technischen Blüte, in dem viele Städte ihre heutige Form annahmen. Eine kreative Zeit hinsichtlich Kunst und Kultur. Die Spuren sind unübersehbar!

Seit einigen Jahren befasse ich mich mit deutsch-niederländischen Themen auf meinem »Blog speciaal«. Einige Themen, die ich dort bereits bearbeitet habe, sind auch in dieses Werk eingeflossen.

Besonderer Dank für Inspiration und Diskussion gilt Simone Gorosics mit ihrem Blog nach-holland.de sowie Alexandra Kleijn und ihrem Blog buurtaal.de. Alexandra Johnen ermöglichte mir wundervolle Eindrücke der Niederlande während mehrerer Pressereisen mit dem NBTC, dem Marketingbüro der Niederlande, dafür vielen Dank.

Für meinen Überblick im historischen Kontext danke ich Professor Friso Wielenga von der Universität Münster, dessen *Geschichte der Niederlande* (Reclam Verlag Stuttgart, 2016) mir das Goldene Zeitalter und weitere geschichtliche Aspekte unseres Nachbarlandes erhellte.

Und nun: viel Freude mit den 111 Gründen und noch mehr Freude bei der nächsten Reise ins Land der Polder und Windmühlen.

Oliver Hübner

1. Kapitel

Das Land

1. Grund

Weil Holland nur ein Teil der Niederlande ist

Holland oder die Niederlande? Ist das nicht das Gleiche? Zumindest irgendwie?

Es ist eines der größten Rätsel für Reisende von außerhalb der Niederlande, wenn sie die Grenze bei Venlo, Emmerich oder im Emsland überschreiten: »Sind wir jetzt in Holland?« Die Antwort lautet ganz klar: nein!

Früher, als ich die Sommerferien mit meinen Eltern am Strand von Texel verbrachte, in den 1970er-Jahren, sagten wir immer, wir fahren nach Holland. Das war richtig, doch wohl nur durch einen glücklichen Zufall. Denn Texel gehört zur Provinz Nordholland. Wäre unser Ziel nur einige Kilometer weiter östlich gewesen, die Insel Vlieland zum Beispiel, hätten wir unseren Urlaub in der Provinz Friesland verbracht. Dennoch hätten wir gesagt, wir fahren nach Holland, befürchte ich.

Holland, das war das Nachbarland im Westen, da kamen der Käse her, Frau Antje und wässrige Tomaten. Holland hatten wir 1974 im Endspiel besiegt. Holland, einfach Holland. Die Niederlande? Das ist doch das Gleiche, nur in kompliziert!

Dass Holland, also die beiden heutigen Provinzen Nordholland und Südholland, sich als *pars pro toto* für die Niederlande erstens eignet und zweitens durchgesetzt hat, hat sowohl mit Klischee als auch mit der Geschichte zu tun:

1. Das Klischee: Windmühlen in den Poldern, Grachten in Amsterdam, Käse aus Gouda, Tulpen vom Keukenhof, das alles ist (in der Regel) Holland!

2. Die Geschichte: Die Seefahrer des Goldenen Zeitalters, des 17. Jahrhunderts, die Niederländisch-Indien bereisten, das heutige Indonesien, die Gewürze von den Molukken, den Gewürzinseln, nach Europa brachten, sie kamen fast alle aus holländischen Städten!

Die großen Häfen lagen in dieser Zeit in Amsterdam, Hoorn und Enkhuizen, geschützt in der *Zuiderzee*, dem heutigen IJsselmeer. In der internationalen Wahrnehmung also: Holländer.

Doch bereits in der Blütezeit der Niederländischen Ostindien-Kompanie gab es neben Holland die Provinzen Friesland, Groningen, Gelderland, Overijssel, Utrecht und Zeeland. Sie vereinten sich zur Republik der Sieben Vereinigten Provinzen, auch als die Vereinigten Niederlande bezeichnet. Die Republik wurden nach langer spanischer Besatzung mit dem Westfälischen Frieden zu Münster im Jahr 1648 unabhängig. Seitdem sind noch die Provinzen Drenthe, Nordbrabant, Limburg und Flevoland hinzugekommen. Sie alle formen gemeinsam die Niederlande.

Wenn ich es genau nehme, sage ich zu unserem Nachbarland im Westen also »die Niederlande« und nicht »Holland«.

Und wie halte ich es in der Praxis?

Natürlich weiß ich, dass ich eigentlich immer von den Niederlanden reden sollte. Das ist allerdings, vor allem in privaten Kreisen, auch umständlich. Zudem klingt die Pluralform eckig und kantig.

Ein Grund mehr, weshalb im Deutschen »Holland« schneller über die Zunge geht. Und ganz ehrlich? Das ist doch auch in Ordnung! Ich möchte hier keineswegs Landsleute missionieren, »Holland« aus dem Sprachgebrauch zu tilgen, wenn eigentlich die Niederlande gemeint sind! Im Kollegen- und Freundeskreis sagen alle, wir fahren übers Wochenende nach Holland, und da sage ich es eben auch.

Im offiziellen Sprachgebrauch, wenn ich Blogartikel schreibe, in Korrespondenzen, egal ob mit Deutschen oder Niederländern, achte ich hingegen streng darauf, die richtige Form zu gebrauchen. Die Niederlande, Niederländerinnen, Niederländer. Punkt.

Denn eben weil Holland so häufig als Synonym für das ganze Land benutzt wird, sehen Limburgerinnen und Gelderländer es kritisch, wenn sie als Holländerin oder Holländer bezeichnet werden. Die Situation ist vergleichbar mit einem deutschen Reisenden in den

USA. Selbst wenn sie aus Hamburg oder Cottbus kommen, werden sie oft überschwänglich freundlich mit folgenden Worten begrüßt:

»Oh, you are from Germany? Great! Oktoberfest and Weißwurst!«

Wie sollte man darauf anders antworten, als: »Äh yes, but no!«

Und die Menschen aus Tilburg, Maastricht oder Enschede leiden schon häufig genug unter abschätzigen Bemerkungen aus dem Randstad-Holland, siehe auch *Grund 10: Weil in der Mitte der Randstad das Grüne Herz von Holland liegt*, dass sie wohl von irgendwo aus dem Osten kämen, ob ihrer bäuerlichen Aussprache. Deshalb bitte niemals das böse Wort mit H zu ihnen sagen.

Aber zu jeder Regel gibt es Ausnahmen. Denn manchmal tun sie es sogar selbst! Wenn im Freudentaumel eines großen Sportwettbewerbs alle vereint und in *Oranje* gekleidet sind, dann wird »*Hup Holland!*« skandiert. Wenn der Nationalstolz überwiegt, dann heißt der Matjes im ganzen Land *Hollandse Nieuwe*, Tulpen kommen sowieso aus Holland, und auf dem Lieferwagen, der Blumen aus Venlo auf den Wochenmarkt nach Düsseldorf bringt, steht »Blumen frisch aus Holland«. Wo das Klischee nützt, heiligt der Zweck die Mittel. Da sind die Holländer, Pardon, die Niederländerinnen und Niederländer, oft genug pragmatisch.

Sogar das offizielle Landesmarketing NBTC, das *Nederlands Bureau voor Toerisme & Congressen*, firmiert international unter holland.com. Einfacher und auf den Punkt gebracht.

Doch Vorsicht: Was für das Land erlaubt ist, gilt keinesfalls für die Sprache! Die Landessprache heißt immer Niederländisch. Sie ist allerdings nicht die einzige offizielle Sprache der Niederlande. Dazu kommen wir in einem späteren Abschnitt, *Grund 97: Weil auch Friesisch eine eigene Sprache ist.*

Holländisch ist lediglich der Akzent, der in den beiden besagten Provinzen gesprochen wird, so wie Hessisch oder Pfälzisch.

2. Grund

Weil die Niederlande mehr sind als ein Land, das niedrig liegt

Die Niederlande, Nederland, the Netherlands, les Pays Bas oder auch Lage Landen. Es gibt in vielen Sprachen viele Namen für das niedrig gelegene Land an der Nordsee. Auffällig ist, dass es sich bei den meisten Bezeichnungen offenbar um mehrere Länder handelt.

Das ist rein sprachlich schon eine Hürde, gleich bei der ersten Begegnung: Wie heißt es denn nun genau? Dass es nicht »Holland« heißt, haben wir bereits im ersten Abschnitt erörtert, warum es aber im Plural steht, im nun folgenden.

Die Niederlande. Ein Land, und doch klingt es nach mehr(eren). Nicht nur im Deutschen, auch in vielen anderen Sprachen. Siehe oben. Weitere Beispiele gefällig? Gerne! Spanisch: Países Bajos, Italienisch: Paesi Bassi und Dänisch: Nederlandene. Wahrscheinlich steht es auch im Türkischen, Russischen oder Chinesischen in der Pluralform, wenn es dort nicht vereinfacht von »Holland« abgeleitet wird.

Es gibt aber mindestens eine Ausnahme von dieser Regel: Im Niederländischen selbst. Dort ist die Landesbezeichnung schlicht Nederland. Singular. Der Wunsch, in nur einem, eindeutig definierten Land zu wohnen, bricht hier die internationale Regel der Pluralbildung!

Das ginge im Deutschen ebenso:

Niederland (das), Bezeichnung für ein Land in Westeuropa, westliches Nachbarland von Deutschland.

So einfach wäre das!

In der Folge würden so seltsame Sätze wie »Wir fahren in die Niederlande« oder »Wir sind in den Niederlanden«, »Amsterdam ist die größte Stadt der Niederlande« viel einfacher. Auch wäre es ganz einfach zu sagen: »Wir sind am Strand von Niederland.«

Ich denke, dann würde sich diese offizielle Bezeichnung auch viel besser durchsetzen, und manche Situationen, in denen man inkorrekt »Holland« benutzt, wären vermieden.

Nun denn, es steht im Plural, aber weshalb?

Um das zu verstehen, müssen wir einige Jahre zurückgehen, nämlich bis ins 14. Jahrhundert. Das Burgunderreich bestand in dieser Zeit aus zwei regional getrennten Gebieten. Das burgundische Kernland im Südosten Frankreichs und im westlichen Teil der Schweiz, in etwa zwischen Lyon und Bern, waren die oberen Lande. Die niederen Lande waren Flandern, Teile der Picardie im Norden Frankreichs, Brabant, Holland, Luxemburg und weitere kleinere Provinzen.

Die niederen Lande wurden im 16. Jahrhundert vom spanischen Habsburg besetzt und kämpften im Achtzigjährigen Krieg um freiheitliche Rechte. In erster Linie ging es um Religionsfreiheit der überwiegend protestantischen Provinzherren und deren Unabhängigkeit von der katholischen Spanischen Krone in dieser Angelegenheit.

Mit dem Westfälischen Frieden im Jahr 1648 wurde auch der Achtzigjährige Krieg beendet, die Republik der Sieben Vereinigten Provinzen entstand. Diese wurde auch Vereinigte Niederlande genannt und war fortan erstmals unter diesem Namen autonom.

Es gibt im Niederländischen auch den Begriff der *Lage Landen*, der niedrig gelegenen Länder. Diese Bezeichnung ist allerdings regional nicht eindeutig. Sie gilt je nach Zusammenhang und Absicht, für kleinere und größere Gebiete in und um die Niederlande. Mal ist nur Flandern mitgemeint, mal ganz Belgien. Auch Luxemburg, Teile von Deutschland und Frankreich können zu den *Lage Landen* gehören, je nach historischem oder geografischem Kontext.

Noch mehr Verwirrung? Es gibt auch das Königreich der Niederlande, von dem wiederum die Niederlande ein Teil sind. Dort weht sogar karibischer Wind und das manchmal äußerst stürmisch. Hier kommt die Kolonialgeschichte der Niederlande ins Spiel. Die Niederländischen Antillen zum Beispiel waren bis 1954 eine Kolonie und bis 2010 ein autonomes Land innerhalb des Königreiches der Niederlande, drei Inseln sind es heute noch. Dazu mehr in *Grund 12: Weil über dem Königreich der Niederlande karibischer Wind weht.*

Im Englischen sprechen Niederländerinnen und Niederländer von ihrem Land gern als Lowlands. Möglicherweise zunächst mit etwas Ironie, ist es im alltäglichen Sprachgebrauch angekommen. Eins der größten Musikfestivals im Land ist seit dem Jahr 1993 das Lowlands Festival, das mit vollem Namen sogar »A Campingflight to Lowlands Paradise« heißt. Es ist ein dreitägiges Musikfestival mit jährlich rund 90.000 Besuchern.

Im Grunde genommen ist die Pluralform für die Niederlande sogar sehr konsequent, sind sie doch pluralistisch in ihrer gesellschaftlichen Tradition. Andere Glaubensrichtungen, andere Kulturen und Sprachen wurden und werden im Land weitestgehend toleriert. Das führte auch zur sogenannten *verzuiling*, der gesellschaftlichen »Versäulung«. Das bedeutete lange Zeit, dass Menschen in ihrem sozialen, politischen und sogar privaten Umfeld am liebsten unter ihresgleichen blieben, innerhalb ihrer Säule. So gab es die katholische, die protestantische, die sozialistische/sozialdemokratische und die politisch konservative/liberale Säule, im Gegensatz zu einer in Schichten aufgeteilten Gesellschaft.

Man verkehrte innerhalb dieser Säule, tolerierte die Anderen, arbeitete aber dort zusammen, wo es zum gesellschaftlichen Gedeihen beitrug. Diese Versäulung wurde in der zweite Hälfte des 20. Jahrhunderts langsam durchbrochen, die gegenseitige Toleranz jedoch blieb bestehen.

Aber ist es nur ein Nachteil, wenn der Landesname im Plural steht? Das »Land in der Vielfalt« kann sogar ein Alleinstellungsmerkmal sein. Weltweit kenne ich nur die USA, die Vereinigten Arabischen Emirate und die Philippinen. Kein weiteres Land, das in der Mehrzahl steht.

Das lässt sich doch als *Unique Sales Profile* im Marketing ausschöpfen: Denn wo kann man schon mal Urlaub in mehreren Ländern gleichzeitig machen? Und nicht etwa als Tournee im Schnellverfahren: zwölf europäische Länder in drei Tagen! Sondern gleichzeitig. Drei Wochen am Strand von den Niederlanden, ein Zeltplatz, mit dem Fahrrad ins Dorf zum Brötchenholen und doch gleichzeitig in allen zwölf »Niederlanden« sein, die mitgedacht werden. Wenn das mal nicht Touristen anlockt!

3. Grund

Weil das Gute so nahe liegt

Ich habe es gerade mal überprüft. Es ist jetzt, da ich diesen Satz schreibe, 10:34 Uhr. Ich könnte es heute noch zu einem späten Mittagessen an die Strandpromenade von Scheveningen schaffen. Gegen 13:25 Uhr wäre ich laut meinem Routenplaner dort, das ist vom östlichen Ruhrgebiet aus mit 276 Kilometern die kürzeste Strecke mit dem Auto zur Nordsee.

Okay, zum Deich von Krummhörn sind es drei Kilometer weniger, korrekt also: zu einem schönen Nordseestrand. Vielleicht würde ich anstelle von Scheveningen zum Mittagessen sogar Wassenaar wählen und dabei eine zehn Minuten längere Fahrtzeit in Kauf nehmen. Dort könnte ich nämlich direkt am Strandpavillon parken, und es ist nicht so trubelig wie in Scheveningen. Je nach Saison.

Wenn ich es in drei Minuten zum Bahnhof schaffen würde, könnte ich sogar mit dem Zug bis rund 15 Uhr an der Nordsee in Zandvoort sein.

Selbst mit dem Fahrrad würde ich es noch zum abendlichen Snack nach Winterswijk schaffen. Nur nicht mehr im Hellen zurück. Alles wunderbar nah und erreichbar, klasse, oder? Wenn ich also im Urlaub unbedingt ins Ausland möchte, dann in die Niederlande, aus gutem Grund!

Auch die klassische Literatur liefert dafür ein Argument:

Willst du immer weiter schweifen?
Sieh, das Gute liegt so nah.
Lerne nur das Glück ergreifen,
Denn das Glück ist immer da.

So hat es Johann Wolfgang von Goethe bereits erkannt! Von dem wiederum wusste Rudi Carrell, dass er gut war! Nun, Goethe war ja in Italien und hat damals wohl Wochen in kalten, unbequemen Kutschen zugebracht, um die Alpen zu überqueren. Vermutlich schrieb er diese Verse, als es einmal gar zu ruckelig wurde. Wohl sehnte er sich nach einem Spaziergang im Thüringer Wald. Ja, die Mühen der Reise.

Manch einer mag es bereits als Urlaubsgenuss betrachten, acht Stunden am Flughafen von Abu Dhabi auf den Anschlussflug nach Thailand zu warten. Ich habe dann im Strandpavillon von Texel schon mein zweites Bier getrunken.

Die Nähe und der Aufwand des Reisens ist für mich ein schlagkräftiges Argument bei der Wahl meines Urlaubsortes. Nicht nur aus ökologischer Sicht, denn ich spare Treibstoff und schone so die Umwelt. Auch aus ökonomischer Sicht, denn Fernreisen ist in der Regel, paradoxerweise nicht immer, ein teures Vergnügen. Vor allem aber spare ich das Kostbarste, was ich im Urlaub habe: Zeit. Wenn nicht gerade das Reisen selbst das Ziel ist, dann gilt für meine Wahl: Je näher, desto lieber.

Und dort, wo der Weg das Ziel ist, ist mir das langsame, behutsame Reisen der angenehmste Weg. Wenn mein Urlaubsziel nicht im eigenen Land liegen soll, dann am besten im Nachbarland, und zwar in dem, das mir am nächsten liegt. Das sind vom Ruhrgebiet aus, woher ich stamme, eben die Niederlande.

Für den Tagesausflug, den Kurzurlaub oder auch den langen Urlaub, mit der Bahn, mit dem Auto, mit dem Fahrrad, kann es nicht oft genug ins Land der Polder und Windmühlen gehen. Gerne entdecke ich Neues, gerne besuche ich Bekanntes. Beides finde ich nach wie vor zwischen Maas und Waal, zwischen Schelde und Wattenmeer. Es gibt noch reichlich unentdeckte Strände an der Nordsee, schöne Städte mit Grachten und Giebeln, hübsche pittoreske Orte, von denen ich lese und denke: Ui, da muss ich hin! Je mehr Ziele ich bereist habe, desto länger wird die Liste mit Zielen, die ich dort besuchen möchte, unbedingt!

Gut, auch Abwechslung darf manchmal sein. Ich reise auch nach Frankreich, Polen, Dänemark oder Bayern, ich war in Italien, der Türkei, sogar in den USA. Selbst eine Kreuzfahrt mit einem dieser elfstöckigen Ozeangiganten habe ich probiert. Doch aller Voraussicht nach war die erste Kreuzfahrt zugleich meine letzte.

Und jedes Mal, wenn ich auf Reisen mein Lieblingsnachbarland betrüge, habe ich das Bedürfnis, schnell nach Texel zu fahren und mich ganz leise zu entschuldigen, sobald ich die Fähre verlasse. Bisher hat das Traumeiland es mir nicht nachgetragen, wenn ich abtrünnig wurde. Zum Glück.

Bei jeder Reise in die Niederlande freue ich mich erneut, dass ich nur rund eine Stunde zu fahren brauche, bis ich die Landesgrenze überquere. Hinter dieser, inzwischen kaum mehr als virtuellen, Linie ist es dennoch deutlich bemerkbar: Die Landschaft, die Orte, die Gebäude, die Gestaltung des öffentlichen Raumes – vieles ist anders. Auch die Sprache ist eine andere, eine, die mir inzwischen nicht mehr fremd ist. Wichtig auf Reisen ist mir, dass es sich nach Ausland anfühlt, denn dann schaltet unverzüglich der Urlaubsmodus auf aktiv.

Ich gebe zu, das Argument gilt hauptsächlich für Hollandliebhaber aus bestimmten Regionen, eben im Westen unserer Republik. Doch empfinde ich neben der geografischen Nähe auch eine mentale Nähe, die ich in Polen, der Tschechischen Republik und teilweise selbst in Österreich nicht empfinde. Auch die Kulturkreise liegen sich nah. Die Sprache ist anders, aber nur etwas anders.

Bei meinem Faible für Nachbarländer habe ich auch mal versucht, Polnisch zu lernen. Das war eine ganz andere Hürde als die frühen

Sprachkurse Niederländisch. Im Polnischen hört man eine Reihe Zischlaute, und jede Silbe klingt identisch, geschrieben hat das dazugehörige Wort mit den Lauten nichts mehr zu tun, aber auch gar nichts!

Ja, die Summe aus geografischer und kultureller Nähe macht es aus, dass ich mich zwar im Ausland fühle, dennoch genügend heimisch.

4. Grund

Weil das platte Land schier endlos ist

Eines der berühmtesten Gedichte im Niederländischen, jedes Schulkind kennt es dort, ist *Herinnering aan Holland* von Hendrik Marsman. Es beginnt mit einer Beschreibung der flachen Landschaft:

Denkend aan Holland
zie ik breede rivieren
traag door oneindig
laagland gaan
Denk ich an Holland
seh' ich breite Ströme
gemächlich durch endloses
Flachland ziehn

So könnte eine Übersetzung lauten, eine offizielle Übersetzung ist mir nicht bekannt.

Das Bild der endlosen Flächen hat sich nicht zuletzt dank dieses Gedichts als erste Assoziation mit der niederländischen Landschaft etabliert. Am deutlichsten fällt die Flachheit des Landes auf, wenn man mit dem Zug unterwegs ist, westlich von Utrecht durch das Grüne Herz oder nördlich von Amsterdam. Den Platz der breiten

Ströme könnten dort die Kanäle einnehmen. Marsman hatte sicher Maas, Waal und Lek im Sinn.

Das flache Land kann auch bedrückend sein. Wenn die Wolken tief hängen und von Westen ungebremst herüberziehen. Wenn sich die Pappeln an den Alleen im Wind biegen, wenn Regen auf die Weiden fällt und die Wasserflächen in den Gräben sich von den Tropfen kräuseln. Das flache Land ist dann nass, klamm, ungemütlich. Die Stimmung an diesen Tagen trübe.

Doch das flache Land kann auch eine endlose Weite, eine enorme Freiheit und große Offenheit haben. Auf einer Straße zu fahren, einen Kanal entlang, schnurgerade bis zum Horizont oder einem leicht geschwungenen Flusslauf folgend, vorbei an Höfen, Weiden, Baumreihen, mit Blick in die Ferne, das ist unendliches Vergnügen.

Dämme links und rechts des Weges, die hin und wieder zu überqueren sind, einige Meter geht die Fahrt hinauf, über strahlend weiße Hebebrücken, dann wieder in die Fläche hinab.

Gleichzeitig mahnen die Dämme, dass das Land nicht nur flach ist, sondern auch niedrig gelegen. Dass die schützenden Dämme zum Leben notwendig sind, dass das Wasser sich jederzeit und ungebremst das Land zurückerobern könnte! Das flache Land ist auch melancholisch und bedrohlich.

Hier ist deutlich, dass die Landschaft von der Schaffenskraft vieler Generationen gestaltet wurde. Die Polder sind angelegt, die Wiesen, von langen geraden Wassergräben durchzogen, entstanden auf trockengelegtem Moor. Seen bildeten sich aus Restwasser, dort, wo der Mensch nicht die gesamte Natur zäumen mochte.

Heute wird viel von der gezähmten Landschaft an die Natur zurückgegeben. Der Charakter des Geformten bleibt dort allerdings fast überall erhalten.

Doch findet man wieder einen kleinen Weg, einen alten Kanal, Ziegelsteinhäuser, dann schweift der Blick über Weiden und Tulpenfelder, bis zum Horizont, kleinteilig gestaltete Parzellen, der Geist geht auf! Dann stört kein Regen im Gesicht. Dann ist der Wind die reinste Kraft der Natur. Dann stört selbst auf Fahrradtouren kein Gegenwind, er ist der Normalfall, Rückenwind der Bonus.

Apropos Gegenwind: Eine meiner schönsten Begegnungen mit dem flachen Land hatte ich während einer Radtour im Frühling mit dem E-Bike, nördlich von Alkmaar. Auf dem Westfriesedijk radelte ich einige Meter erhaben über den unendlichen Weiten der Provinz Nordholland. Den Blick über die farbigen Reihen der Tulpenfelder, in den schillerndsten Tönen einer Malerpalette. Auf den Hängen des Deichs grasten Schafe und sahen mich groß an. In der Ferne waren die Schoorlse Dünen zu sehen, dahinter wusste ich die rauschende Nordsee. Und auf dem Rückweg dann der Wind von vorn!

An diesem Tag war ich froh, dass ich mein Tempo nicht alleine aus der Kraft meiner Oberschenkel erzeugen musste, sondern einen elektrischen Hilfsmotor hatte. Zunächst war ich skeptisch, ein E-Bike zu besteigen, später dankbar.

Und apropos Tulpenfelder, das ist ein Kapitel für sich, *Grund 6: Weil im Frühjahr Milliarden von Tulpen das Land bunt färben.*

5. Grund

Weil Texel die schönste Insel der Welt ist

In diesem Punkt bin ich einfach mal parteiisch und lege mich fest: Texel ist die schönste Insel der Welt!

Gut, ich kenne nicht alle Inseln auf diesem Erdenball. Es ist in einem Menschenleben auch kaum möglich, wirklich alle zu besuchen. Denn alleine die Philippinen bestehen aus über 7.600 Inseln. Wenn man zwei von Ihnen am Tag besuchen könnte, dann dauerte es über zehn Jahre, alle einmal betreten zu haben. Und dann war man noch nicht in Polynesien oder im Schärengarten vor der schwedischen Küste. Fraglich ist, ob man sich in diesem Tempo auch einen guten Eindruck von allen Inseln verschafft hätte und sagen könnte: Die isses! Diese Insel ist wahrhaft die allerschönste Insel der Welt.

Ich war auf Sizilien, Korsika, Kreta, Sylt, Fehmarn, Fyn, Spiekeroog, Aerö, Ameland, Hiddensee, Poel, Irland, Kaninchenwerder, Zypern, Bornholm, Santorini und sicherlich 50 weiteren Inseln. Ich habe nie Lust verspürt, nach Mallorca zu reisen oder auf die Malediven. Müsste ich eine Insel auswählen, auf die ich in meinem Leben noch mal reisen wollte, so wäre das Neuseeland. Eventuell noch Island. Oder Madeira. Aber von keiner Insel, auf die ich in meinem Leben noch reisen werden, werde ich einmal behaupten können, hier habe ich als Kind schon am Strand gebuddelt! Hier wurde ich in der Wolldecke von meinen Eltern im Bollerwagen gezogen, hier fuhr ich erstmals Tandem, hier war ich über viele Jahre regelmäßig im Urlaub. Wenn ich nach Texel komme, ist es wundervoll, vertraut, heimatlich.

Hier war ich im Frühling, im Sommer, im Herbst und im Winter. Hier kenne ich fast jede Straße, den Strand, den Deich, Felder, Wälder, Wiesen, den HEMA, die Snackbar.

Ich lege mich also trotz der mehr als unvollständigen Stichprobe fest und sage: Texel ist für mich die schönste Insel der Welt.

Wenn ich an Texel denke, dann als Erstes an die geschwungenen Radwege durch die Dünen zum Leuchtturm hinauf. Auch die Wege durch den Küstenwald, die Wege am Deich auf der Wattenmeerseite. Auch die Wege in der leicht hügeligen Gegend im Süden.

Der weite Blick über die Flächen, in der Ferne die Kirche von Den Hoorn. Der Radweg im Inselinnern am Waal en Burgerdijk, einem Binnendeich, der einst den Polder Koog und Burgh begrenzte. Er verläuft geschwungen entlang von Blumenwiesen, Heckenreihen und kleinen Kanälen.

Die schönen Dörfer im Osten, auch das trubelige De Koog, wo wir die meisten Urlaube verbrachten. Der Fischerhafen Oudeschild. Jedes ist ein Detail, doch setzt sich das Puzzle zusammen und ergibt mein Traumeiland.

Texel hat für mich auch die ideale Größe für eine Insel. Theoretisch ist es möglich, die Insel an einem Tag mit dem Fahrrad zu umrunden. In der Praxis auch, doch ist es mit Anstrengung verbunden. Ich werde es wohl ein oder zwei Mal getan haben. Die Insel ist aber gleichzeitig groß genug, dass ich nach zwei Urlaubswochen noch Neues entdecken könnte und dass ich ganz sicher beim zehnten Besuch noch nicht in jeder Ecke war.

Der Reiz eines Inselurlaubes ist der Wechsel aus Ritualen und dem Entdecken von Neuem. Für beides bietet Texel genügend Möglichkeiten. Es bietet vielseitige Landschaft, Möglichkeiten zum Ausruhen und zum Vergnügen.

Und für den Nordseefan: einen der längsten Sandstrände der holländischen Nordseeküste, für mich auch den schönsten. Den schönsten aller Strände sogar. Ja, schöner als der Strand von Benidorm, Bornholm oder Biarritz.

Zudem ist hier der schönste Zeltplatz, auf dem ich jemals gezeltet habe. Er liegt mitten in den Dünen von de Koog, nur noch ein 26 Meter hoher Sandhaufen trennt das Zelt vom Wellenrauschen. Auch mit besonderer Wohnqualität: Autos dürfen nicht neben dem Zelt stehen. Daher ist der Platz vielleicht nicht so geeignet für Kurzurlaube, doch ist es am Zelt umso schöner, ohne die Blechkisten nebenan.

Prinzipiell würde ich für die Urlaubsruhe wohl Inseln komplett ohne Auto vorziehen. Doch waren mir die autofreien Inseln, die ich bisher besuchte, für einen längeren Urlaub zu klein. Das sind Schiermonnikoog, Baltrum und Hiddensee. Ach so, und Kaninchenwerder im Schweriner See.

Auf Texel stimmt einfach die Mischung, die weitläufige Dünenlandschaft, teilweise naturbelassen im Naturschutzgebiet De Slufter, der einzigartige Küstenwald, selbst das platte Land ist nicht eintönig, sondern kleinteilig und landschaftlich reizvoll gestaltet.

Natürlich ist Texel vor allem in der Hauptferienzeit sehr »deutsch«, aber was soll ich als deutscher Tourist da schon sagen. Wer es einsamer, abenteuerlicher oder exotischer mag, der wird andere Inseln mehr lieben. Aber wer Holland mag, der stimmt mir zu: Texel ist die schönste Insel der Welt.

6. Grund

Weil im Frühjahr Milliarden von Tulpen das Land bunt färben

Ich bin eigentlich kein Blumenfreund. Ich kann so grade Gerbera von Nelken und Gänseblümchen von Butterblumen unterscheiden. Okay, eine Tulpe erkenne ich auch. Ihre Form ist nicht zu verkennen, spätestens nach dem zweiten Besuch eines Souvenirgeschäftes in Amsterdam. Ich weiß sogar, dass es Tulpen mit ausgefransten Blättern gibt, die Papageientulpen heißen. Das war es aber auch schon mit meiner Blumenliebe. Außer, dass ich Blumenwiesen am Wegesrand, über denen Insekten im Sonnenlicht flirren und schwirren, außerordentlich mag. Lebendige Natur!

Und Strandrosen, eigentlich Kartoffelrosen, die liebe ich sehr, siehe dazu *Grund 18: Weil Strandrosen überall auf der Welt nach Holland duften*. Diese wundervoll duftenden Sträucher in den Dünen, die große Hagebutten tragen. Die gehören für mich zu Holland.

Und Tulpen. Es ist nun eins der ersten Klischees über mein liebsten Reiselandes, dass es diese eine Blume millionenfach hervorbringt. Und da sie dazugehören, habe ich mir in einem Touristenladen sogar mal drei Tulpen aus Holz gekauft. Und einen Flaschenöffner mit einer Tulpe dran. Wegen des Klischees, nicht weil ich Anfang Februar schon auf Entzug bin und täglich in den Blumenladen laufe, um zu schauen, ob es schon die ersten Tulpen gibt. Ich habe meiner Frau, glaube ich, auch schon mal Tulpen geschenkt, bevorzuge aber eher Rosen und im Frühling Narzissen.

Im vergangenen Jahr habe ich dann in der Frühlingszeit einmal eine Radtour durch Nordholland gemacht. Bin einige Kilometer gefahren über Land. Fast von Küste zu Küste, also von der IJsselmeerküste zur Nordseeküste. Es ging entlang an kleinen Kanälen mit pittoresken Häuschen mit niedlichen Vorgärten, in denen kleine Holzwindmühlen aufgestellt waren und die durch niedliche Fußgängerbrücken über den Kanal mit der Straße verbunden waren.

Und dann auf einmal, an einem Ortsausgang, tat sich der Blick auf über das flache Land. In bunten Reihen stand die Farbenpracht vom Wegesrand zum Horizont. Reihen in Weiß, Reihen in Rot, Reihen in Gelb, Reihen in Zartfliederlila, Reihen in Sonnenorange. Ich fuhr über Kilometer an den Tulpenfeldern entlang. Ich fuhr auf einen Deich und war nun einige Meter über den Tulpenfeldern. Die Reihen in allen Farben reichten vom Fuß des Deiches bis zum Horizont. Mächtig gewaltig! Ich war geflasht und begeistert und konnte mich an der geometrisch geordneten Farbenpracht kaum sattsehen.

Flugzeug will man sein, eine Kameradrohne will man haben, um diesen geradlinigen Zauber der blühenden Landschaften einzufangen.

Ich war auf der Stelle überwältigt und verliebt in dieses Land, für das ich ja bereits eine tiefe Liebe empfinde. Ich hatte gerade eine neue Qualität entdeckt. Und ja: In jedem Klischee steckt ein Haufen Wahrheit.

So rollte ich in mäßigem Tempo am Deich entlang. Hätte ich nicht noch einen straffen Streckenplan zu bewältigen, ich hätte alle Speicherkarten vollgeknipst, die mir verfügbar waren.

Aber keine Sorge: Ich konnte mich wieder einkriegen und wenig später auch die Fahrt durch die Nordseedünen genießen, eine Landschaft, der ich seit eh und je verbunden bin.

Es gibt in den Niederlanden, vor allem in Holland, hier ist diese Einschränkung auf zwei Provinzen meist zutreffend, Blumenmärkte, Blumenbörsen, Blumenkorsos, Blumenmessen, Blumenauktionen und sicherlich noch eine ganze mehr mit Blumen.

Etwa von Noordwijk bis Haarlem, westlich von Amsterdam und Leiden, verläuft der sogenannte *Bollenstreek*, also die Blumenzwiebelregion. Dort liegt auch der Ort Lisse mit dem weltberühmten Tulpenpark Keukenhof. Er zeigt von März bis Mai kunstvolle, blühende Gartenkreationen. Dort ist alles, wirklich alles zu bestaunen, was man sich mit Tulpen ausdenken kann. Der Keukenhof ist der größte Blumenpark der Welt, das versteht sich von selbst. Besonders lohnt sich der Ausflug an einem Samstag im April. Dann rollt der Blumenkorso, eine Parade von mit Blumen geschmückten Prachtwagen, 40 Kilometer durch den Bollenstreek, von Noordwijk bis Haarlem und kommt natürlich auch am Keukenhof vorbei.

Noch ein Weltrekord: Das größte Gebäude der Welt, gemessen an seiner Grundfläche, ist die FloraHolland, der Blumengroßmarkt in Aalsmeer. Das Gebäude ist mit über 500.000 Quadratmetern Grundfläche sogar größer als die Vatikanstadt, der kleinste Staat der Erde.

Die Tulpe kommt ursprünglich nicht aus Europa, sie wurde im 16. Jahrhundert aus der Türkei nach Holland gebracht. Hier hatte wieder die Niederländische Ostindien-Kompanie die Finger im Spiel, Goldenes Jahrhundert und so.

Die Tulpe hat die niederländische Kunst inspiriert zu extravaganten Vasen in Delfter Blau. In Gemälden taucht sie oft als Symbol der Vanitas, der Vergänglichkeit, auf, wohl weil sie nur kurze Zeit blüht. Es gab im Goldenen Jahrhundert Tulpen, die waren so teuer wie ein Haus. Das hat sogar zur ersten Börsenblase der Welt geführt. Dieser Geschichte ist ein eigener Abschnitt gewidmet, *Grund 52: Weil Tulpenzwiebeln in den Niederlande die (vermutlich) erste Spekulationsblase der Welt ausgelöst haben.*

7. Grund

Weil ein großer Teil des Landes dem Wasser abgerungen ist – Poldermodell 1

Gott schuf den Menschen, der Mensch erschuf Holland. So sagt man, und da ist mehr als nur ein Fünkchen Wahrheit dran.

Die Niederlande sind ein Land, das ins Wasser hinein gebaut wurde. Eine Ingenieursleistung. Ein Sieg über die Natur, zumindest ein über Jahrhunderte abgerungenes Patt. Ein Drittel der Landfläche der Niederlande liegt unterhalb des Meeresspiegels. Ohne Eindeichung und fortwährendes Abpumpen des Wassers wäre ein Nutzen der Fläche und ein Leben dort undenkbar.

Vor nicht einmal vier Generationen wurden ganze Dörfer von Sturmfluten überschwemmt. Viele Ortschaften mussten bis ins 19. Jahrhundert hinein aufgegeben werden, in der Provinz Zeeland alleine 200. Die große Sturmflut von 1953 überschwemmte weite Teile der Provinz, und es kamen 1.835 Menschen ums Leben

Die Niederlande hatten also in doppelter Hinsicht mit dem Wasser zu ringen. Einerseits mussten sie das bestehende Land gegen die Flut schützen, andererseits wollten sie neues Land dem Wasser abringen. Dieses geschieht seit vielen Hundert Jahren mit der Eindeichung von Landflächen und dem Bau von Poldern.

Der Begriff »Polder« umfasst verschiedene Vorgänge. In seiner klassischen Bedeutung ist ein Polder ein besonders vor Hochwasser geschützter Bereich, der eingedämmt ist und dessen Land häufig unterhalb der umliegender Wasserflächen jenseits des Deiches liegt. Das Wasser aus einem Polder muss daher dauerhaft abgepumpt werden, ansonsten würde er volllaufen. Frühe Polder wurden mit Windkraft abgepumpt, so entstanden oftmals lange Reihen von Windmühlen entlang der Deiche.

Heute gibt es in den Niederlanden insgesamt 4000 Polder. Sogar eine eigene Provinz entstand auf zwei Poldern: Flevoland, die jüngste

Provinz der Niederlande. Durch die Abtrennung der Zuiderzee von der Nordsee mit dem Bau des Abschlussdeichs entstand das IJsselmeer, dort hinein wurden der Flevoland-Polder und der Noordoostpolder gebaut.

Die Bemühungen, Land durch Eindeichung von Gebieten zu gewinnen, die der Überschwemmung ausgesetzt waren, gehen bereits mehrere Jahrhunderte zurück.

Bei den frühen Poldern handelt es sich nicht um neu entstandene Landfläche, sondern um geschützte Gebiete, die nach Trockenlegung von Mooren abgesackt waren.

Große Gebiete in Holland waren bis vor 1000 Jahren noch Hochmoore in etwa auf Meeresniveau. Durch Trockenlegung und Urbarmachung sank die Landfläche aber ab, denn ein Moor besteht zum größten Teil aus Wasser. Es entstanden so viele Seen, die »trockengemahlen«, also mit Hilfe von Windmühlen abgepumpt, wurden.

An mehreren Deichringen standen die großen Windmühlen und pumpten fortwährend. Heute ist solch eine Mühlenreihe zum Beispiel noch in Kinderdijk zu bestaunen.

Auch mit dem Goldenen Zeitalter, als die Wirtschaft und die Bevölkerung rasch wuchsen, begannen verstärkte Anstrengungen der Landgewinnung. Das wiederum beflügelte die Technik der Windmühlen. Ein technischer Fortschritt, der auch eine erfolgreiche Produktion von Schiffen zur Folge hatte und ermöglichte, dass die Niederlande zeitweise die weltweit größte Seemacht waren.

Die Anfälligkeit großer Landstriche gegen Überschwemmungen zwang die Niederlande zu einem erfolgreichen Gesellschaftsmodell, dem Prinzip der Konsensfindung. Dieses Prinzip, das Poldermodell, wurde vom genossenschaftlichen Deichschutz im Mittelalter abgeleitet.

Die Deiche konnten nur gemeinsam geschützt werden, so arbeiteten Kaufleute, Bauern, Land- wie Stadtbevölkerung ungeachtet des gesellschaftlichen Standes Hand in Hand. Denn die Flut würde ungeachtet von Geld und Ansehen mitnehmen, was gerade ungeschützt im Wege stand.

8. Grund

Weil rund ein Drittel des Landes unter dem Meeresspiegel liegt

Wenn ich auf dem Kirchplatz von Nieuwerkerk aan de IJssel stehe, erlebe ich als Tourist zunächst nichts wirklich Besonderes. Es hat einen alten Dorfkern umgeben von einem Wassergraben und vielen Neubauvierteln. Und doch hat diese 20.000 Einwohner zählende Stadt zwischen Rotterdam und Gouda eine einmalige Besonderheit: Sie liegt beinahe sieben Meter unterhalb des Meeresspiegels.

Genaugenommen ist es natürlich nicht der Kirchplatz, der so tief unterhalb des Meeresspiegels liegt, sondern ein zur Gemeinde gehörender Teil des Zuiderplaspolders, der im 19. Jahrhundert zur Landgewinnung trockengelegt wurde. Das Gebiet wurde früher von 30 Windmühlen trocken gepumpt, es folgten dampfbetriebene Mühlen. Auch heute muss fortwährend Wasser aus dem Polder abgepumpt werden, das geschieht elektrisch.

Der Ehrentitel der am tiefsten gelegenen Stelle der Niederlande ist allerdings nicht eindeutig. Geht es nach den offiziellen Angaben des Prins-Alexander-Polders in Rotterdam, so liegt dieser 7,40 Meter unter dem Meeresniveau. Grund für die Abweichung sind zwei verschiedene Vergleichswerte. Der eine ist der sogenannte Polderpegel, der sich am Grundwasser orientiert, auf diesen bezieht sich Rotterdam. Nieuwerkerk hingegen verdankt seine Auszeichnung dem Vergleich mit der »Maaiveldhoogte«, das bedeutet Kornfeldhöhe und vergleicht die Lage mit der tatsächlichen Bodenhöhe. Das Maß heißt auch Amsterdamer Pegel und ist vergleichbar mit dem in Deutschland gebräuchlichen Wert Normalnull.

Die Frage, welcher Punkt am tiefsten liegt, ist also gar nicht so einfach zu klären! Es wurde auch erst 1995 höchstministeriell festgelegt.

Das Schicksal des Zuiderplaspolders und des Prins-Alexander-Polders teilen aber weite Gebiete der Niederlande: Ein Drittel der Landesfläche, also rund 14.000 Quadratkilometer, liegt unterhalb des Meeres. Eine Fläche, die fünfmal so groß ist wie das Saarland, oder wie 1,4 Millionen Fußballfelder. Und vor allem: 30 Mal so groß, wie die Insel Texel, das niederländische Pendant zum Saarland bei Größenvergleichen.

Unter dem Wasserspiegel zu wohnen, eine Vorstellung, an die man sich zunächst gewöhnen muss. In Nieuwerkerk ist das in Form eines Denkmals sehr anschaulich dargestellt. Wer dort am Fuß der Messsäule steht, kann noch fünf Meter nach oben sehen, bis zum Nulllevel. Da dankt man den Deichen, dass das Wasser nicht gerade bis oben an die Säule reicht.

Ich hatte an diesem Ort großen Respekt vor dem technischen Meisterwerk, hier bereits vor über 100 Jahren urbares Land zu schaffen.

Und wie sieht es nun aus, das Land unter dem Meeresspiegel?

Sowohl, als auch!

Viele Polder sind sehr eintönig. Ich erinnere mich an Fahrten auf kilometerlangen geraden Radwegen parallel zu kilometerlangen geraden Kanälen und Gräben. Schmucklose Bauernhöfe, Viehweiden. Riesige Gewächshausflächen. Die Landschaft wirkt dort künstlich. Dort verstehe ich die Sehnsucht der Niederländer nach Bergen, Bäumen und Straßen mit Kurven.

Doch haben die Lage am Wasser und der ständige Umgang mit dem nassen Element es schon vor mehreren Hundert Jahren notwendig gemacht, mit diesem zu bauen.

Mitten in den Poldern liegen pittoreske Orte mit Backsteinhäusern an Wassergräben. Kleine Brücken verbinden die Vorgärten mit der Straße. Die Grachtenstädte liegen allesamt in den tiefer gelegenen Landesteilen. Stadt und Land sind ans Wasser herangerückt. Dort sind die weiten Tulpenfelder. Schafe grasen auf dem Deich. Vielleicht sind in der Ferne schon die Nordseedünen zu sehen. Man erwartet Frau Antje aus einem Haus kommen, im Trachtenkleid mit Holzschuhen, die dem Reisenden Käsehäppchen reicht.

Dort ist auch das Holland, das wir so lieben.

9. Grund

Weil es dort den verrücktesten Grenzverlauf der Welt gibt

Grenzen spielen ja im vereinten Europa glücklicherweise keine Rolle mehr. Auch haben die Niederlande seit geraumer Zeit die gleichen Banknoten und Münzen als offizielles Zahlungsmittel wie beide Nachbarländer. Also: Grenzen? Unbedeutend!

Dennoch ist es mir auf Reisen meistens bewusst, in welchem Land ich mich gerade befinde. Häufig ist eine Grenze eine scharfe Linie zwischen Baustil und Gestaltung des öffentlichen Raumes. Eine Linie, die zwischen Belgien und den Niederlanden und auch zwischen den Niederlanden und Deutschland deutlich feststellbar ist.

Jetzt das: Es gibt eine Gemeinde in der Provinz Nordbrabant beziehungsweise in der belgischen Provinz Antwerpen, die gehört zur Hälfte zu den Niederlanden und zur anderen Hälfte zu Belgien. Es gibt dort mitten durch den Ort eine gerade Strecke, die ich laufen könnte, und ich würde dabei nicht weniger als zwölf Mal eine Grenze überqueren. Hier gibt es belgische Exklaven, in denen wiederum niederländische Enklaven liegen. Der belgische Teil der Gemeinde besteht aus 22 Stücken. Einzelne Häuser gehören zu dem einem Land, alle Nachbarhäuser zum anderen. Die Grenze verläuft sogar mitten durch Häuser hindurch. Es soll ein Hotel geben, durch dessen Billardtisch die Grenze verläuft.

Die Orte sind das niederländische Baarle-Nassau und das belgische Baarle-Hertog. Dort verläuft mitten über den Kirchplatz die Grenzlinie! Die Kirche gehört übrigens zu Belgien.

Das Ganze ist so kompliziert, dass erst 1995 der Grenzverlauf offiziell festgelegt wurde.

Die seltsame Gebietsaufteilung geht auf einen Tauschhandel aus dem Jahr 1198 zurück. Zum Schutz gegen expandierende Holländer schloss sich der Herrscher von Breda dem Herzog von Brabant an, bekam für die Abstellung von Soldaten Land und weitere Gebiete als Lehen zurück. Der Herzog war gewitzt genug, Parzellen, von denen er Steuern eintreiben konnte, für sich zu behalten, die übrigen bekam der Baron. So entstand der Flickenteppich Baarle.

Der heute belgische Teil ist nach dem Herzog von Brabant Baarle-Hertog benannt, der niederländische Teil Baarle-Nassau, da er als Erbe an einen Grafen von Nassau fiel, die Adelslinie, der auch später Wilhelm der Oranier entstammt.

Die Hauseingänge in Baarle sind je nach Landeszugehörigkeit mit einem Schild in Nationalfarben versehen. Als Orientierungshilfe sind markierende Pflastersteine auf Gehwegen und Straßen eingelassen.

Es gab Zeiten, da wurden im belgischen Teil des Ortes wöchentlich zwei bis drei Millionen Zigaretten verkauft, wegen steuerlicher Ersparnisse in Belgien.

Und um die Verwirrung noch zu steigern:

Eine Haustür hat links die belgische Hausnummer 2 und rechts die niederländische Hausnummer 19.

Eine ältere Einwohnerin sah sich ihr Leben lang als Belgierin. Als zuletzt neu vermessen wurde, gehörte ihr Grundstück plötzlich zu den Niederlanden. Sie konnte ihre Haustür ein Stück versetzen und wohnte fortan wieder in Belgien.

Der Ort besitzt nur einen Grenzstein, direkt an der Kirche, es ist der einzige niederländische Grenzstein, der zwei Nummern besitzt, 214 und 215.

Fast schon normal ist im Vergleich zu Baarle der Grenzverlauf zwischen dem niederländischen Dinxperlo und dem deutschen Suderwick, einem Stadtteil von Bocholt. Hier verläuft über mehrere Kilometer die Grenze entlang einer Straße und zwar genau an der Bordsteinkante. Der südliche Gehweg gehört zu Deutschland, die Straße und der nördliche Gehweg zu den Niederlanden. Die Anwohner der deutschen Seite fahren also direkt aus ihrer Garagenausfahrt in die Niederlande.

Die Straße hat auch zwei Namen, die deutschen Häuser liegen am Brückendeich, die niederländischen am Anholtse Weg, im weiteren Verlauf Hellweg und Heelweg.

Es gibt sogar ein Seniorenwohnheim, das in der ersten Etage mit einer Fußgängerbrücke zum gegenüberliegenden Gebäude verbunden ist. Möglicherweise gibt es in den Niederlanden besseres Frühstück, in Deutschland das bessere Abendessen. Die Bewohnerinnen und Bewohner könnten das bestätigen.

Heute ist die direkte Nachbarschaft im Ort Normalität, auf dem Parkplatz des niederländischen Supermarktes sieht man so viele schwarz-weiße Nummernschilder wie schwarz-gelbe. 200 Meter weiter auf dem Parkplatz des deutschen Supermarktes vorwiegend schwarz-gelbe.

Das wäre für mich mal ein spannender Ort für den nächsten WDR-Krimi. *Tatort Grenzland*, Bocholt-Dinxperlo, Hauptkommissarin aus Bocholt ermittelt mit *Politie Inspecteur* aus Dinxperlo.

(Äh, wenn ihr hier mitlest, liebe *Tatort*-Redaktion in Köln, ich könnte da mal ein Konzept/Drehbuch einreichen. Bitte, gerne!)

10. Grund

Weil in der Mitte der Randstad das Grüne Herz von Holland liegt

Der Fluss mäandert durch die Landschaft. Der Radweg schmiegt sich den Biegungen und sanften Schleifen seines Verlaufes an. An manchen Strecken verläuft er oben auf einem Deich, ein Stück weiter als separater Weg, andernorts geht es über einen abgetrennten Streifen auf der Fahrbahn. Vorbei an Höfen, Weideflächen, Marschland, Pferdekoppeln, Hofgärten mit Ziegen und Gänsen. Auch mal über eine Hebebrücke in einen charmanten Ort. Der Fluss ist hier schmal, zu schmal für Lastkähne, zu kurvig auch, doch tuckern einige Motorboote genüsslich vor sich hin, lassen sich Brücken öffnen, und die Bootsführer werfen eine Münze in den Hut oder den Klompen des Brückenwärters.

Wir sind mitten im Grünen Herzen von Holland, »Het Groene Hart«. Der Fluss ist die Vecht, sie fließt von Utrecht zum IJsselmeer. Ein wunderschöner Radweg führt an ihrem Ufer entlang.

An der Vecht stehen viele prunkvolle Häuser und Landgüter, sogenannte Buitenplaatsen. Herrenhäuser und kleine Schlösser oftmals mit großzügigen Parks, die sich reiche Bürger im 17. und 18, Jahrhundert gebaut haben, um die stickigen Großstädte im Sommer für einige Monate verlassen zu können. In Breukelen beispielsweise stehen zahlreiche Landsitze, ein sehenswerter Ort. Es heißt, er sei auch Namenspate für den New Yorker Stadtteil Brooklyn.

Auch die Stadt Muiden mit ihrem Wasserschloss ist einen Besuch wert, dort mündet die Vecht ins IJsselmeer.

Das Grüne Herz liegt inmitten der sogenannten Randstad, einem dicht besiedelten Ring von Städten im Westen der Niederlande.

Die Landschaft in deren Mitte, das Groene Hart, ist zwischen dem 10. und 13. Jahrhundert entstanden, als weite Moorflächen trockengelegt wurden. Die Fläche sollte agrarisch genutzt werden, auch war der abgebaute Torf ein begehrter Brennstoff.

Das hat die Landschaft verändert, es entstanden zahlreiche Seen. Vor allem im Grünen Herzen gibt es diese Seen heute noch, in anderen Gegenden, in denen Moore trockengelegt wurden, sind aus den Seen Polder entstanden.

Das größte zusammenhängende Seengebiet sind die Loosdrechtsche Plassen, ein beliebtes Wassersportrevier und Naherholungsgebiet vor den Toren von Amsterdam.

Auf der Landkarte sind dort deutlich die Spuren der Trockenlegungen zu sehen. Die Gräben, die in dieser Zeit gezogen wurden, zeigen sich in parallelen Linien am Seeufer.

Durch ein Absinken der trockengelegten Moorlandschaft wurde das Land für Ackerbau zu feucht. Daher überwiegen Weideflächen, die von langen geraden Gräben durchzogen sind. Und natürlich viele erhaltene Naturgebiete. Heute ist das Groene Hart ein beliebtes Ausflugsziel für die sieben Millionen Niederländer, die in der Randstad wohnen, das sind rund 40 % der Einwohner des ganzen Landes.

Die Randstad bildet die dichteste Urbanisierung des Landes. Sie ist von der Größe, Einwohnerzahl und von der Verkehrsinfrastruktur vergleichbar mit dem Ruhrgebiet.

Ein großes Städtedreieck bilden das kulturelle Zentrum Amsterdam, das wirtschaftliche Zentrum Rotterdam und das politische Zentrum Den Haag. Erweitert um die benachbarten größeren Städte Utrecht, den Medienstandort Hilversum, Almere, Delft, Leiden und Haarlem formen diese Städte einen Ring, der der Randstad ihren Namen gab.

Die Bezeichnung entstand in den 1950er-Jahren, vermutlich während eines Überfluges. Von oben betrachtet sieht die Randstad aus wie ein urbaner Ring, der sich um das grüne Herz herum schmiegt. Das Groene Hart wird als grüne Lunge der Randstad von Bebauung freigehalten.

Das ist so nicht zufällig entstanden, sondern mit Bedacht geplant. Auch wenn in den Niederlanden ein ständiger Bedarf nach neuer Baufläche besteht, war es doch bisher Konsens, dass das Groene Hart nicht angetastet wird. Weitestgehend zumindest. Es sind sich alle einig, dass es auch in einem dicht besiedelten Land Rückzugsraum für die Natur und erreichbaren Erholungsraum für die Stadtbevölkerung geben muss.

Das finde ich ebenfalls und empfehle bei einem Trip in die großen Städte der Randstad einen Ausflug ins Grüne Herz. Zum Beispiel mit dem Fahrrad entlang der Vecht.

11. Grund

Weil die Niederlande Exportweltmeister für Lebensmittel sind

Wer ist Exportweltmeister? Deutschland! Das ist doch klar, das ist fest in die deutsche DNA geschrieben und für immer im Selbstbild verankert. In der Summe trifft das zu, doch gilt das auch für jegliche Warenart?

Deutschland exportiert Kraftwagen und Kraftwagenteile, Maschinen, chemische Erzeugnisse, Datenverarbeitungsgeräte, elektrische Ausrüstung, pharmazeutische Erzeugnisse und vieles mehr. In einer dieser Kategorien mag auch militärisches Gerät enthalten sein. Deutschland exportiert laut statistica.de auch Nahrungs- und Futtermittel im Wert von 54,43 Milliarden Euro. Diese Sparte liegt auf Rang acht der Exportgütersparten.

Also überall top? Nein, nicht weit im Westen, da liegt ein Land mit fleißigen Bauern und großen Feldern und vielen überglasten Anbauflächen. Dort werden mehr Tomaten und Gurken angebaut, mehr Milch in Käse umgewandelt und in der Summe ins Ausland geliefert als in Deutschland! Im Jahr 2018 waren es sogar mehr als aus jedem anderen Land der Welt! Wie erstaunlich für ein Land, dessen Fläche 0,03 % der gesamten Landfläche unseres Planeten ausmacht. Ein Land, das 500 Mal in Russland hinein passen würde. Und Landbau ist schließlich eine Sparte, die vor allem eines braucht: Land.

Wie hat es unser Nachbarland geschafft, größter Lebensmittelexporteur der Welt zu sein? Die Antwort liegt wohl in der Technik und im Aufwand, der in den Niederlanden für den Anbau von Lebensmitteln betrieben wird. Große Flächen in den Niederlanden sind nämlich von Gewächshäusern überbaut.

Früher sagte man über holländische Gewächshaustomaten, dass sie rot gefärbtes Wasser seien. Oder als Holländerwitz war es so formuliert:

Was ist der Unterschied zwischen Jesus und den Holländern? Jesus hat aus Wasser Wein gemacht, die Holländer aus Wasser Tomaten!

Den Geschmack haben sie nun irgendwie in die Tomaten bekommen, der technische Aufwand ist geblieben, vermutlich noch gestiegen.

Wenn man in den Niederlanden über Land fährt, fällt es in manchen Regionen auf, aber so richtig verdeutlicht hat es mir erst ein Blick von oben.

Einmal landete ich am frühen Morgen, kurz vor Sonnenaufgang, mit dem Flugzeug in Schiphol, das übrigens »ßripp-holl« ausgesprochen wird, bitte auf keinen Fall »Schiffohl« sagen! Dort jedenfalls sah ich ein beeindruckendes Lichtermeer, nicht das der großen Städte, sondern dazwischen. Beleuchtete Gewächshäuser kilometerweit aneinandergereiht.

Das mag die Zukunft des Landbaus sein, doch ist es selbst in den Niederlanden ein heikles Thema, deren Energieverbrauch anzusprechen oder gar über eine Kürzung der Subventionen für die Gewächshausbetreiber nachzudenken. 2005 waren in den Niederlanden 10.000 Hektar Landfläche mit Gewächshäusern bebaut, das sind 100 Quadratkilometer, also etwa ein Viertel der Fläche der Insel Texel.

Einzelne Gemeinden erlauben inzwischen keinen Ausbau der Gewächshausflächen mehr, da sie nicht genügend Energie zur Verfügung stellen können. Es gibt Betriebe, die verbrauchen pro Stunde so viel Strom wie ein Einfamilienhaus im Jahr. Und schon wird klar, dass nicht Flächeneinsatz der wichtigste Faktor ist, um Exportweltmeister für Agrargüter zu werden, sondern Energieeinsatz. Seit 2005 ist die überglaste Fläche auch rückläufig.

Das Gewächshaus ermöglicht einen Gemüseanbau rund ums Jahr. Es ist heutzutage selbstverständlich, dass alle Lebensmittel dauerhaft im Angebot sind. Wer kennt noch den Begriff »Erdbeerzeit«? Eine Saison gab es auch mal für Gemüse aus Holland. Mit dem Gewächshaus wird die natürliche Saison umgangen. Das muss nicht unbedingt schlecht sein, allerdings gibt der enorme Energieaufwand, der dahintersteckt, doch zu denken.

Auch gibt es in den Niederlanden eine relativ hohe Dichte an Schweine- und Geflügelmastanlagen. Der Flächenbedarf hierfür ist ebenfalls relativ gering, da das Futter in der Regel importiert wird. Soja aus Südamerika etwa.

Eine weitere Möglichkeit für ein kleines Land, Agrarflächen zu bekommen, ist, sich bei den Nachbarn einfach ein Grundstück zu kaufen. Niederländische Landbaubetriebe besitzen inzwischen große Ackerflächen in Mecklenburg-Vorpommern. Ganze ehemalige LPGen, also in der DDR übliche Landwirtschaftliche Produktionsgenossenschaften, wurden an niederländische Agrarunternehmen verkauft.

Hier stellt sich mir aber die Frage, auf welches Exportkonto es fließt, wenn Jan van der Veght Kartoffeln zwischen Rostock und Wismar produziert und sie auf dem Wochenmarkt von Schwerin verkauft? Zählt das als Export aus den Niederlanden nach Deutschland?

Und dann gibt es ja noch den Direktimport. Wenn ich nämlich selbst auf dem Wochenmarkt von Winterswijk drei Mangos und eine Tüte Nüsse kaufe und sie erst zu Hause in Deutschland verzehre, ist das ja ebenfalls ein Lebensmittelexport. Der wird vermutlich in der Statistik gar nicht erfasst, denn auf dem Heimweg werde ich ja – und das ist großes Glück und ein riesiger Fortschritt – nicht mehr kontrolliert. Hier schlummert eine hohe Dunkelziffer an heimlichen Exporten, die die Niederlande zum noch größeren Exportweltmeister machen würden, wenn sie berücksichtigt würden.

Dennoch, mal den Energie- und Umweltaspekt außer Acht lassend, alleine dass die Niederlande sich diese Position erstritten haben, ist eine respektable Leistung. Und schließlich profitieren wir am meisten davon: 25 % des niederländischen Lebensmittelexportes gehen nach Deutschland. Also müssen Tomaten aus Holland angesichts des globalen Marktes als ein regionales Produkt angesehen werden. Das ist so betrachtet also wieder umweltfreundlich.

12. Grund

Weil über dem Königreich der Niederlande karibischer Wind weht

Die Niederlande sind also größer als Holland, das haben wir im ersten Abschnitt erfahren. Aber: Das Königreich der Niederlande ist größer als die Niederlande! Moment. Wie soll das jetzt wieder gehen? Ja, etwas verzwickt. Denn es gibt zum einen die parlamentarische Monarchie Niederlande und zum anderen das Königreich der Niederlande, das aus vier autonomen Ländern besteht. Und die Niederlande sind lediglich eines davon. Kompliziert? Ja! Also ganz in Ruhe und von vorn. Tauchen wir mal wieder einige Jahrhunderte in die Geschichte ein:

Wie viele der Seefahrernationen im Mittelalter, England, Spanien und Portugal waren die Niederlande im 16. und 17. Jahrhundert rege in den weltweiten Handel verstrickt. Für die Niederlande ist das 17. Jahrhundert das Goldene Zeitalter. Die Niederländische Ostindien-Kompanie brachte Gewürze, Kaffee und Tabak aus Sumatra und Batavia nach Europa. Auch in Westindien, den damals ersten entdeckten Inseln der Neuen Welt, wollte man mitmischen und nahm den Spaniern einige Inseln in der Karibik ab. So war das damals üblich.

Aus Handelsposten in Südostasien, Südafrika, Latein- und Mittelamerika entstanden Kolonien. Die Waren von dort führten unter anderem zum großen Reichtum der niederländischen Städte, die dadurch so beeindruckende Giebelhäuser an romantischen Grachten und prunkvolle Backsteingebäude haben, dass Millionen von Touristen die Orte heute gerne besuchen. Damals war allerdings ein anderer Aspekt wichtiger: Ein Weltreich entstand unter der Flagge von Oranje.

Im 20. Jahrhundert, als man sich auch in den Niederlanden der Geschichte stellte, wurden Teile der Kolonialgeschichte aufgearbeitet. Das war zugegeben nicht immer einfach. In der Kolonialzeit betrieben die Niederlande beispielsweise auch Sklavenhandel.

Menschen, die aus dem heutigen Indonesien in die Niederlande kamen, fühlten sich dort gesellschaftlich ausgeschlossen. Teilweise kamen sie nicht freiwillig, sondern waren als Bedienstete der einstigen Kolonialmacht im nun unabhängigen Indonesien unerwünscht. In den Niederlanden hatten sie allerdings keine vollständigen Bürgerrechte und wohnten in eigenen Lagern. Es kam in den 1970er-Jahren zu den sogenannten Molukker-Aufständen.

Indonesien und das südamerikanische Surinam trennten sich bereits im 20. Jahrhundert von den Niederlanden und gingen in die Unabhängigkeit.

Erst zu Beginn dieses Jahrhunderts wurden die karibischen Kolonien neu organisiert.

Auf den sogenannten ABC-Inseln, also Aruba, Bonaire und Curaçao, die gemeinsam mit Sint Maarten, Sint Eustatius und Saba die Inselgruppe der niederländischen Antillen bilden, wurde ein Referendum über die Zukunft der Inselverwaltung abgehalten.

Einige der Inseln gingen in die Unabhängigkeit, verblieben aber im Königreich.

Curaçao, Sint Maarten und Aruba sind nun unabhängige Staaten, deren Staatsoberhaupt die niederländische Krone ist. Drei weitere Inseln der ehemaligen Niederländischen Antillen, Bonaire, Sint Eustatius und Saba, gehören mit zusammen rund 15.000 Einwohnern direkt zu den Niederlanden. Sie haben den Status einer »Besonderen Gemeinde«.

Dass der karibische Wind, der über dem Königreich weht, auch schon mal sehr heftig sein kann, zeigte sich 2014, als Sint Maarten durch einen Wirbelwind großflächig zerstört wurde.

Diese Kolonialgeschichte der Niederlande ist für mich faszinierend. Während meines Studienaufenthaltes in Amsterdam sprach ich mit einigen Kommilitonen, die für ein Praktikum oder ein Semester nach Curaçao gingen, eine reizvolle Option.

Man mag zu der Kolonialgeschichte stehen, wie man möchte. Sie gewährt den Niederlanden auch einen Hauch von Exotik, der im Land selbst durch eine bunte Vielfalt zum Ausdruck kommt: indonesisches Essen, karibisches Essen.

Dem Speiseplan ist ein eigener Abschnitt gewidmet: *Grund 77: Weil die Kolonialzeit für ein großes Angebot an exotischen Speisen sorgt.*

In den Niederlanden gehört der *Chinees*, der heute viele asiatische Speisen von klassisch chinesisch bis indonesisch zusammenfasst, zum nationalen Speiseplan, so wie in Deutschland der Italiener oder der Dönerimbiss. Beides Phänomene der Migration, im Fall von Deutschland der späteren Arbeitsmigration. Beides gestaltet die Gesellschaft vielfältiger und mit ihr das Essensangebot reichhaltiger.

13. Grund

Weil der Geburtsort der Niederlande in Westfalen liegt

Sag ich doch, irgendwie sind wir verwandt, das Nachbarland im Westen und ich. Denn wir sind beide Westfalen!

Das ist zwar etwas konstruiert, dennoch trifft es zu, irgendwie. Denn es gibt ein Haus in Münster, das sich mit etwas Augenzwinkern das Geburtshaus der Niederlande nennt. Dazu kommt, dass es nicht irgendein Haus ist, sondern das Krameramtshaus, heute ein Teil des Zentrums für Niederlande-Studien der Universität Münster. Doch wie kann dieses Haus das Geburtshaus eines ganzen Landes sein?

Natürlich hat die Geschichte mit dem Westfälischen Frieden zu tun, der in Münster und Osnabrück verhandelt wurde. Einerseits wurde hier 1648 der Dreißigjährige Krieg beendet. Gleichzeitig verhandelte aber auch eine Delegation der Spanischen Krone mit Vertretern der Niederlande, der damals schon ausgerufenen Republik der Sieben Vereinigten Provinzen, über das Ende des Achtzigjährigen Krieges.

Die niederländische Delegation residierte von 1646 bis 1648 im Krameramtshaus. Ganz schön lange, aber wer 80 Jahre Krieg führt, der hat einiges zu verhandeln. Man traf sich abwechselnd im Quartier der Spanier und in dem der Niederländer.

Im Januar 1648 wurde der ausgehandelte Vertrag, der als Friede von Münster bezeichnet wird, im Krameramtshaus unterzeichnet. Die Republik der Sieben Vereinigten Provinzen war damit rechtsgültig als eigener Staat anerkannt, erstmals in dieser Form und auf dem Gebiet der heutigen Niederlande. Ist es also übertrieben, die Stadt, in der der Vertrag verhandelt und unterzeichnet wurde, als Geburtsort des Landes zu bezeichnen? Auf keinen Fall, findet der Westfale!

Die Geschichte einer unabhängigen Republik in den Niederlanden beginnt 1581, als sich die sieben nördlichen Provinzen zu einer Republik vereinigten. Wilhelm der Oranier wurde ihr Statthalter. Nach dem Tode Wilhelms kam es zu religiösen Richtungskämpfen innerhalb dieser Republiken, die beinahe zu einem Bürgerkrieg führten. Es gab Phasen längerer Waffenstillstände, doch fanden die Provinzen sich auch wieder zusammen, um gemeinsam gegen die Spanische Krone vorzugehen. Das erste Anliegen war dabei die Religionsfreiheit gegenüber der Spanischen Krone. Die niederländischen Statthalter der Provinzen waren überwiegend calvinistischen Glaubens, Spanien katholisch.

Vor allem die allgemeinen Kriegswirren des Dreißigjährigen Krieges ermöglichten den Niederlanden den Schritt in die Unabhängigkeit. Der Eintritt Frankreichs in den Krieg gegen Spanien schwächte die Position der Besatzer. Zusätzlich bescherte der wirtschaftliche und technische Aufschwung im 17. Jahrhundert, dem Goldenen Zeitalter, finanzielle Mittel und eine stolze Kriegsflotte, was zusätzlich die Seite der Sieben Provinzen stärkte.

Eine Unabhängigkeit von Spanien wurde möglich, die schließlich in Münster verhandelt wurde.

2. Kapitel

Der Strand

14. Grund

Weil es jedes Mal erneut ein erhabener Moment ist, die letzten Dünen zu erklimmen und das Meer zu erblicken

Es ist dieser eine Moment. Der ganz besondere Augenblick eines Nordseeurlaubes. Oben auf der Düne stehen und das erste Mal das Meer sehen!

In dieser einmaligen Form ist er auch nur an der Nordsee möglich, dort, wo das Hinterland von Dünengürteln geprägt ist. Die westliche Küste der Niederlande also und die Watteninseln. Die typische geschwungene Dünenlandschaft mit Strandhafer, Stranddisteln, Sanddorn, Wacholder und anderen kleinen Büschen, hier und dort auch Birken und Kiefern in Form von niedrig und krumm gewachsenen Windflüchtern. Und die Strandrose! Der besonders im Sommer so liebliche Duft der Strandrose mit ihren zartblättrigen, hell-lilafarbenen Blüten und im Spätsommer den dicken roten Früchten, den Hagebutten. Die Strandrose, die eigentlich Kartoffelrose heißt.

Der ideale Dünengürtel für das besondere Erlebnis hat mindestens zwei, idealerweise drei Dünenreihen, die zu überqueren sind. Wer ein längeres Vorspiel liebt, der wird wohl auch mehr Dünenaufstiege schätzen. Mir reichen drei, sonst wird die Geduld allzu sehr strapaziert.

Es weht dabei ein leichter bis mittlerer Wind, die Sonne scheint auf das silbrige Gras, einige Schäfchenwolken bedecken den Himmel und spenden für kurze Momente Schatten. Der sandige Duft der Dünen ist dabei schon gegenwärtig, und je näher ich der Nordsee komme, desto stärker wird der salzige Duft des Meerwassers.

Als naturwissenschaftlich interessierter Reisender weiß ich, dass es das Gas Dimethylsulfid ist, das ich als Meeresduft wahrnehme. Ein Stoffwechselprodukt von Algen. Ganz banal: schwefelhaltiger Algenpups. Da kann ich aber mit umgehen!

Für mich, den romantisch-meerverliebten Urlauber, riecht es nach Salz, Wind, Wellen, nach knirschendem Sand zwischen den Zehen und vor allem nach Weite und Abenteuer.

An einem idealen Tag nehme ich den Duft der Meeres und das Geräusch der Wellen auf dem Weg zum Strand ungefähr gleichzeitig wahr. Etwa beim Herabschreiten vom vorletzten Dünengürtel. Und dann, ja, dann, geht es hinauf. Den letzten Berg. Das Herz schlägt schneller. Vielleicht weil der Marsch durch die Dünen schon recht anstrengend war, vielleicht, weil ich weiß, dass jetzt der besondere Moment naht. Das leise Rauschen der Wellen wird zum Getöse, nur noch ein Schritt, und endlich: die See!

Der Blick schweift über den großen Ozean, das riesige Wasser, zum unendlich scheinenden Horizont. Ich bleibe einen Moment andächtig stehen und meine hiervon nicht genug bekommen zu können. Sauge tief die Meeresluft ein, möchte mich mit allen Sinnen sättigen am Überfluss der Natur.

Ganz langsam gehe ich doch irgendwann hinunter. Egal ob Ebbe oder Flut, erst einmal bis ganz nach vorn zum Wasser. Je nach Temperatur tunke ich die Füße hinein. Schließlich laufe ich am Wasser entlang. Ich brauche aber keinen kilometerlangen Strandspaziergang, dort zu sein, das reicht.

Der erste Blick aufs Meer, dieser Moment ist es, den ich seit Kindheitstagen immer als ganz besonders empfand, das erste Mal im Nordseeurlaub dem Meer gegenüberstehen. Dabei spielt es keine Rolle, ob wir auf der Hinfahrt die Nordsee bereits mit der Fähre überquert hatten, ob wir an Häfen entlanggefahren sind, über Brücken und Deiche, dort schon das Meer erspähen konnten. Den Moment der ersten Begegnung hebe ich mir auf, für den Gang durch die Dünen und den Blick von dort. Und es fühlt sich jedes Mal wieder an wie das erste Mal.

In frühen Erinnerungen ist der sandige Weg durch die Dünen noch mit Heu verstärkt, das war auf Texel. Wir zelteten direkt in den Dünen, auf dem Campingplatz in de Koog.

Das Heu sorgte für eine weitere typische Duftkomponente.

Doch solange der Weg nur durch die Dünen geht, ist es mir einerlei, ob ich auf Heu, Sand oder Pflastersteinen gehe. Sogar eine Treppe hinauf und wieder hinab darf es sein. Wichtig ist, dass es diese eine Düne gibt, von der aus der Blick auf das Meer sich in einem Moment öffnet.

Und dann laufen, den Wind im Gesicht, die Sonne und den Regen.

Ich laufe, bis zu einem zweiten bewegenden Moment. Wenn ich den Strand wieder verlasse, verlasse ich ihn nämlich noch nicht ganz. Am liebsten setze ich mich in eines der Strandcafés, die Strandpavillons, die es an den meisten der Strandzugänge an der Nordseeküste gibt. Hier finde ich einen Platz hinter einer geschützten Glasscheibe und kann den Blick weiterhin auf Strand und Meer richten. Die Sonne, wenn sie denn scheint, entfaltet erst hier manches Mal ihre ganze Kraft, wo sie ihre Wirkung ungetrübt von den Elementen zum Einsatz bringen kann. Wenn es so richtig windig ist, kommt hier ganz langsam das Leben in den Körper zurück. Das Gesicht pochert, wenn es sich aufwärmt, das Blut durchströmt wieder alle Körperregionen.

Je nach Situation genieße ich ein warmes oder kaltes Getränk und habe den besten Logenplatz am Meer. Mit Blick auf die unendliche Weite der See, auf Mensch und Tier am Strand: auf das Leben.

15. Grund

Weil es traumhafte Strände auf den Waddeneilanden gibt

Man kann nur eines lieben, die Berge oder das Meer! Das ist ein Klischee, aber wie jedes Klischee hat auch dieses einen wahren Kern. Ja, es ist schön, auf einem Höhenweg durch die Alpen zu wandern und das Tal unter einem, die nächsten Gipfel in der Ferne zu sehen. Dunkle Tannen, grüne Wiesen im Sonnenschein.

Aber all das kommt nicht heran, nicht für mich, an die Faszination des Meeres, die gewaltigen Wassermengen, das Wellenrauschen. Die Weite, das Farbenspiel der Sonne auf der Meeresoberfläche, das Glitzern und Blinken im Zusammenspiel von Licht und Wellen. Das beruhigende Rauschen der Wellen, das rhythmische Anschwellen des Tosens, die kurze Stille, dann das erneute Aufbrausen, Erschallen der Sinfonie der Milliarden Wassertropfen. Das ist Kraft, das ist Meditation, das ist Einswerden mit den Gewalten der Natur. Das ist auch Wechsel und Vergänglichkeit, wo das Bergmassiv Ewigkeit verspricht.

Und wo ist das Meer am schönsten zu erleben? Genau: am Strand. Da mögen mir andere Holland-Fans wohl zustimmen. Außer die, die andauernd segeln, windsurfen, tauchen oder mit dem Motorboot über die Seen und durch die Kanäle schippern. Ja, das ist nett, doch für mich ist es am schönsten am Strand.

Und die schönsten Strände der Niederlande sind auf den Westfriesischen Inseln. Die niederländische Bezeichnung *waddeneilanden* für diese Inselgruppe ist eigentlich viel zutreffender, denn Texel gehört noch zur Provinz Nordholland und nicht zur Provinz Friesland. Somit ist Texel keine friesische Insel wie die übrigen Inseln. Als Westfriesland wird in den Niederlanden eine Region um Enkhuizen und Hoorn bezeichnet, die eigentlich zur Provinz Nordholland gehört. Um das Wirrwarr also eindeutiger zu machen, mache ich mir die niederländische Bezeichnung für die Inselgruppe zu eigen und spreche von den Watteninseln.

Die Watteninseln haben ihren Namen von der Lage im Wattenmeer. Beim Besuch einer Insel der Gruppe wird auch schnell klar weshalb. Eine Seite der Insel, die dem Festland zugewandte Seite, liegt im Wattenmeer. Ein ordentlicher Deich trennt hier Land und Wasser, befestigt, die Seeseite gemauert, die Landseite begrast, obendrauf Schafe.

Die Fahrt mit der Fähre vom Festland zur Insel verläuft oftmals im Zickzackkurs. Bei Ebbe verkehren manche Fähren gar nicht, und bei Flut verläuft die Fahrrinne entlang der Wasserströmungen durch das Wattenmeer.

Touristisch erschlossen ist meist die andere Seite der Inseln, die der offenen Nordsee zugewandte Seite. Dort gibt es Dünen und vor allem die wunderschönen langen Sandstrände, meist an der ganzen Küste entlang, kilometerlang. Auf jeder der Watteninseln gibt es Strandabschnitte, die beinahe verlassen sind. Hier ist es möglich, stundenlang zu spazieren, ohne andere Menschen zu treffen. Ohne im Sommer von Lenkdrachen gejagt, von Hunden beschnüffelt und von Volleybällen getroffen zu werden. Mit Ausnahme vielleicht in den nordrhein-westfälischen oder niedersächsischen Schulferien.

Und wer es gesellig braucht, auch für den gibt es die wundervollen Strandpavillons, direkt am Strandaufgang. Hier ist meist ein Platz hinter dem Fenster frei. Außer in den Ferienzeiten.

Ja, auch die Strände von Zandvoort, Renesse, Noordwijk oder Egmond sind traumhaft, aber Insel ist halt Insel. Eine Überfahrt unterstreicht das Urlaubsgefühl doch deutlich.

16. Grund

Weil bei Ebbe der Strand eine endlose Weite hat

Der klassische Streit zwischen Ostsee- und Nordseefans endet meist mit: »Aber die Nordsee ist wenigstens ein richtiges Meer!«

Das passende Gegenargument: »Was nützt mir ein richtiges Meer, das den halben Tag nicht da ist?«

Ende der Debatte.

Ist die Debatte hier wirklich zu Ende? Ich hätte da noch ein weiteres Argument für die Nordsee: Die Nordsee ist nämlich schön, auch wenn sie weg ist!

Das klingt zunächst vielleicht paradox, doch ist sie in der Regel in den Niederlanden nicht ganz so weit weg wie beispielsweise der

Atlantik an der Küste der Normandie. Wer einmal auf dem Mont-Saint-Michel war, weiß, wovon ich spreche. Man geht vormittags auf eine Sandburg an einem riesigen Strand und verlässt am frühen Nachmittag eine Insel vom Meer umschlungen. Sogar die einzige Zufahrtsstraße, die vor zwei Stunden noch ein erhöhter Steg im Sand war, wird nun von Wellen überspült. Oder andersherum. Man betritt eine Insel, und ehe man sich's versieht, ist alles Wasser weg.

Während eines Sommerurlaubs in der Normandie sind wir mehrfach von Strand zu Strand gefahren, um eine Badestelle zu finden, an der man nicht 500 Meter über glühend heißen Sand laufen muss und anschließend abermals 500 Meter ins Meer hinein, um mindestens knietief im Wasser zu stehen.

Die Nordsee ist da deutlich anwenderfreundlicher und eben auch bei Ebbe ein Meer zum Liebhaben.

Bei Ebbe waten Wasservögel durch den Sand und tanzen im Wind, suchen nach Würmern und Muscheln. Bei Ebbe ist der Strand weitläufig. Es gibt Priele, aus denen das Wasser stundenlang abfließt und dabei erstaunliche Kanäle in den Sand zeichnet. Zweimal am Tag, komplett neu. Ein Paradies für kleine Strandbauingenieure mit Schaufel und Eimer. Sandburgen mit Wassergräben und Muschelverzierungen entstehen, und nach der nächsten Flut ist alles fort, genügend freier Platz für eine neue Welt aus Sand.

Bei Ebbe bietet der Strand einen festen Boden, der zum Joggen, Reiten, Drachensteigenlassen, Strandwagenkiten, Bollerwagenziehen, sogar zum Mountainbiken einlädt. Das Spazierengehen kann ausschweifend werden. Man kann kleine Krebse beobachten. Muscheln suchen. Und bei Sonnenuntergang bilden sich ganz schrecklich romantische Lichtspiegelungen im flachen Wasser. Dann gibt es nichts Schöneres, als sich ein gemütliches Plätzchen im Sand zu suchen, Becher Wein einschenken, sitzen und genießen!

Die Ebbe ist in der Regel keine Badezeit, sie ist Spielzeit, Spaziergehzeit. Und wie ein richtiges Meer verbreitet das salzige Wasser auch bei Ebbe sein duftendes Aroma. Die Wellen sind zu hören, wie sie voller Kraft im Rhythmus der Brandung den Strand küssen. Vielleicht sind dort draußen, auf den Sandbänken sogar Seehunde zu sehen!

Die Ebbe ist das Versprechen, dass das, was fortgeht, wiederkommt. Das Versprechen, dass die Natur ihren Rhythmus hat, ihrem Pulsschlag folgt, der nicht dem Zufall überlassen ist, sondern durch die Kraft des Mondes und der Erde entsteht und zuverlässig wiederkehrt. Ein Stück Vertrauen, das wir gewinnen können, in die Natur, dort, wo sie vorhersagbar, berechenbar ist.

So, wie es Freundinnen und Freunde der verschiedenen Jahreszeiten gibt, so gibt es sie für beide der Gezeiten.

17. Grund

Weil bei Flut die Kraft der Natur zu spüren ist

Die Flut ist hingegen die Zeit, in der die Kraft des Meeres in seiner ganzen Stärke und Wucht zu spüren ist. Die Wellen sind höher, das Wasser kratzt fast an der Badedecke. Wo vor wenigen Stunden noch Weite und Platz war, kann es jetzt eng werden.

Wer auf dem feuchten Strand am Wasser entlanggeht, läuft Gefahr, dass Schuhe und Hosensaum nass werden. Das Tosen der Wellen kann sich geradezu in Lärm verwandeln. Wenn der Wind stärker ist, kann die Gischt durch die Luft wirbeln und schon mal das Gesicht erfrischen.

Und das Schöne ist: Die Flut ist vielerorts Badezeit. Die Nordsee hat an manchen Orten tückische Strömungen, daher ist bei abfließendem Wasser das Baden an diesen Stellen gefährlich.

Natürlich ist der Wechsel der Gezeiten an der niederländischen Nordsee nicht so spektakulär wie in Frankreich. Ich erinnere mich an Urlaube in der Bretagne und an der südlichen Atlantikküste. Wir saßen rund eine Stunde auf einer Bank am Bassin d'Arcachon, das bei Ebbe rund 80 % seines Wassers hergibt, und beobachteten fasziniert, wie das Hafenbecken von Andernos-les Bains wieder volllief. Im Minutentakt richteten sich die Reihen der versandeten Schiffe auf und standen im Wasser, ebenso die gerade noch im Sand liegenden Bojen, das Ansteigen des Meeres war zu spüren, dramatisch!

Auch wenn der Wechsel der Gezeiten sich in den Niederlanden nicht ganz so spektakulär vollzieht: Wer im Sommer ganz entspannt Zeit am Strand verbringt, auch der bemerkt das steigende und gehende Wasser von der Badedecke aus. Oder für die bessere Beobachtungsposition: windgeschützt hinter der Glasscheibe im Strandpavillon bei paal 8, 9, 17 oder 25.

Die Flut macht reinen Tisch, Tabula rasa, plättet Sandburgen und Kunstwerke, schafft ein neues weißes Blatt für die nächsten Bauprojekte.

Die Flut bringt Sand, Muscheln, Algen mit, Treibgut als Futter für Krebse und Wasservögel, das bei Ebbe bestaunt und erbeutet werden wird, bis das Wasser die Reste wieder einholt. Einen Teil davon.

So strukturieren die Gezeiten den Urlaubstag am Strand. Und jede der Gezeiten bietet eine eigene Stimmung. Beides sind Gründe, die Nordsee zu lieben.

Streng genommen ist Ebbe die Zeit zwischen Hochwasser und Niedrigwasser, also die Zeit, in der das Wasser abfließt. Die Flut ist also die Zeit zwischen Niedrigwasser und Hochwasser, die Zeit des steigenden Wassers. Gemeinhin bezeichnet Ebbe aber den Zustand, wenn das Wasser weg ist, korrekt hieße dieser Niedrigwasser. Der Zeitpunkt, wenn das Wasser am höchsten steht, entsprechend Hochwasser.

Und wieso gibt es überhaupt Ebbe und Flut?

So beeindruckend es auch ist, das Wechselspiel der Gezeiten zu verfolgen, umso faszinierender wird es für mich, wenn ich mir die Mechanik dahinter verdeutliche.

Das Phänomen der Gezeiten wird durch ein Wechselspiel der Zentrifugalkraft der Erde und der Anziehungskraft des Mondes verursacht, die sogenannten Gezeitenkräfte. Dabei ist Hochwasser ungefähr auf der dem Mond zugewandten Seite der Erde und genau entgegengesetzt, auf der mondabgewandten Seite. Nicht exakt, da das Wasser träge fließt und dort erst angelangen muss.

Die Gezeitenkräfte kommen daher, dass die Erde nicht um den Erdmittelpunkt, sondern um den gemeinsamen Schwerpunkt mit dem Mond rotiert, sie eiert gewissermaßen um ihr Zentrum herum. Das ist vergleichbar mit einer Tasse mit Flüssigkeit, die ich am Henkel greife und so kreisen lasse, dass die Flüssigkeit sich an einer Seite der Tasse sammelt. Das ist die Flut auf der mondfernen Seite. Die reine Gravitation des Mondes auf das Wasser der Erde bewirkt die Flut auf der mondnahen Seite. Dort, wo Ebbe ist, gleichen sich gerade beide Kräfte aus.

Faszinierend! Und doch ist es noch viel magischer, am Strand zu sitzen und einfach nur das Meer Meer sein zu lassen und mit den Gedanken zu baumeln. Egal ob Ebbe oder Flut, Hochwasser oder Niedrigwasser.

18. Grund

Weil Strandrosen überall auf der Welt nach Holland duften

Manchmal kommt es vor, dass ich in einem ganz unerwarteten Moment an traumhaft schöne Urlaubsmomente erinnert werde. Ich gehe irgendwo entlang, und plötzlich aus dem Nichts erhascht mich ein Duft, der mich auf der Stelle entführt und mitnimmt, an einen anderen Ort und in eine andere Zeit. Ein bestimmter Duft nach Teer erinnert mich an Sommertage in England, scharfe Reinigungsmittel an Fahrten mit der Reichsbahn im Transit durch die DDR nach West-Berlin. In dem Fall trifft »traumhaft schön« es nur zum Teil.

Aber manchmal, wenn ich an einer Wiese entlanggehe, vorbei an Büschen, einer Heidelandschaft oder an den mecklenburgischen Seen, dann erwischt mich ein spezieller Duft. Ein süßer, lieblicher Duft von Strandrosen. Ja, es gibt sie auch in Deutschland. Und genau dieser Duft sagt mir leise: Texel! Nordsee, Dünen!

Der Duft der Strandrosen ist der Vorbote des Meeres. Dort in den Dünen stehen die großen Büsche auf dem sandigen Boden. Sofort ist der Moment da: Texel, der Weg auf quadratischen Betonplatten zum Strand, links und rechts das markante Buschwerk mit den dicken roten Knollen dran.

Die Strandrosen heißen botanisch leider nicht Strandrosen, sondern Kartoffelrosen. Oder Apfelrose, Japanrose oder Kamtschatkarose, lateinisch Rosa rugosa. Diese Namen kannte ich aber damals nicht, es waren für mich auch keine Rosen, sondern Hagebuttensträucher. Seit ich erfahren habe, dass es sich um Rosen handelt, sind es für mich Strandrosen gewesen.

Die Strandrose trägt ordentliche Früchte, große, dicke Hagebutten. Im Hochsommer prall und glänzend rot, groß wie Walnüsse. In Deutschland ist eher die Hundsrose verbreitet, die kleine, feste Früchte trägt. Als Kind schätzte ich natürlich nicht den Duft, ich pflückte sie, weil ich mal gehört hatte, dass man die Samen zu Juckpulver trocknen konnte. An dieser Stelle bitte ich um Verzeihung, wenn ich es an Familienmitgliedern ausprobierte.

Dennoch blieb genau der Duft mir nachhaltig in Erinnerung, vielmehr im Unterbewusstsein. Und jedes Mal, wenn ich später an einem Busch vorbeikam, rief dieser: »Hallo Oli, ein Gruß aus Holland!«

Anfangs konnte ich die Verbindung nicht mal genau zuordnen. Es war einfach nur ein Duft, der nicht an den Ort passte. Ich dachte, hey, was riecht denn hier nach Holland? Die Erkenntnis, dass es die Rosenbüsche sind, dauerte einige Jahre.

Ihre Blüten sind eher zart. Pflückt man sie, fallen die Blätter bald von der Blüte ab. Sie wollen am Strand bleiben und nicht mitgenommen werden, dann können sie nämlich rufen: Komm zu mir an die See.

Dabei ist die Verbreitung der Strandrose/Kartoffelrose in den Küstengebieten nicht überall gern gesehen. Es ist nämlich erst ein recht junger Bewohner unserer Küstenregionen. Ursprünglich kommt die Pflanze aus China und wurde nach Europa gebracht, wo sie sich erfolgreich vor allem auf sandigen und salzigen Böden verbreitet. Dabei verdrängt sie ursprüngliche Biotope mit Sanddornbewuchs und kleineren Arten.

Vor allem in Dänemark wird an vielen Orten gegen ein Ausbreiten der Kartoffelrose vorgegangen. Allerdings bringt sie dort auch eine besondere Spezialität hervor. Aus den Früchten wird eine schmackhafte Marmelade gewonnen, die *hybenmarmelade*, Hagebuttenmarmelade.

Auf Niederländisch heißt sie *rozenbotteljam*, sie ist dort aber in Souvenirläden nicht so verbreitet wie die dänische Variante.

19. Grund

Weil es nichts Schöneres gibt, als nach einem Strandspaziergang im Strandpavillon windgeschützt das Meer zu betrachten

Bewegende Momente am Meer:

1. Das erste Mal im Urlaub oben auf der Düne stehen, wie in *Grund 14: Weil es jedes Mal erneut ein erhabener Moment ist, die letzten Dünen zu erklimmen und das Meer zu erblicken* beschrieben
2. Sich nach einem Strandspaziergang im Wind mit kalten Wangen in der Sonne hinter der Glasscheibe des Strandpavillons aufwärmen

Strandpavillons sind Kult. Dabei ist es egal, ob sie über die ganze Strandpromenade dicht an dicht stehen, wie in Zandvoort oder

Scheveningen, ob man bis zum nächsten Strandaufgang laufen muss, wie auf Texel oder in Renesse, oder es weit und breit nur einen einzigen gibt und die Tageswanderung oftmals um die Pause in eben dem Pavillon geplant wird, wie es auf den kleineren Watteninseln der Fall sein kann.

Das Wetter spielt ebenfalls keine Rolle. Wichtig ist: Ein Platz mit Blick auf den Strand, ob draußen windgeschützt hinter einer Glasscheibe oder drin und dort auch vor der Kälte geschützt.

In früheren Jahren genügte es mir, wenn es dort ein Eis oder eine Krokette gab. Heute gehört zu jedem Strandbesuch das Einkehren in einen Pavillon dazu. Ich streite aber energisch ab, dass der Besuch am Strand und der obligatorische Strandspaziergang nur noch ein Vorwand sind, um später im Pavillon einzukehren!

Sowohl der gastronomische als auch der bauliche Standard der Strandpavillons ist höchst unterschiedlich. Vom Snack-Imbiss am Strand über die coole Cocktailbar, die szenige After-Surf-Chill-out-Lounge bis hin zum gediegenen Restaurants mit exquisiten Speisen und Weinkarte ist am Nordseestrand alles vertreten.

Allerdings ist der besondere Moment im Pavillon auch anfällig für Störungen von außen. Der Moment des stillen Genießens ist fragil. Besonders in der Ferien- und Badezeit.

Nicht selten erlebte ich Szenen wie folgende am Nachbartisch:

Großfamilie aus Dinslaken kehrt ein, nimmt mit sechs Personen inklusive Strandutensilien drei Tische auf der gut gefüllten Terrasse in Beschlag. Die Mutter packt als Erstes ihre Zigaretten aus, blökt sogleich die Kinder an, weil sie Cola wollen. Oder weil die Hälfte des Strandspielzeugs noch am Strand liegt und das Geheule einsetzt. Emma-Jasmin will nicht noch mal runterlaufen. Papa ist es egal, er bekommt gerade sein erstes Bier. Die Mutter hat ihre Garderobe gerade in den tiefen Sessel sortiert und kann jetzt wirklich nicht mehr aufstehen. Also erbarmt sich Oma, den Weg hinunter durch den weichen Sand noch einmal zu gehen, um das Barbiebadetuch von Emma-Jasmin und das rosa Eimerchen von Melina-Luisa zu holen. Der Sohn im Bayern-München-Trikot kommt endlich mit seinem Fußball und lässt ihn auf die Holzplanken ticken, fragt gelangweilt, ob er mit dem Handy spielen darf. Vater (mit Bierschaum am Mund): »Nein, dauernd das Handy!« Sohn dotzt den Fußball jetzt umso schneller und fester, also auch lauter auf die Holzplanken. Mutter: »Nun lass doch den Jung!«

Vater bestellt sechs mal Pommes und noch ein Bier. Mutter schreit auf: »Wat? Melina-Luisa kann doch vonne Omma mitessen! Dat bleibt alles nur übrich, dat muss ich dann aufessen tun!«

Sitzen aushalten, Blick auf den Horizont fokussieren. Einatmen, ausatmen. Das geht vorbei. Bald habe ich meine Ruhe. Ich bestelle noch ein zweites Bier, freue mich über die *borrelnootjes,* die es dazu gibt, siehe *Grund 78: Weil zum Bier exotische Knabbereien gereicht werden – Borrelnootjes.* Und ich weiß: wenn ihr gleich in eurem Ferienhaus seid, habe ich den Strand für mich.

Das Schöne ist: für einen echten Strandpavillon muss man nicht unbedingt bis zur Nordsee fahren. Einige Kilometer vor der Küste, dafür aber näher am Ruhrgebiet, liegt das Walhalla in Harderwijk. Dort ist auch ein kleiner, feiner Badestrand am rund 18 Quadratkilometer großen See Wolderwijd. Der liegt zwischen den Provinzen Gelderland und Flevoland, einem ehemaligen Teil der Zuiderzee. Auch hier: maritime Stimmung garantiert. Und der Strand ist relativ fix abspaziert, das Bier lockt also schnell. Alternativ: der Kaffee, die Pommes frites.

20. Grund

Weil täglich 20.000 Tonnen Sand an der niederländischen Küste aufgeschüttet werden

Es ist schon gewaltig, die unvorstellbaren Mengen an Sand, die an der niederländischen Küste den wundervollen Sandstrand bilden. Von Cadzand im Süden, an der belgischen Grenze, über die Inseln des Schelde-Deltas in der Provinz Zeeland, Südholland, Nordholland und den Watteninseln. Und wenn auch nicht ganz so breit, doch häufig ebenso weiß, sandig und einladend, der Strand am IJsselmeer und den zahlreichen Binnenseen, die einst mit der Nordsee verbunden waren.

Wo die schönsten Strände sind, darüber lässt sich redlich streiten. Ich habe mich in den verschiedenen Kapiteln dieses Buches bereits in die eine oder andere Richtung festgelegt. Ja, auch der allerschönste Strand kann mal hier und mal dort sein. Je nach Anlass, Stimmung und Jahreszeit.

Doch eines Tages, in einem Urlaub an der Nordsee, wir haben Silvester auf Texel verbracht, war der Strand nach einer stürmischen Nacht weg. Ja, echt weg. Komplett. Nicht einfach nur schmaler oder abgetragen, weg. Wir gingen morgens über die Düne, den Weg zum Strand hinunter und waren entsetzt. Dort, wo der befestigte Streifen endete, ich weiß nicht mehr ob an einer Betonrampe oder an Holzpaletten, war Wasser. Eine 50 Zentimeter hohe Abbruchkante, und es nagten die Wellen weiter am Sand.

Das war ein Schock! Der Strand ist jetzt für immer fort, so dachte ich. Alles ist im Wandel, nichts ist für ewig, ganz besonders nicht die Nordseeküste. Die ist Wind und Wetter ausgesetzt. Ich war vielleicht 13 oder 14 und nachhaltig beeindruckt, vor allem aber besorgt. In der Folge beachtete ich historische Karten über die Wandlung und die Gestalt der Küstenlinie und über den Kampf gegen die Naturgewalten.

Der Strand auf Texel war beim nächsten Besuch natürlich wieder da. Nur war das kein Sand, den die nächste Flut aus Den Helder hier angespült hätte. Ein Teil der Küstenschutzmaßnahmen besteht darin, täglich Zehntausende Tonnen von Sand an die niederländische Küste zu spülen. Schiffe pumpen zu diesem Zweck mit gewaltigen Schläuchen Sand von einigen Hundert Metern seewärts direkt vor den Strand, der wiederum wird von der nächsten Flut angespült. Ein über Jahre erprobtes und ausgetüfteltes System.

Der Dünengürtel, der das Hinterland mit einer Höhe von über 20 Metern am besten gegen die Fluten abschirmt, wird wiederum vom vorgelagerten Strand geschützt. Wäre der Strand weg, könnte die nächste Flut die Dünen angreifen, später das Hinterland und so fort. Das ist aufgrund seiner Lage unterhalb des Meeresspiegels besonders gefährdet, wie in *Grund 7: Weil ein großer Teil des Landes dem Wasser abgerungen ist – Poldermodell 1* beschrieben.

Einige neue Projekte des Küstenschutzes sind gleich in großem Maßstab angelegt.

Südlich von Den Haag wurde eine künstliche Halbinsel aus Sand angespült, der sogenannte Sandmotor. Er besteht aus 20 Millionen Tonnen Sand und ragt 1.500 Meter ins Meer hinein. Die Strömung, so der Plan, trägt diesen Sand entlang der Nordseeküste nach Norden und verstärkt dadurch automatisch den schützenden Strandabschnitt.

Auf Texel wurde ein anderer Weg gefunden: Eine 500 Meter lange Mauer ragt am nördlichsten Punkt der Insel ins Meer hinein. Der vorbeiströmende Sand wird hier aufgefangen und angelagert. Auch so bleibt die Küstenlinie geschützt.

Das Anspülen von Sand hat für Sammler einen besonderen Reiz. Es werden häufig alte Knochen angespült, die Tausende von Jahren verborgen waren. Selbst Neandertalerschädel sollen auf diese Weise bereits ans Tageslicht gefördert worden sein.

Die gute Nachricht ist: Auch wenn der Strand mal wieder weggespült wird, zur Badesaison ist er ganz sicher wieder da. Ein schöner Strand ist schließlich schön, macht aber auch viel Arbeit!

21. Grund

Weil Plastikmüll aus der Nordsee im Museum ausgestellt wird

Das macht schon betroffen: Milliarden Tonnen Plastikmüll durchstrudeln die Weltmeere! In seiner Summe soll das Plastik bald eine größere Masse haben als das Gesamtgewicht an Fischen im Meer. Fischernetze, Plastikflaschen, Mikroplastik aus Zahnpastaschwemmkörpern, Autoreifenabrieb, zermergelte Folien, Tüten, Verpackungen, Dämmstoffe, Füllstoffe und was nicht noch alles aus Plastik hergestellt wird. Zwei Stunden in Benutzung, manchmal nur wenige Minuten oder Sekunden, auf ewig im Meer. In Tiermägen, um Schildkrötenhälse, in Walkadavern.

Manchmal möchte ich laut schreien, wenn ich solche Meldungen sehe. Aus Verzweiflung und aus Kummer über die Achtlosigkeit der Menschen und über die Not in armen Ländern, wo der Fluss durch die Stadt die städtische Müllabfuhr ersetzt.

Ich könnte jeden anschreien, der achtlos Zigarettenstummel auf den Boden oder Zigarettenpackungsplastikumverpackung einfach auf die Straße wirft.

Es wundert mich nicht, dass es ausgerechnet eine niederländische Firma ist, die jetzt begonnen hat, Plastik aus den Ozeanen herauszufischen, um dieses zu verwerten.

Schon als Kind ist es mir am Strand in Holland aufgefallen. Dort lag immer viel Zeugs herum, Plastik, Holzplanken, teilweise mit Teer beschmiert. Beim Muschelsammeln fand ich es beinahe interessanter zu rätseln, woher die Seile und Kanister kamen, als wie alt wohl die Muschelschalen sind. Es müsse alles von Schiffen ins Wasser geworfen worden sein, so dachte ich. Sonst würde es sicher nicht an den Strand gelangen.

Die Menge an Müll dort am Strand ist in meinem Empfinden zurückgegangen, doch wohl eher, weil er regelmäßig in großen

Aktionen von Freiwilligen weggeräumt wird, und nicht, weil weniger angeschwemmt wird.

Strandgut zu sammeln ist in den Niederlanden eine lange Tradition. An vielen Orten werden die kuriosesten Dinge im Museum ausgestellt. Ich habe sie auf Texel, Ameland und in Zandvoort besucht. Neben einer Unzahl von Rettungsringen, Schwimmwesten, Sturzhelmen, Fischernetzen und Bojen sind dort auch Strandspielzeug, Ausrüstung gestrandeter Schiffe und aus der Kriegszeit militärische Fundstücke zu bestaunen.

Das Strandgut zu sammeln nennt sich *jutten*, die Museen, die Strandgut ausstellen, heißen *Juttersmuseum*. Das größte in den Niederlanden, sogar das größte weltweit, ist das Schipbreuk- en Juttersmuseum Flora auf Texel.

Der Begriff *jutter* geht eher auf Strandräuber als auf Strandgutsammler zurück. Ihm haftet ein stolzer Beiklang an, von Abenteuer und Piratenleben!

Viele Künstler nehmen das Strandplastik inzwischen als Material, um kuriose Skulpturen zu entwerfen. In fast allen naturkundlichen Museen entlang der Küste sind Plastikskulpturen ausgestellt.

Auch in Andenkenläden gibt es Strandgut-Collagen in hübsch. Die sind aus ausgeblichenen Holzstücken gefertigt, aus Treibholz, dem Strandgut der natürlichen Sorte.

Sehr sympathisch finde ich auch die Aktion, Strandbesucher dazu aufzufordern, bei jedem Strandgang drei Müllstücke aufzusuchen und diese in bereitgestellte Behälter am Strandaufgang zu werfen. Das mache ich meistens, auch wenn es manchmal bloß drei Zigarettenkippen sind. Noch sinnvoller ist es allerdings, bei jedem Strandbesuch drei Stücke Abfall oder auch drei Zigarettenkippen erst gar nicht an den Strand zu werfen. Leute! Zigarettenkippen auf den Strand! Geht's noch?

Der Plastiksammelaktion der ambitionierten niederländischen Firma wünsche ich gutes Gelingen und viele Nachahmer, sodass irgendwann den *Juttersmuseen* der Nachschub ausgeht.

3. Kapitel

Das Wasser

22. Grund

Weil ein Hausboot in den Niederlanden eine ganz alltägliche Behausung ist

Die Niederlande sind nah am Wasser gebaut. Was wäre dort, angesichts des steigenden Meeresspiegels in den kommenden Jahrzehnten, naheliegender, als auch die Wohngebiete auf das Wasser auszuweiten?

Das würde sogar zwei Fliegen mit einer Klappe schlagen. Anstatt mühsam das Wasser mit Dämmen einzuzäunen, es dann über Jahrzehnte abzupumpen, bis ein Polder entsteht, diesen urbar zu machen und mit Häusern zu bebauen, die doch irgendwann in den Fluten versinken, baut man gleich schwimmende Häuser, die mit den Fluten steigen.

Das klingt naheliegend, und auf diesen Trichter kommt man in den Niederlanden so langsam. Doch gibt es bereits eine viel ältere Tradition des Wohnens auf dem Wasser. Wer in Amsterdam war, sieht sie in fast allen Grachten: alte Kähne, die zu Hausbooten umgebaut sind. Das klingt romantisch, ist es in einigen Fällen auch. Es gibt hübsche kleine Gärtchen mit Tomatenpflanzen an Deck, immer einen Sitzplatz mit Campingstuhl und Tischchen, auf dem noch ein Weinglas vom Vorabend steht. Oder ein längst im Regenwasser ertrunkener Aschenbecher.

Doch oftmals ist das Leben an Bord eines dieser alten Hausboote karg und wenig komfortabel.

In den Niederlanden gibt es über 10.000 bewohnte Schiffe, mehr als 3000 davon an den 75 Kilometern der Kanäle von Amsterdam.

Die Tradition geht einige Jahrhunderte zurück. Zumindest stammt ein erstes Verbot aus dem Jahr 1652. Es untersagt, auf einem liegenden Schiff zu wohnen oder dort eine Koch- oder Feuerstelle zum Zweck des Wohnens einzurichten. Und weshalb etwas verbieten, was nicht zu jener Zeit praktiziert worden wäre?

In der zweiten Hälfte des 20. Jahrhunderts wurde das Hausboot als eine flexibel einsetzbare Maßnahme gegen die Wohnungsnot erkannt, und das Wohnen auf dem Wasser wurde gesetzlich reguliert.

Denn auch wenn es romantisch erscheint, seinen Alltag auf der Gracht zu verbringen, erfordert es einige Dinge zu bedenken. Zum Beispiel die täglich 100.000 Touristen, die mit den Amsterdamer Kanalboten auf den Grachten unterwegs sind. Ich erinnere mich an Plakate auf Hausbooten, die den Tretbooten deutlich signalisierten, dass sie in der Nähe des Vorgartens nicht gern gesehen sind.

Also: So schön es auch ist, vielleicht ist die beste Lage für ein Hausboot eher in Stadtrandlage von Zaanstad als im Zentrum von Amsterdam.

Doch nicht nur in Amsterdam ist Wohnen auf dem Wasser beliebt oder praktisch. In Zwolle gibt es ein Boot mit Wohncontainern als schwimmendes Studentenwohnheim, in Utrecht gab es sogar bis 2013 ein eigenes Rotlichtviertel auf 70 Hausbooten.

Auch Besucher des Landes können die Bootsromantik erfahren. In vielen Städten gibt es Hotels oder Pensionen in Hausbooten. Das bekannteste davon liegt selbstredend in Amsterdam, unweit der Centraal Station. Mit seinen 175 Zimmern hat es aber eher Kreuzfahrtschiffscharakter als Hausbootromantik.

Bisher konnte ich die Übernachtung auf dem Schiff nur in Berlin testen. Beinahe hätte ich auf dem Hotelschiff Vita Nova in Amersfoort übernachten können. Aus irgendeinem Grund klappte die Reservierungsanfrage nicht, bei Nachfrage war es dann ausgebucht. Wohl zu Recht! (Mache eine Notiz auf meiner To-do-Liste NL).

Mit dem verbesserten Angebot an Wohnungen bemühte sich auch die niederländische Obrigkeit, die Anzahl der Wohnboote zurückzudrängen. Bestehende Genehmigungen wurden nicht verlängert, keine neuen erteilt, das »Problem« wäre also auf absehbare Zeit gelöst.

Doch gerade im Zuge der Klimadiskussion kommt das Prinzip Wohnen auf dem Wasser wieder in Mode.

Ab dem Jahr 2002 entstand im Norden von Amsterdam das Stadtviertel IJburg auf künstlichen Inseln. Bisher gibt es dort bereits 120 Wohnungen im sogenannten Waterbuurt: auf dem Wasser auf schwimmenden Häusern. Diese sind über Stege erreichbar und passen sich an schwankende Wasserstände an. Für ein Land, mitten im Wasser, ist das ganz sicher ein Modell mit Zukunft.

Einen guten Eindruck vom Wohnen auf dem Schiff bietet ein Besuch des Hausbootmuseums in Amsterdam, auf einem Plattbodenschiff auf der Prinsengracht, dort wo sie auf die Elandsgracht trifft.

23. Grund

Weil man an einer geöffneten Kanalbrücke Zeit für eine Pause hat

Zeit ist oftmals knapp, besonders morgens im Berufsverkehr. Da ist der Weg täglich der gleiche, die Uhrzeit meistens auch, ein unerwartetes Hindernis kann in dieser Routine zu zusätzlichem Stress führen. Gelassenheit ist da gefragt, doch woher nehmen?

Auf dem Weg vom Studentenwohnheim in Amsterdam-Oost ins Zentrum radelte ich in meinem Studienjahr an der Universiteit van Amsterdam häufig über die Hortusbrug. Sie liegt am Hortus Botanicus, dem Botanischen Garten, und verbindet das Stadtviertel Plantage über die Nieuwe Herengracht mit der Innenstadt. Etwa einmal pro Woche stand ich just vor dieser Brücke und wartete vorbeifahrende Boote ab. Natürlich stand ich direkt vorn, im Pulk der ungeduldigen *fietser*. Doch waren die Fahrradfahrerinnen und -fahrer gar nicht so ungeduldig, wie ich erwartet hatte und wie ich es zunächst selber war. Es ging hier mit einer erhabenen Gelassenheit zu, die mich beeindruckte.

Das liegt schon am gemächlichen Tempo der sich hebenden Brücke. Wahrscheinlich ging zunächst eine Schranke zu, vermutlich läuteten dazu Signalgeräusche, ich erinnere mich nicht mehr so genau, es war 1995. Noch schnell rüberfahren, so wie ich es aus Schulzeiten von unserem Bahnübergang kannte, wo nach Schrankenschließung mindestens zwei Minuten vergingen, bis der Zug endlich kam und damit der Austausch der Hausaufgaben vor der Lateinstunde zu scheitern drohte, war nicht möglich. Eine sich öffnende Brücke, da hatte ich von Anfang an Respekt. Aber hier war alles gelassen. Obwohl es noch keine Handys gab und damit die dankbare Gelegenheit, eine Instagram-Story »Brückenöffnung« zu posten!

Anfänglich probierte ich Umwege, nur um feststellen zu müssen, dass sie auch keine Zeitersparnis mit sich brachten.

Geduld war die beste Lösung. Sich dem Tempo anpassen, eine Insel des Wartens in einer hektischen Stadt als Geschenk sehen. Der Brücke beim Öffnen zusehen. Ganz langsam, den Schiffen beim Durchfahren zusehen, ganz gemächlich. Und dann der Brücke wieder beim Schließen zusehen. Ganz in Ruhe. Möglicherweise holte ich ein Buch oder eine Tageszeitung aus der Tasche. Wenn es weiterging, fädelte ich mich wieder in den Verkehrsstrom der großen Stadt ein. Beim Weiterfahren musste ich der Versuchung widerstehen, extra schnell zu fahren, um die Wartezeit aufzuholen. Denn verschwitzt im Seminar ankommen, das sollte auch nicht sein. Morgen lieber fünf Minuten eher losfahren.

Auch andere Verkehrsteilnehmer müssen in Amsterdam geduldig sein. Autofahrer, Lieferwagenfahrer. Motor aus, dauert ja. Und beim Anfahren ganz langsam, erst den Pulk der Fahrräder ziehen lassen. Autofahren schien mir zu der Zeit in Amsterdam bereits die Geduldsprobe für Fortgeschrittene. Häufig sah ich Fahrzeuge in einer schmalen Gracht warten, bis ein Lieferwagen den Getränkevorrat des Grachtenhotels komplett aufgefüllt hatte, bevor es weitergehen konnte.

Ich stelle mir das in Deutschland vor. Hupen, klingeln, hauen, stechen! Vielleicht täten uns auch einige Brücken gut, die uns hin und wieder unerwartete Wartezeiten bescheren.

24. Grund

Weil eine Fahrt auf dem Plattbodenschiff ein Erlebnis ist

Ich gebe es zu: Ich tauge nicht zum Seemann. Ich bewundere es, wenn Menschen sich dem Segeln oder dem Surfen voll und ganz hingeben und einen wilden Ritt über Wellen genießen. Ich bewundere es, aber lieber vom Land aus, wenn ich sicheren Boden unter meinen Füßen habe. Dann schaue ich gelassen aufs Wasser und sehe die Segel in der Ferne und komme ins Schwärmen.

Bei Schiffen allerdings, auf denen ich mitfahre, bin ich froh, über jeden Meter, den das Schiff länger und breiter ist als der Abstand zwischen zwei Wellenbergen. Und Stabilisatoren weiß ich zu schätzen. Und Fähren, die mich ruhig und sicher transportieren und wohlbehalten auf einer Insel abliefern.

Andererseits liebe ich Hafenromantik. Ich schlendere gerne am Kai entlang, beobachte Schiffe ein- und ausfahren. Selbst das Tuckern eines Schiffsdiesels trägt zur Hafenromantik bei, auch ein leichter Duft nach Öl und Teer. Romantisch, solange es nicht zu laut ist und die Abgase nicht zu sehr die Nase stören.

Ein besonders typischer, ikonischer Schiffstyp prägt die Häfen am IJsselmeer. In Volendam, Hoorn und Enkhuizen, auch in Lemmer, Makkum und Stavoren sind sie zu bestaunen. Es sind die Oldtimer der niederländischen Schifffahrt: die Plattbodenschiffe. Markant sind die Seitenschwerter zu beiden Seiten des Schiffs, die im flachen Gewässer für Stabilität sorgen und den Kiel ersetzen.

Plattbodenschiffe wurden für die besonderen Anforderungen in flachen Binnengewässern, Kanälen und auf dem Wattenmeer entwickelt.

Plattbodenschiffe werden in verschiedene Typen unterteilt, am bekanntesten ist der Tjalk, der durch seinen runden Rumpf auffällt und hauptsächlich als Transportkahn eingesetzt wurde.

Heute ist eine große Flotte dieser Plattbodenschiffe auf dem IJsselmeer unterwegs, häufig mit einem braunen Segel. Dort können sie meist mit einem erfahrenen Skipper gechartert werden. Eine ein- oder mehrtägige Fahrt ist immer ein Abenteuer. Besonders, da Plattbodenschiffe aufgrund des fehlenden Kiels schon bei geringem Seegang eine recht wackelige Fahrt bieten.

Ich durfte mehrere Tagestouren erleben, ich kann mich lebhaft an eine bei Windstärke sechs erinnern. Es ging vom friesischen Warkum nach Kornwerderzand am östlichen Ende des Abschlussdeiches. Wir waren mit den Rädern unterwegs und nutzten die private Mitfahrgelegenheit für eine Abwechslung durch ein anderes Fortbewegungsmittel.

»Nein, kein Problem, ich bin oft bei Windstärke sechs auf dem IJsselmeer, das fährt ruhig wie in der Badewanne«, beruhigte unser Bekannter unsere Zweifel.

Es war ein Segen, nach einigen Stunden Höllenritt endlich wieder den Sattel unter dem Hintern zu haben. Lieber gegen den Wind auf dem Deich fahren, lieber den Regen ins Gesicht bei heftiger Brise, als auf Holzplanken den Gewalten der Natur ausgesetzt!

Ein Segelerlebnis der schöneren Art war eine Ausfahrt mit dem Verein der historischen Segelschiffe in Elburg. Für ein angenehmes Stündchen ging es motorisiert aus dem Hafen hinaus ins Veluwemeer, Segel setzen, ein paar Spritzer abbekommen, die in der warmen Sonne schnell trockneten, eine rasante Wende und wieder zurück in den Hafen. Um jetzt einen falschen Eindruck zu vermeiden: Doch, ich hatte auch wunderschöne Fahrten unter Segel auf dem IJsselmeer, mit gecharterten Plattbodenschiffen, auch schon mal mit einem Zweimastklipper mit 25 Fahrgästen, solange die Schwankungen nur irgendwie im Rahmen blieben, war alles prima!

So viel zu meinen Segelambitionen. Doch am begeistertsten ist meine Liebe zum maritimen Element im sicheren Hafen. Dann schwärme ich gerne von manch überlebtem Abenteuer. Seemannsgarn aus dem Nähkästchen.

25. Grund

Weil das Deltaprojekt ein technisches Weltwunder ist

So wunderschön das Meer auch sein kann, so beeindruckend, beruhigend, inspirierend und energiestiftend, so unberechenbar und todbringend kann es auch sein. Das wissen nicht nur Matrosen vor Kap Hoorn, das wissen ganz besonders die Niederländerinnen und Niederländer, die über Jahrhunderte immer wieder mit dem Wasser um ihr Land ringen mussten.

Einer der größten Schicksalsschläge, die die Niederlande über sich ergehen lassen mussten, ist ein solcher Kampf gegen das Wasser: die Flutkatastrophe in der Sturmnacht des 1. Februar 1953. Flutkatastrophen suchten die Niederländer in der Geschichte alle 100 Jahre heim, und manche hat schon mehr Verwüstung angerichtet als die von 1953. Ein Zeuge davon ist zum Beispiel der Plompe Toren auf der Insel Schouwen-Duiveland. Er ist der Kirchturm und das Einzige, was vom Dorf Koudekerke übrig geblieben ist. Hier verschwanden bei Stürmen zwischen dem 15. und dem 17. Jahrhundert zehn Dörfer in den Fluten. Der Turm ist heute eine Landmarke, direkt am Deich zur Oosterschelde.

Doch die große Sturmflut von 1953 ist von allen Überschwemmungen am besten dokumentiert und im nationalen Gedächtnis noch immer gegenwärtig.

Über der Nordsee baute sich über Stunden ein mächtiger Orkan auf und prallte in einer kalten Winternacht mit ganzer Kraft und Gewalt an die niederländische Küste. In der Provinz Zeeland mit ihren Inseln im Delta der Scheldemündung brachen die Deiche, zunächst die Außendeiche, später auch die Binnendeiche. Ganze Dörfer wurden von den Fluten weggespült, fast 2000 Menschen starben, 150.000 Hektar Landfläche waren überschwemmt, 1.500 Quadratkilometer.

Diese Katastrophe war Anlass für ein technisches Meisterwerk, das die allzeit gegenwärtige Bedrohung schwinden lassen sollte.

Noch im selben Jahr wurde der Startschuss für das bis dahin weltweit größte technische Wasserschutzprojekt gegeben, das Deltaprojekt.

Geplant wurden Wehre an Maas, Schelde und der Hollandse IJssel. Gigantische Dämme, die die Küstenlinie von Rotterdam bis zur südlichsten der zeeländischen Inseln verschließen würden, sowie zahlreiche weitere Dämme und Brücken im Hinterland des Schelde-Deltas.

Das ehrgeizigste und aufwendigste Teilprojekt wurde rund 30 Jahre später, im Jahr 1986, fertiggestellt, die Oosterscheldekering, ein insgesamt neun Kilometer langer Damm. Er verbindet die beiden Inseln Schouwen-Duiveland und Noord-Beveland über eine künstlich angelegte Insel. Schleusentore regeln den Wasserdurchfluss von der Schelde in die Nordsee. Bei Flut strömt das Wasser in umgekehrter Richtung in die Oosterschelde.

Zunächst sollte hier ein fester Damm entstehen, der die Oosterschelde zu einem Binnengewässer abgeschlossen hätte. Mit dem Bau wurde bereits begonnen, doch führten massive Proteste der Fischerei und des Naturschutzes Anfang der 1970er-Jahre zu einem Umdenken und einer Änderung der Planung. Der Damm wurde mit verschließbaren Toren ausgestattet, die bestimmen, welche Wassermenge passieren kann.

Für den Bau wurden ein kilometerlanger Teppich aus Stahl und Kies auf dem Meeresboden aufgebracht und zentimetergenau riesige Fundamente herabgelassen. Jeder der 65 Pfeiler wiegt rund 18.000 Tonnen und ist 65 Meter hoch. Im Durchschnitt werden die Schleusentore einmal jährlich geschlossen, wenn eine Sturmflut droht.

Heute führen eine Schnellstraße für den Autoverkehr und eine kleinere Straße, die für Radtouren sehr beliebt ist, über den Damm.

Die Fahrt kann je nach Windrichtung allerdings recht anstrengend sein.

Über den Damm zu fahren, auch an seinem Ende zu stehen und sich die ganzen Ausmaße des Bauprojektes vorzustellen, ist beeindruckend und nötigt großen Respekt ab.

Der feste Boden, auf dem man an diesem Ort steht, wirkt fragil und anfällig gegenüber den mächtigen Kräften der Natur. Ob sie irgendwann selbst dieses technische Meisterwerk überwinden werden?

Im Museum und dem Erlebnispark auf der Insel Neeltje Jans wird die technische Seite des Deltaplans anschaulich erklärt. Von dort aus gibt es Führungen durch das Innere des Oosterscheldewehrs.

Die Geschichte der Sturmnacht von 1953 ist sehr lebhaft im Watersnoodmuseum im Ort Ouwerkerk in der Nähe von Zierikzee nachvollziehbar. Schon das Museumsgebäude ist beeindruckend: In vier Betoncontainern, je 55 Meter lang und 15 Meter breit, die 1953 dort zur Verstärkung der Deiche platziert wurden, befindet sich die Ausstellung. Sie widmet sich neben der Dokumentation der Sturmflut auch dem Gedenken der Opfer, dem Wiederaufbau und dem Hochwasserschutz heute.

26. Grund

Weil es nur einen Katzensprung über den Rhein ist

Der Rhein ist einer der beeindruckendsten Flüsse, die ich kenne. Okay, ich war noch nie am Mississippi oder am Amazonas. Allerdings schon mal am Nil und an der Loire. Aber am Rhein, und es ist für mich stets ein großes Erlebnis, wenn ich von Koblenz aus mit der Bahn durch das Rheintal fahre oder in Köln in der Altstadt zur Rheinpromenade hinabgehe. Ich habe sogar den Rhein vom Bodensee auf seiner ganzen Länge bis zur Mündung in die Nordsee mit dem Fahrrad erradelt. Eine wirklich zu empfehlende Tour. Mit nur einem Problem: Wo ist später der Rhein?

Sobald ich nämlich die Grenze zu den Niederlanden überquere, komme ich bei Millingen am Rhein (aha!) an eine Flussgabelung. Das meiste Wasser fließt hier links um die Kurve und heißt fortan Waal. Ein kleinerer Fluss spaltet sich nach Norden ab, der zunächst Nederrijn heißt. Dieser gibt bei Arnheim einen Teil seines Wassers an die Geldersche IJssel ab, die mit dem IJsselmeer. Nochmals flussabwärts, in der Nähe von Utrecht im Ort Wijk bij Duurstede, wechselt er plötzlich seinen Namen und heißt fortan Lek. Man muss an dieser Stelle schon genau hinsehen, um auf der Karte ein kleines Flüsschen zu entdecken, das hier vom großen Nederrijn abzweigt: der Kromme Rijn.

Es ist für uns Hochländer, ich nennen mal alle, deren Vorgarten oberhalb des Meeresspiegels liegt, aus niederländischer Sicht Hochländer, ja schon ungewöhnlich, dass Wasser aus einem Fluss in einen Nebenfluss hineinfließt und nicht umgekehrt. Und hier wird der Gaul zum Gärtner gemacht, denn der Kleine der beiden behält den Namen des zuvor großen Flusses, zumindest in einer Variante. Der eigentliche Fluss aber bekommt einen neuen Namen. Zack. Wo entspringt denn der Lek? Da wo der Nederrijn einen geringen Teil seines Wassers in den Kromme Rijn einspeist. Seltsam!

Aber auch der Kromme Rijn verliert sich irgendwann im Labyrinth der Kanäle und Wasserwege. Er endet im Wassergraben der Stadtbefestigung von Utrecht.

Ein kleiner Teil des aus dem Wallgraben abfließenden Wassers speist die Utrechtse Vecht, erneut ein kleinerer Teil den Leidsche Rijn, der nochmals ein Stück flussabwärts den Namen bekommt, den er bis zur Mündung bei Katwijk trägt, der Oude Rijn.

Meine erste Begegnung mit dem Rhein als Flüsschen machte ich bei einem Museumsbesuch in der Nähe von Utrecht. Wir besichtigten mit einer Reisegruppe ein altes Landhaus mit einem großzügig angelegten Park, das Museum Oud-Amelisweerd. Eine schmucke kleine Brücke verbindet den Parkplatz mit dem Vorhof des Anwesens. Ein Schild verriet mir, dass ich hier den Rhein überquere.

Der große Strom, der Dichter inspirierte, ist hier in etwa so breit wie 1.500 Kilometer stromaufwärts in den Bündner Alpen, wo er seine ersten Meter als Vorderrhein antritt, ab seiner Quelle im Tomasee.

Ich genieße hier nun die drei Schritte, die mich auf die andere Rheinseite führen, schaue flussaufwärts und sage dem Kölner Dom einen Gruß.

Ja, die Niederländer. Sie kannten sich schon immer mit Wasserbau aus und sagten sich im 15. Jahrhundert: »Was Rhein? Du überschwemmst unsere Dörfer und Felder? Nimm das: einen Damm! Im nächsten Jahr kannst du mit deinem Wasser die Nachbarn in der anderen Provinz ärgern!«

Das geschah allerdings aus großer Not, denn die Elisbethenflut am 19. November, dem Elisbethtag, des Jahres 1421 brachte die Flussläufe mit großflächigen Überflutungen durcheinander. 72 Dörfer wurden fortgespült, zwischen 2.000 und 10.000 Menschen starben. In der Folge suchte sich das Wasser neue Flussbette, Grund genug für die damalige Obrigkeit, hier mit dem Bau von Dämmen regelnd einzugreifen.

So gab auch der Rhein seinen ursprünglichen Verlauf her und endet als Flüsschen, so wie er begann.

27. Grund

Weil es dort gestreifte und geringelte Leuchttürme gibt

Wenn ich ehrlich bin, weiß ich nicht genau, was mich an ihnen so fasziniert. Lange Dinger, die irgendwo in der Landschaft stehen. Die in Zeiten von GPS, Radar und Funk ihre eigentliche Funktion längst verloren haben. Und doch zücke ich die Kamera, wenn ich an der Küste bin, sobald ich einen sehe. Und aus jeder neuen Perspektive, wenn ich mich einem nähere, erneut, und wieder, und wieder. Ich kann es einfach nicht lassen. An meinem Kühlschrank hängen sie als Magneten, in meiner maritimen Sammelecke stehen unzählige in Miniaturform. Auch ziert einer die Titelseite meines Blogs: Leuchttürme. Ja, sie strahlen mehr als nur einen Hauch von maritimer Seemannsromantik aus.

Ich mag jetzt gar nicht so weit gehen, meine Begeisterung psychologisch zu betrachten und mich zu fragen, weshalb diese Phallussymbole mich derart faszinieren. Ich denke, es ist die besondere Gestaltung, oft ein knalliges Rot, manchmal sogar gestreift, das einen reizvollen Farbkontrast zur braungrünbeigen Dünenlandschaft darstellt. Sollen sie auch, denn sie haben schließlich von Amts wegen eine Signalfunktion.

Besonders gefreut hatte ich mich auf den Leuchtturm von Nieuw-Haamstede auf der Insel Schouwen-Duiveland. Es ist eine Insel, die mit Deichen mit dem Festland verbunden ist, doch ich bleibe dabei, es ist eine Insel. Der Leuchtturm ist rot-weiß geringelt, in Form einer Schnecke, die sich den Turm hinaufringelt. Ich wählte Schouwen-Duiveland als Ziel für ein verlängertes Wochenende nicht ausschließlich, aber auch aus dem Grund, diesen Leuchtturm einmal zu sehen.

Gleich am ersten Tag fuhr ich mit dem Auto nach Nieuw-Haamstede und machte eine Runde durch den Ort, schaute nach rechts, spähte nach links, kein Leuchtturm. Hm, also war er wohl von der Straße durch die hohen Bäume gar nicht zu sehen, ist wohl in den Dünen versteckt, muss ich also noch mal hin. Am nächsten Tag, diesmal mit dem Rad, war ich wieder dort. Und der Schreck war groß: Der Turm war von unten bis oben in ein Baugerüst eingehüllt! Ich hatte ihn tags zuvor nicht übersehen, sondern nur nicht erkannt. Ich habe ihn wohl für einen Kirchturm gehalten, der renovierungsbedürftig war. Renovierung stimmte, doch nicht die Kirche, sondern mein mit Neugierde erwarteter rot-weißer Ringelturm!

Ich war tatsächlich eine ganze Weile betrübt und kehrte direkt wieder um, als ich diese Tatsache zwei Kilometer vor dem Ort bemerkte. Ich konnte nicht zum Turm fahren, war für eine Begegnung nicht bereit. Am darauf folgenden Tag dann doch, und, na ja, das Ringelmuster war unter der Schutzfolie zu erahnen, aber es war natürlich nicht das gleiche Leuchtturmerlebnis. Ich hoffe, er wird wieder schön knallig rot-weiß gestrichen und leuchtet dann bei meiner nächsten Begegnung mit ihm.

So bleibt mein Lieblingsleuchtturm in den Niederlanden der ebenfalls rot-weiß gestreifte Turm in Hollum auf Ameland, Bornrif heißt er. Die Streifen sind fein übereinander mit horizontalen Kanten. Das Besondere am Leuchtturm von Ameland ist, dass ich dort oben war! 236 Stufen führen über mehrere Zwischenetagen zur Aussichtsgalerie. Von oben sind der westliche Teil von Ameland, die Nachbarinsel Terschelling und das friesische Festland zu sehen. Wenn die Sonne scheint, dann glitzern die Wellen, und wenn es windig ist, dann hier in 50 Meter Höhe über den Dünen erst recht.

Sehr markant ist auch der Leuchtturm von Texel, der den schönen Namen Eierland trägt. Der etwas klobig wirkende Turm an der Nordspitze der Insel ziert auch das Wappen der Texeler Brauerei.

Schlank und zierlich hingegen wirkt der Leuchtturm von Huisduinen in der Nähe von Den Helder, er ist mit 63 Metern der zweithöchste der Niederlande, weltweit auf Platz 18 der höchsten Lichtsignalbauten und wird der Lange Jaap genannt. Höher in den Niederlanden ist nur der moderne Leuchtturm Maasvlakte an der Hafenmündung von Rotterdam, nicht echt ein Turm, vielmehr ein eckiges Rohr, das in den Himmel ragt, Lampe und Radar oben drauf.

Weitere besondere Leuchttürme sind der viereckige, strahlend weiße Turm von Noordwijk aan Zee und der schwarz-weiß gestreifte in Nieuwe Sluis in Zeeuws Vlaanderen, dem südwestlichen Teil der Niederlande, der an Belgien grenzt.

Eine besondere Landmarke ist das Paard van Marken, ein kleinerer Turm auf der Insel Marken im IJsselmeer. Mit Nebengebäuden sieht er aus wie ein Pferd.

Natürlich gibt es nicht nur in den Niederlanden schöne Leuchttürme. Ein besonders sehenswertes Exemplar befindet sich in Ostfriesland, in der Nähe von Emden. Der rot-gelb gestreifte Turm von Pilsum, dessen Dach einer Mütze ähnelt. Allerliebst! Vor allem wurde er berühmt durch den Film *Otto der Außerfriesische*. Von dort kann man über die Emsmündung immerhin die Niederlande noch sehen.

Feuertürme werden sie im Niederländischen genannt: *vuurtoren*. Und bis in die 1920er-Jahre leuchteten diese Feuertürme auch mit echtem Feuer. Mit Öllampen, noch früher mit Holz- oder Kohlefeuern. Ich hoffe, sie mögen auch in Zeiten von GPS noch lange leuchten und dass sie hin und wieder mal frisch gestrichen werden, auch wenn sie dafür eine Weile hinter einem Baugerüst verschwinden müssen.

28. Grund

Weil riesige Schiffe bei Hoek van Holland aufs Meer hinausfahren

Eine sehr beeindruckende Herberge bewohnte ich für zwei Tage in Hoek van Holland. Vom Frühstückstisch einer kleinen Pension im Seinpad, einer Reihe ehemaliger Kapitänshäuser, hatte ich einen spektakulären Blick über den Nieuwe Waterweg, auf die Ladekräne des Rotterdamer Euroports. Containerschiffe, Englandfähren, Lotsenboote, Kreuzfahrtriesen, Tankschiffe, Segelschiffe. Auf den letzten Kilometern der Maas bis zur offenen Nordsee war zur Frühstückszeit einiges los. 80.000 Schiffe fahren pro Jahr in den Rotterdamer Hafen. Also kommen mehr als 200 Schiffe täglich von hoher See, ebenso viele verlassen täglich den Hafen. Und alle fahren sie hier am Frühstückstisch mit spektakulärer Aussicht vorbei. Gigantisch!

Am Nachbartisch frühstückte ein englisches Ehepaar im frühen Rentenalter. Schnell bemerkte ich, dass der Mann alle Schiffstypen kannte und, ob erklärend oder nur erwähnend, sie auch laut benannte. Darüber kamen wir ins Gespräch, und ich erfuhr, dass er ein regelrechter Fan von großen Schiffen sei und speziell diese Pension aufgrund des Ausblicks auf die Hafenausfahrt liebte. Da diese Begegnung bereits mehrere Jahre zurückliegt, weiß ich nicht mehr, wie regelmäßig das Paar diese Pension buchte, auch nicht, wie dick wohl die Schiffstypenbeobachtungstagebücher inzwischen sind. Wenn der Gentleman eins führte, könnte es sehr dick sein, denn die Ozeanriesen kamen hier im Minutentakt vorbei, so vier bis fünf pro Tasse Tee.

Ich begriff nun das Besondere an dieser Lage. Der Blick aus dem Fenster ging über eine Wiese auf das Koningin Emmaboulevard, dahinter der große Wasserweg. Containerschiffe haben wohl die ganze Fensterbreite eingenommen und zogen in gemächlicher Fahrt gen Westen. In der Luft von Hoek van Holland hing auch meist ein Geruch nach Schiffsdiesel oder Schweröl. Je nach Windrichtung, von den durchfahrenden Schiffen oder den Raffinerien auf der anderen Flussseite kommend.

Eine ähnliche Parade an Ozeanriesen bot sich mir bisher nur an der Elbe, von Hamburg flussabwärts. Das Beeindruckende ist wohl die gemächliche, doch bestimmte Fahrt von Millionen Tonnen Stahl über das Wasser. Das enorme Gewicht, das scheinbar mit Leichtigkeit dahingleitet.

Mein Besuch in Hoek van Holland war vor der großen Weltwirtschaftskrise 2008. Seitdem sind vor allem vor der Küste Südhollands, zwischen Rotterdam und Den Haag, viele dieser Ozeanriesen zu sehen, die aktuell ohne Fahrauftrag sind oder einfach nur abwarten, bis ihr Material einer Weiterverwertung unterzogen wird.

Das beeinträchtigt die Faszination für die Kolosse, doch aus der Nähe, wenn so ein Stahlriese an mir vorbeizieht, muss ich einfach stehen bleiben und staunen. Hoek van Holland ist ein guter Ort, diese Faszination zu erleben.

29. Grund

Weil es schön ist, wenn es endlich aufhört zu regnen

Eins gehört zum Hollandurlaub wie Vanillevla oder Pommes frites: Regen. Irgendwann wird es ganz sicher auch mal regnen. Und manchmal regnet es, und es ist ungewiss, ob es jemals wieder aufhören wird. Und wer die Atlantiktiefausläufer im tiefen Westen nicht kennt, ist auch überrascht ob der Heftigkeit, mit der das Wasser vom Himmel fällt.

Ich habe durchregnete Nächte im Zelt erlebt, in denen der Wind unerbittlich an der Plane rüttelte, mich frühmorgens mit klammen Klamotten in eine Bäckerei gerettet, mich dort getrocknet und aufgewärmt. Ich bin im Regen mit dem Fahrrad gefahren, zwei – drei Tage, ohne dass es zwischendurch aufgehört hätte, und wenn doch, habe ich das aus der Erinnerung gestrichen, da drei Tage Regen am Stück sich besser erzählen. Ich habe im Regen ein Zelt auf- und auch abgebaut und versucht, alles irgendwie trocken zu bekommen.

Mehrfach haben wir Hollandurlaube abgebrochen, weil einfach kein besseres Wetter in Sicht war.

Doch all das gehört dazu, zu einem Hollandurlaub. Wer Sonnengarantie möchte, soll halt nach Malle fahren! Oder in die Atacama-Wüste.

Aber nach dem Regen, da gibt es diesen einen Moment, für den sich alles lohnt. Wenn der Regen plötzlich aufhört! Das Tropfen hört auf, das Licht geht scheinbar an, vielleicht kommt auch die Sonne raus und bescheint das nasse Pflaster. Dampf steigt auf. Die Luft ist feucht, die Kleidung nass, dann steigt direkt auch das Gemüt.

Um fair zu sein: Die Niederlande haben nicht viel mehr Regen als der Teil von Nordrhein-Westfalen, aus dem ich stamme. Dortmund hat rund 850 Millimeter Niederschlag pro Jahr, die amtliche niederländische Wetterstation in De Bilt in der Provinz Utrecht misst lediglich 827 Millimeter.

Glaubt man einer Niederschlagsrangliste der Internetseite factfish.com, liegen die Niederlande in der Liste der regenreichsten Länder weltweit sogar nur auf Platz 106 (778 mm/a), noch hinter Österreich, England und der Schweiz. Deutschland liegt dort auf Platz 112 (700 mm/a).

Doch gefühlt regnet es dort schon viel. Echt jetzt! Und im Urlaub zählt Regen ja auch anders. Und der ganze Wind, der den Regen so unangenehm ins Gesicht bläst. Und es kann sich dort über Tage so richtig einregnen, und der Regen kann heftig sein.

Ja, und dann der Moment, wo man in einem Postkartenladen schon alle Postkarten angesehen hat und auch alle Geschenkartikel. Und wenn es dann aufhört zu regnen und man wieder hinausstürmen kann, der ist es! Dafür lohnt es sich auch, zwei Stunden Regen zu ertragen.

Es gibt kein schlechtes Wetter, nur unangemessene Kleidung, ich weiß. Inzwischen mache ich auch nicht mehr so viel Campingurlaub. Auch nehme ich jeden Vorwand dankbar an, den Strandspaziergang für ein Bierchen im Pavillon zu unterbrechen. Doch auch das ist irgendwann ausgetrunken, und dann will man heim ins Hotel oder die Pension oder zum Wagen zurück. Und das doch lieber ohne Nass von oben.

4. Kapitel

Die Menschen und auch die Tiere

30. Grund

Weil Rudi Carrell zum Synonym für einen Akzent wurde

Rudi Carrell? Echt jetzt? Dieser etwas steife, dauergrinsende, grau-melierte Fernsehalleinunterhalter? Der mit den lustigen Sketchen der 70er, 80er und 90er? Der auch schon mal zum Mikrofon griff und ein Liedchen trällerte und 30 Jahre die gleiche nuschelige Aussprache im Deutschen hatte, weil es sein Markenzeichen war?

Oh ja, genau der!

Denn wie oft passiert es schon, dass eine Person zum Sympathiebotschafter eines Landes in seinem Nachbarland wird? Und seine Aussprache nicht nur zu einem persönlichen Markenzeichen, sondern im Fall von Rudi Carrell zu einem Synonym für die Aussprache all derjenigen Niederländerinnen und Niederländer, die gutes Deutsch sprechen, aber eben mit einem unverwechselbaren Akzent? Nicht so oft.

Es gibt weder Howard-Carpendale-Deutsch, noch Wencke-Myhre-Deutsch, noch Mireille-Mathieu-Deutsch, aber es gibt Rudi-Carrell-Deutsch. Und das noch 20 Jahre nach seiner aktiven Zeit im deutschen Fernsehen. Da sage ich, Respekt und danke, Rudi! Es ist deutlich zu hören, dass hier »Rüdi« geschrieben steht, oder?

Die internationale Karriere von Rudi Carrell begann sogar ziemlich deutsch: 1960 vertrat er die Niederlande beim Eurovision Song Contest, damals noch Grand Prix Eurovision de la Chanson, und wurde mit dem Lied *Wat een geluk*, auf Deutsch *Welch ein Glück*, Vorletzter.

Er nahm es mit Humor, und seine Karriere in den Niederlanden kam in Fahrt. Ab 1972 auch im deutschen Fernsehen. Seine Show *Am laufenden Band* wurde legendär. Damals in unserem Hause ein Pflichtprogramm, die Oma im Sessel, ich mit Legosteinen auf dem Boden. Und das Fragezeichen! So weit erinnere ich mich noch.

Es folgten in den 1980er-Jahren *Rudis Tagesshow* und *Laß Dich überraschen*. Das Letzte verursacht einen Ohrwurm, schon beim Lesen! Es war ebenfalls in den 1980er-Jahren, als wir in unserem Abiturjahrgang den inoffiziellen Rudi-Carrell-Deutsch-Nachahmungswettbewerb ausriefen. In jeder großen Pause, auf einem Schulhof im östlichen Ruhrgebiet. Selbst in der folgenden Mathestunde rutschte da manches Mal eine seltsame Betonung heraus.

Ich will nicht sagen, dass Rudi Carrell meiner Liebe zu den Niederlanden den letzten Ausschlag gab. Aber neben Texel, Vanillevla und Kroketten war er ein Teil dessen, was mich für Land und Leute und vor allem die Sprache unserer westlichen Nachbarn begeisterte.

Das lange Nachahmungstraining zu Schulzeiten zahlte sich aus. Weitere fünf Jahre später saß ich im offiziellen Sprachkurs Niederländisch I. in der »Rostlaube« der Freien Universität Berlin. Dort fiel mir die Aussprache der zusammengesetzten Vokale auf wundersame Weise sehr leicht. Die uis und oes und auch die kratzigen rrrs und chrrrs sprudelten nur so aus meiner Kehle.

Umgekehrt steht in den Niederlanden ein *Royal* für einen markanten deutschen Akzent. Bernhard zur Lippe-Biesterfeld heiratete 1936 Prinses Juliana und wurde mit ihrer Thronbesteigung 1948 zum Prinzgemahl. Zeitlebens behielt der gebürtige Jenenser seinen starken deutschen Akzent, wenn er niederländisch sprach.

Glücklicherweise konnte ich mir mit meiner Aussprache im Niederländischen einige Lorbeeren verdienen. Das höchste Lob war es, während des Studiums in Amsterdam zunächst für einen Limburger gehalten zu werden, später für jemanden von »irgendwo aus dem Osten«, und damit war nicht so weit östlich wie Deutschland gemeint.

Noch später hieß es sogar, ich käme »aber nicht aus Amsterdam, toch?«. Äh, nein, komme ich nicht. Obwohl so ein bisschen doch, denn niemals geht man so ganz.

Einen Teil dieses Lobs verdanke ich Rudi Carrell. Ernsthaft, Rüdi, danke! Und beim nächsten kühlen Sommerregen singe ich garantiert dein Lied.

31. Grund

Weil Herman van Veen möglicherweise einen Walzer getanzt hätte

Ein Künstler ganz eigenen Charakters ist Herman van Veen. Poet, Gaukler, Tänzer, Sänger, Geiger. Begeisternd auf der Bühne, wenn man ihm aus der dritten Reihe zusieht, inspirierend, wenn man seiner Musik und seinen Texten lauscht, auch aus der Tonkonserve. Ja, und auch mit einem markanten Akzent in seiner Aussprache des Deutschen ausgestattet.

Meine Liebe zu seiner Kunst begann, wie so viele meiner Lieben, in frühen Jahren. Ich kann es noch heute mitsingen:

»In diesem Nest friedlich vereint, wohnen Erik der im Schrank und Hans und Hans der kocht und kocht …«

Ich gebe zu, der Text klingt etwas seltsam, Agathe Bauer lässt grüßen, doch ich bin überzeugt, dass es so ging, doch, doch!

Was mich begeisterte, waren »Die seltsamen Abenteuer des Herman van Veen«, der in einer bunten Künstler-Wohngemeinschaft in einer Windmühle wohnte und dort wundersame Dinge geschehen lassen konnte. Was genau es war, daran erinnere ich mich nicht mehr. Ich habe es recherchiert. Er konnte Bilder lebendig werden lassen und selbst in den Bildwelten verschwinden. Aber viel wichtiger war, dass ich andauernd die Musik hörte, die ich auch auf einer Kassette hatte: »Schnell weg da, weg da, weg! Macht Platz, sonst gibt's noch Streit!«

Die Lieder hörte ich vor und zurück und konnte alle mitsingen: »Ich bin Trief, der Regen, von Haus aus sehr verwegen …«

Sicherlich wäre ich mir auch lieber aus dem Weg gegangen.

Das Wundervolle am Künstler Herman van Veen war und ist, dass ich mit ihm erwachsen werden konnte. Zwar ist er schon älter als ich, älter als mein Vater sogar, doch konnte ich als Zielgruppe mitwachsen. Wer sich als Kind für seine seltsamen Bilder-Abenteuer begeisterte, hatte später reichlich Stoff, sich erneut in seine Lieder und die poetischen Texte zu verlieben.

Für mich galt es doppelt! Zunächst hörte ich seine Lieder auf Deutsch, von denen nach 1989 viele von Heinz Rudolf Kunze übersetzt wurden. Später entdeckte ich nach und nach auch seine niederländischen Lieder. Das war in den 1990er-Jahren nicht so einfach. Bei jedem Besuch in den Niederlanden kaufte ich eine oder zwei CDs. YouTube oder Amazon gab es noch nicht. Ich kaufte in Amsterdam und Utrecht im Plattenladen, noch ganz offline. Auch besuchte ich Konzerte, meine Vorliebe wechselte von den humorvollen zu den gefühlvollen Liedern.

Herman van Veen hat eine endlose Schaffenskraft, von Jahr zu Jahr, Tournee zu Tournee, Album zu Album erfand er sich neu, ich kenne sicherlich nicht alles, aber über die Jahre blieben mir viele seiner Lieder treu.

Ein großer Wunsch von mir bleibt: ein Konzert von ihm in den Niederlanden zu sehen.

32. Grund

Weil Carice van Houten auch ohne »Game of Thrones« eine wunderbare Schauspielerin ist

Einige Jahre lang arbeitete ich für ein Filmfestival und hatte so die Gelegenheit, andere Festivals zu besuchen und dort Menschen zu treffen, die ebenfalls in Sachen Film unterwegs waren. So auch im Jahr 2012. Wir saßen abends im Festivalclub in einer Gruppe von vier oder fünf Filmbegeisterten und warteten auf die Livegäste, die in den Filmgesprächen den Tag Revue passieren ließen.

Wir berichteten uns gegenseitig von unseren Highlights des Festivaltages. Meins war das Biopic *Black Butterflies*. In der Hauptrolle Carice van Houten als südafrikanische Dichterin Ingrid Jonker. Der

Film spielt in den 1950er- und 60er-Jahren. Jonker schließt sich einer Künstlergruppe an, die sich gegen die Apartheid und die Zensur der regierenden Partei auflehnt. Pikanterweise ist ihr Vater der Vorsitzende der Zensurbehörde. Wäre die Handlung rein fiktional, würde es zu konstruiert erscheinen.

Gefangen in der Liebe zu einem Schriftstellerkollegen, der Ablehnung durch ihren Vater und der Verantwortung für ihre Tochter, gelingt der jungen Frau kein Ausbruch, nur die Flucht in eine manische Depression. Ein Gedicht Jonkers wurde später von Nelson Mandela rezitiert, als die neue Republik Südafrika ausgerufen wurde.

Diese starke, doch letztendlich an ihrer Zeit scheiternde Frau wird im Film der niederländischen Regisseurin Paula van den Oest grandios von Carice van Houten auf die Leinwand gebracht.

Ich erzählte also und schwärmte. Mein Gesprächskreis nahm einigen Anteil an meiner Rede, doch waren die Reaktionen eher: »Och, na ja, nicht so mein Fall!«

Ich wollte ausholen: »Aber Carice van Houten, so klasse gespielt, solch eine Rolle, und dazu noch ein großer Filmstar in den Niederlanden!«

Zudem sah ich mich bei einem »Frauenfilm« in einer Gruppe mit überwiegend weiblichen Festivalgästen auf der richtigen Seite.

»Na ja, das Beste am Film war die attraktive Hauptdarstellerin!«, sagte sogar eine der Frauen in der Runde. Seinerzeit fühlte ich mich ein wenig ertappt, nickte und stimmte zu. Ich sparte mir weitere Worte des Lobes oder der Verteidigung, war mir jedoch sicher, dass es vor allem der Film war und die starke Hauptrolle, die mich begeisterten.

Es sei noch erwähnt, dass Carice van Houten mit der Rolle der Ingrid Jonker zahlreiche Preise auf Festivals gewinnen konnte, unter anderem das Goldene Kalb auf dem Niederländischen Filmfestival, der wichtigste nationale Filmpreis, nicht ihr einziger.

Black Butterflies war nicht der erste Film, in dem ich Carice van Houten glänzen sah. Auch im Film *Black Book*, einem Spionagedrama während der Besatzungszeit der Niederlande, und in *Black Death*, einem Fantasy-angehauchten Historienfilm an der Seite von Sean Bean, spielte sie starke Rollen. Ich wurde tatsächlich zu einem Fan und schaute gezielt nach weiteren Filmen, in denen sie mitspielte. Ja, sie scheint etwas auf Schwarz abonniert. Es gibt sogar noch weitere Filme mit Carice van Houten mit »Black« im Titel: *Black Swans*. Aber nicht ausschließlich.

In *Operation Walküre – Das Stauffenberg-Attentat* spielt sie an der Seite von Tom Cruise, in *Zeit für Legenden* verkörpert sie Leni Riefenstahl.

In den Niederlanden ist sie ein nationaler Star, vergleichbar mit Romy Schneider in Deutschland. Auf den nationalen Filmpreis, das Goldene Kalb, war sie abonniert, sie gewann ihn als beste Darstellerin sechs Mal in den Jahren zwischen 1999 und 2012.

Auch wagte sie sich ins Musikgeschäft und nahm ein Album mit eigenen Kompositionen auf, *See You On The Ice*. Kein durchschlagender Erfolg, doch ein wirklich hörenswertes Album mit innovativen, unkonventionellen Popsongs mit schönen Stimmen, Melodien und Geschichten.

Ja und nun *Game of Thrones*, dort spielt Carice van Houten die Rolle der Melisandre. Soll ich, oder soll ich nicht?

33. Grund

Weil der Blick in den Zauberspiegel des M. C. Escher magisch ist

Ein Mann betrachtet ein Bild, die Ansicht einer Hafenstadt. Er scheint in einer Galerie zu stehen, denn neben dem Bild hängen weitere Bilder. Es ist wohl ein Gang in einer Ausstellung, die wir durch Scheiben in Torbögen hindurch betrachten. Auch der Mann steht hinter einer Scheibe in einem Bogen. Verfolgen wir das Bild unten nach rechts. Es fällt auf, dass es seltsam gebogen ist, Parallelen krümmen sich, die Torbögen werden kleiner und kleiner, wir gewinnen immer mehr Außenperspektive. Der Bogen auf der rechten Seite hat ein Dach, hier erkennen wir auch eine obere Etage, eine Frau lehnt in einem Fenster. Auf der rechten Seite des Bildes sind mehrere Gebäude übereinander zu sehen, wie in einer Stadt, die an einem Hang liegt.

Der Blick wandert weiter, auf der oberen Seite von rechts nach links. Dort sehen wir weitere Gebäude der Stadt, ebenfalls gekrümmt, nach links immer kleiner werdend. Etwas irritiert, wir kreuzen nun eine Strebe des Fensters eines der Torbögen in der Galerie. An der Oberkante erscheint ein Bilderrahmen, ah, es ist das Bild einer Stadt! Weiter unten auf der linken Seite sehen wir ein Dampfschiff, noch im Bild. Davor steht ein Mann, der ein Bild betrachtet. Ein Bild, in dem er eigentlich zugleich enthalten sein müsste. Der Mann befindet sich also in der Galerie und vor einem Bild der Stadt, in der er selber abgebildet ist! Verrückt! Magisch!

Es ist eine Zeichnung von Maurits Cornelis Escher, bekannter als M. C. Escher. Escher konstruierte unmögliche Welten mit verschränkten Perspektiven, ständig aufwärts gehende Treppen, oder ständig abwärts, je nach Richtung. Ein Gebäude, das gleichzeitig von oben und von unten betrachtet wird, verzerrte Räume in einer Glaskugel, Flächenfüllungen mit Figuren und Tieren, sich ins unendliche verkleinernde Ornamente.

Escher spielte mit der Perspektive und mit der Verwirrung des Betrachters.

Escher wurde 1898 in Leeuwarden, der Hauptstadt der Provinz Friesland, geboren. Er emigrierte in jungen Jahren nach Italien, wo er sich ganz der Kunst widmen wollte, dem Zeichnen von Landschaften und dem Erproben neuer grafischer Techniken. Später lebte er in der Schweiz und kehrte in den 1940er-Jahren zurück in die Niederlande.

Vermutlich waren die Werke von M. C. Escher meine erste Begegnung mit der Kunst überhaupt. Abgesehen von van Goghs Sonnenblumen, die als Kalenderblatt bei den Großeltern hingen. Doch die Werke von Escher faszinierten mich bereits früh, nicht überraschend, hatte ich doch eher eine mathematisch-naturwissenschaftliche Ader als eine für die bildende Kunst. Also geometrische Figuren, Bilder, die ihren Reiz im Spiel mit der Logik ergeben. Perfekt für mich. Ich bekam Bastelbögen geschenkt, aus denen ich 3D-Objekte bauen konnte, euklidische Körper mit flächenfüllenden Echsen, Fischen und Vögeln.

Ich puzzelte seine *Metamorphose* II, eine vielfache Verwandlung von einem Schachspiel in eine Hafenstadt, in Quadrate, in Vögel, in Fische, in Insekten, in Bienenwaben, in Echsen und zurück in Quadrate. In Originalgröße, 3.000 Teile, 20 Zentimeter hoch und fast vier Meter lang. Da lachte das kleine Nerd-Herz!

Ein besonderes Erlebnis war es, viele Werke von Escher und eine Dokumentation seiner Lebensreise im Fries Museum in Leeuwarden zu sehen, im Programm der Europäischen Kulturhauptstadt 2018.

Die größte Sammlung der Werke von Escher ist in Den Haag im Museum Escher in het Paleis zu bewundern. Sehenswert, bestaunenswert.

34. Grund

Weil die Niederländerinnen und Niederländer die Längsten der Welt sind

Die geneigte Leserin (vor allem die) und der geneigte Leser mögen mir diesen Kapiteleinstieg verzeihen:

Als ich mich in den 90er-Jahren hin und wieder in den Discos von Amsterdam herumtrieb, im Dansen bij Jansen und einem anderen Club über mehrere Etagen an der Singelgracht, vermutlich dem Odeon, fiel mir am schmerzhaftesten auf, dass die Niederländerinnen (vor allem die) und Niederländer sehr groß sind. Ich sagte im

Scherz, ich bekäme dort beim Tanzen andauernd Brüste ins Gesicht und Hintern in den Rücken. Das wäre im Prinzip nicht schlimm, aber irgendwie verhinderte es doch die Konzentration auf das Tanzen. Selbst das Flirten störte es.

Nun ist es kein besonderer Grund, Menschen zu mögen, nur weil sie besonders groß sind. Zumal ich mit 1,70 Meter eher klein geraten bin und im Gespräch mit Niederländerinnen und Niederländern oftmals aufschauen muss. Das ergibt rein körperlich bereits eine Statusdifferenz, die es im Gespräch auszugleichen gilt. Nicht zuletzt deshalb fällt mir das verabredete Gespräch, bei dem alle Parteien sitzen, leichter. Auch der Vortrag vor Menschen fällt mir leicht, auch vor vielen Menschen, doch das Gespräch Auge in Auge, mit stehenden Menschen jenseits der 1,80 Meter erlebe ich als herausfordernd.

Trotzdem habe ich eine Vorliebe für das Land, in dem die längsten Menschen dieses Planetes wohnen. Da bei Statistiken immer der Durchschnitt gebildet wird, hört sich der Unterschied eigentlich nicht dramatisch an: drei Zentimeter. Sowohl bei den Frauen als auch bei den Männern. Niederländerinnen sind im Durchschnitt 1,69 Meter groß, deutsche Frauen 1,66 Meter, Bei den Männern liegen die Niederländer mit 1,83 Meter gegenüber 1,80 Meter vorn beziehungsweise oben, so weiß es laenderdaten.info.

Interessant ist, dass die niederländischen Männer dabei sogar leichter sind als die Deutschen, 88,8 kg, gegenüber 87,4 kg. Die niederländischen Damen bringen zwar etwas mehr auf die Waage, sie unterbieten die Nachbarinnen allerdings im BMI, dem Body Mass Index, sind also relativ gesehen schlanker. Alles rein durchschnittlich wohlgemerkt, Statistik.

Die Zahlen sind eine Sache, die Erfahrung eine zweite. Denn unterwegs in den Niederlanden kann ich diesen Eindruck nur bestätigen. Siehe Tanzveranstaltung, Amsterdam 1995.

Weshalb sind nun unsere Nachbarinnen und Nachbarn so groß? Das mag unterschiedliche Gründe haben.

Sicherlich liegt es nicht daran, dass die Niederlande so dicht besiedelt sind und daher alle schnell nach oben, Richtung Sonne, wachsen wollen, wie Bäume in einem dicht bepflanzten Wald. Auch wird es nicht an der Lage unterhalb des Meeresspiegels liegen und dem Bedürfnis, hoch hinauszuwachsen, um beim nächsten Hochwasser weniger Gefahr zu laufen, zu ertrinken.

Ein Evolutionsvorteil kann die Größe gerade in den Niederlanden kaum sein, da auf dem Weg ins Schlafzimmer häufig eine steile und schmale Treppe liegt. Wenn Ineke und Jan auf dem Sofa die Lust überkommt, sich Jan aber auf dem Weg nach oben hormontrunken den Kopf stößt, bleibt Kind Nummer drei vielleicht ungezeugt! Da ist es eher günstiger, klein und wendig zu sein.

Mögliche Gründe wären eine gute Ernährung, viel Kalzium in Milchprodukten, dagegen spräche wiederum der hohe Verzehr von Snack-Produkten, oder auch eine weniger strenge Lebensmittelgesetzgebung und der freiere Einsatz von Wachstumshormonen in der Tierhaltung. Tatsächlich werden aber zwei Erklärungen als die wahrscheinlichsten für diese Entwicklung herangezogen. Denn die Niederländer sind erst in den vergangenen 150 Jahren so groß geworden, seitdem um 20 Zentimeter gewachsen!

Die gute Gesundheitsversorgung auch für ärmere Familien, die sich so gute Nahrung für ihre Kinder leisten konnten, ist vermutlich der ausschlaggebende Grund für den immensen Wachstum. Weltweit ist er so nur in skandinavischen Ländern zu beobachten, mit einer ebenfalls guten Versorgung von Kindern aus armen Familien.

Eine weitere Erklärung ist tatsächlich auch evolutionstheoretischer Natur. Denn Untersuchungen unter 42.000 Niederländerinnen und Niederländern haben ergeben, dass Frauen große Männer als Partner deutlich attraktiver finden als kleine Männer. Große Niederländer haben also durchschnittlich mehr Nachkommen, die folgende Generation hat das Potenzial, weiter zu wachsen.

Bei niederländischen Männern sind allerdings Frauen mittlerer Größe am attraktivsten als Partnerin. Diese Gruppe hat durchschnittlich mehr Nachkommen als große oder kleine Frauen. Die Niederländerinnen und Niederländer könnten also noch größer sein, als sie es sind. Nun sie haben ja noch Zeit, es zu werden.

Möglicherweise war es in meiner wilden Studienzeit an der Universiteit van Amsterdam nicht ausschließlich die weit oben gelagerte körperliche Präsenz potenzieller Tanzpartnerinnen, sondern vielmehr die evolutionäre Geringschätzung der Niederländerinnen mir als kleinem Mann gegenüber, die mir das Flirten erschwerte.

Fazit: Respekt, liebes Volk der Niederlande, dass ihr so groß seid! Ich schaue hinauf und finde es ganz okay, dass ihr da Weltranglistenerste seid!

35. Grund

Weil unsere Nachbarn einfach feiern können, aber auch sehr geradeheraus sind

Ein Kneipe am Leidseplein in Amsterdam, es wird ein Lied gespielt, ich würde es als deftiges Partylied beschreiben, und eine große Zahl der Gäste grölt mit.

Okay, Leidseplein, vermutlich war es ein früher Samstagabend, alle waren im Partymodus.

Aber ich frage mich dennoch, wenn im »Ohme Jupp« in der Düsseldorfer Altstadt *Zehn nackte Friseusen* liefe, am frühen Samstagabend, ob dann die halbe Kneipe mitgrölen würde. Es würden wohl viele debil grinsen und mit ihrem Altbierglas im Takt wippen, aber mitsingen, dazu noch lautstark, ich weiß nicht. Nun gut, im partyerprobten Rheinland der Jecken vielleicht noch, aber nehmen wir eine vergleichbare Kneipe in Bielefeld oder Kassel.

Am Leidseplein wurde ganz laut »Dikke lul, dikke lul, dikke lul-lul-lul« gegrölt. Auf den *Radetzky-Marsch*. Zu übersetzen mit einem recht üppigen männlichen Geschlechtsteil.

Zeitlich befinden wir uns wieder einmal in der Mitte der 90er, es gab zwei absolute musikalische Dauerbrenner in der Zeit, das war *Dromen zijn bedrog* von Marco Borsato, seicht-romantischer Schlager, und eben *Dikke lul*, das derbe Party-Gegenstück.

Ja, eine Momentaufnahme, ein sehr persönlicher Eindruck, doch scheint er mir stellvertretend für viele Erlebnisse der Art. In Gruppen, gerade in gemischten Gruppen mit internationaler Beteiligung, waren es die Niederländer, die eher aus sich herausgingen, die lockerer waren, easy, cool.

Niederländer muntern eher dazu auf, einen Spaß mitzumachen, »Hey, wir sind nur heute jung, doch?«.

Besonders können unsere Nachbarn feiern, wenn Königstag ist, auch aus Sportevents machen sie schnell eine Party in Oranje.

Und ja: Auch in den Niederlanden gibt es Karneval, vor allem in Limburg und Nordbrabant, also den eher katholischen Regionen, die Karnevalshochburg ist Venlo.

Dort kommt man in der Karnevalszeit auch nicht um Joekskapellen herum. Kapellen, die stimmungsvolle Blasmusik machen und dabei in der Karnevalszeit durch die Straßen oder durch die Kneipen ziehen. Ausgesprochen: Juxkapellen.

Einmal durfte ich einem Blaskapellen-Festival beiwohnen, in der Nachsaison in einem touristischen Ort an der Nordsee. Sehr viele Menschen in bunten Anzügen nahmen dort teil, einige Kapellen waren komplett in Rosa gekleidet. Im Viertelstundentakt wurde die Hauptbühne gewechselt und es wurden Samba und Stimmungslieder gespielt. Ja, auch der Spaß darf durchaus straff organisiert sein. Es handelte sich um das jährlich im September stattfindende Festival aan Zee in Renesse.

Es ist nicht unbedingt eine Kunst, ausgelassener zu feiern als die Deutschen. Doch das tun unsere Nachbarn selbst bei uns zu Lande. In Winterberg sind es die zahlreichen Gäste aus dem Land der flachen Polder und Windmühlen, die am geselligsten Après-Ski feiern. In den Skihütten an den hochsauerländischen Hängen und Loipen läuft auffällig oft Partymusik in so einer seltsamen Sprache, die ein wenig an Kölsch erinnert, aber kein Kölsch ist.

Auch in Geschäftsangelegenheiten, sagt man unseren Nachbarinnen und Nachbarn nach, unbefangener zu sein. »Ach, das machen wir jetzt einfach mal so!«

Schließlich ist es immer ein Risiko wert, ob der sich bietenden Möglichkeiten und Chancen. Dort, wo deutsche Geschäftspartner eher zögerlich sind und noch abwägen, kann ein Projekt in den Niederlanden bereits gescheitert sein oder eben wunderbare, unerwartete Früchte hervorgebracht haben. Und das binden Niederländer den Deutschen auch mal ganz gerne ungeschminkt auf die Nase, denn zurückhaltend oder diplomatisch sind sie ebenfalls nicht, wenn ein direktes Wort doch auch das Seine tut.

Zurückhaltender sind die Niederländer dann allerdings, wenn es ums Bezahlen geht. »Sparsam« heißt auf Niederländisch übrigens *gierig*. Nicht mit »gierig« zu übersetzen, sondern mit »geizig«.

36. Grund

Weil Robbe, Möwe, Schaf und Co. Maskottchenpotenzial haben

Ich bin schon lange auf der Suche nach einem Maskottchen für mein Blog. Es soll typisch niederländisch sein, zum Verlieben niedlich und markant.

Und es soll in handlicher Form überallhin mitgenommen werden können. Foto hier, Foto dort. Möwi (Arbeitstitel) am Strand von Scheveningen, Möwi (Arbeitstitel) an der Prinsengracht, im Hintergrund die Westerkerk, Möwi (Arbeitstitel) auf Texel, Möwi (Arbeitstitel) segelt auf dem IJsselmeer. Möwi (Arbeitstitel) wird Sympathieträger und Influencer, Instagram-Star und Fotomodel! Jawohl! Mindestens!

Auf Texel ganz oben: Leuchtturm Eierland auf der schönsten Insel der Welt (5. Grund)

Oben: Gemächliches Leben: Schafe auf dem Deich (36. Grund)
Unten: Weltkulturerbe Schokland, die Insel im Polder (101. Grund)

Fietsen durch die Dünen bei Noordwijk (38. und 39. Grund)

Leuchtturm Bornrif auf Ameland

Oben: Typisch Amsterdam – Grachtenromantik mit Fahrrad
Unten: Unbequeme (?) Tradition: Klompen in allen Farben (64. Grund)

Im Frühjahr strahlt das platte Land tulpenbunt (6. Grund)

Oben: Weihnachtlich zum 3. Advent: »Kerst en Kunst« in Ootmarsum (103. Grund)
Unten: Moderne Windmühlen und traditionelle Bepflanzung

Auch im Sommer schön:
Künstler- und Zwiebelstadt
Ootmarsum (103. Grund)

Denkend an Holland seh' ich breite Ströme ... Ijssel zwischen Arnheim und Zutphen

Oben: Genüsslich radeln im Land der Mühlen, an der Zaanse Schans (38. und 39. Grund)
Unten: 32 Kilometer (fast) schnurgeradeaus: Der Abschlussdeich trennt das IJsselmeer von der Nordsee

Oben: Das Wahrzeichen von Sneek: De Waterpoort
Unten: Politisches Zentrum Binnenhof mit moderner Skyline von Den Haag

Oben: Lauter Leckereien: Poffertjes, Hagelslag und natürlich »patat met« (72., 80. und 71. Grund)
Unten: Gehört zum Hafen wie die Segelschiffe: Heringszeit mit Hollandse Nieuwe (83. Grund)

Ein Bollwerk gegen die Kräfte des Wassers: das Oosterschelde-Sperrwerk (25. Grund)

Strandhäuser auf Texel

In meinen Überlegungen kommen dafür drei Tiere infrage: Robbe, Möwe oder Schaf. Alle drei sind markant genug, typisch für die Niederlande und haben Starpotenzial. Das Maskottchen wird weder Möwi, noch Schafi, noch Robbi heißen, das weiß ich auch schon.

Dabei sind alle drei grundverschieden. Die Möwe ist eher listig und frech, klaut an touristischen Orten schon mal Backfisch aus dem Brötchen. Dafür hat sie einen markanten Schrei, der sofort das ganze maritime Szenario aufrufen kann.

Das Schaf ist eher träge und nicht gerade helle, ein Herdentier. Niedlich ist es vor allem in Form der Lämmer, die im Frühjahr und Frühsommer auf den Nordseedeichen grasen. Schafe sind auch gemächlich und strahlen eine große Ruhe aus, eine würdevolle Gelassenheit, die ich im Urlaub auf der Watteninsel suche.

Die Robbe liegt am Strand und wirkt irgendwie bedroht. Auch erscheint sie an Land unbeholfen und tollpatschig. Im Wasser ist sie aber flink und wendig. Und ich erinnere mich gern an Kindheitssonntage mit Seehundfütterung im Dortmunder Zoo. An der Küste hat die Robbe ein hohes Identifikationspotenzial. Robbenauffangstationen, Robbenbecken im Naturkundemuseum und natürlich die Robbenbänke live vor Ort am Strand.

Die Möwe hingegen ist als Mitbringsel geeignet. Dafür muss sie aber oft etwas verfremdet werden, Möwe in Badeanzug, mit Pfeife im Schnabel. Die Möwe mit Friesenmütze ist in Ostfriesland sehr populär. Auch wird sie für den Souvenirladen gerne mit menschlichen Zügen ausgestattet, zwei strahlend blauen Augen beispielsweise.

Natürlich würde auch eine lustige Tulpenfigur als Maskottchen funktionieren, Arbeitstitel Tulpi. Oder ein laufender Leuchtturm, Turmi. Aber als Maskottchen ist ein Tier doch geeigneter. Noch ist in Richtung Maskottchen nichts passiert, aber ich bleibe dran!

Auch jenseits vom Maskottchenpotenzial haben die Niederlande eine Menge an beeindruckender Natur zu bieten. Gerade an der Küste gibt es seltene Tiere, die versteckter leben als Robbe, Schaf und Möwe!

Der Säbelschnäbler, die Pfuhlschnepfe, die Brandgans, der Austernfischer und viele mehr. Auch diese Tiere sind liebens- und vor allem schützenswert. Daher brauchen sie Ruhe, und in der lasse ich sie auch gerne. Einige Naturschutzgebiete der Watteninseln sind als Vogelschutzzone in der Brutzeit für den Menschen gesperrt. Dort gibt es aber Vogelstationen, von denen aus das Gebiet beobachtet werden kann, ohne die Natur zu stören.

Die Lebensräume lassen sich in den Naturkundemuseen, zum Beispiel im Texelmuseum und im Naturzentrum in Nes auf Ameland, studieren.

5. Kapitel

Das Fahrrad

37. Grund

Weil das Hollandfahrrad der umweltfreundlichste Straßenkreuzer der Welt ist

Fahrradfahren habe ich in Holland gelernt. Das ist zwar etwas übertrieben, doch irgendwie trifft es auch zu. So richtig Fahrradfahren habe ich nämlich erst in Holland gelernt.

Denn einen großen Teil meiner Begeisterung für das Lieblingsverkehrsmittel der Niederlande habe ich dort erfahren. Die Freiheit und auch ein gewisses Mass an Anarchie.

Das Fahrradfahren als Fortbewegungsart habe ich natürlich in Deutschland gelernt. Die ersten Meter auf zwei Rädern mag ich wohl in einer Wohnsiedlung in einem Vorort von Dortmund zurückgelegt haben. Erst mit Stützrädern, später ohne.

Als Jugendlicher bin ich bereits weite Strecken mit dem Fahrrad gefahren. Beispielsweise zu Auswärtsspielen von Borussia Dortmund in Bochum und Gelsenkirchen. Oder an einem Tag von Dortmund bis Düsseldorf und wieder zurück. Im Urlaub habe ich sogar die Alpen überquert, täglich zur Schule sowieso und im Studium quer durch Berlin.

Vor meinem Austauschjahr in Amsterdam hatte ich ein sportliches Rad, danach ein schweres, schwarzes Hollandrad mit der springenden Antilope im Wappen. Es ist für mich das Äquivalent zum Straßenkreuzer, nur auf zwei Rädern. Eleganz statt Effizienz. Erhobenen Hauptes über dem Verkehr thronen. Das Nullemissions-SUV!

Fortan schwebte ich gemütlich über die Radwege, durch die Alleen, über Land. Sogar schwer beladen mit Zelt und Fahrradtaschen fuhr mich die Gazelle durch die Lande.

Das Gefühl im Sattel ist erhaben. Ich gleite dahin über dunklen Asphalt, durchziehe die Landschaft, so wie ein Kreuzfahrtschiff bei leichter Sommerbrise die spiegelglatten Wasser der Ägäis teilt. Die Hände ruhen vorn am Lenker, ab und an geben Sie einen leichten

Impuls in Richtung des Straßenverlaufs. Der Tritt ist gleichmäßig, gibt der Fahrt ihre Kraft im Auf und Ab der Pedalen. Die Nabenschaltung surrt leise, klackert bei Leerlauf, der Fahrtwind fegt sanft durchs Haar. Ich genieße. Ich fahre und genieße. Ohne Eile wird der Weg zur Strecke. Der Blick schweift, und ich weiß: Ich gehöre mir.

Es ist genau dieses Gefühl, ein unvergleichliches Fahrgefühl. Nicht Radeln, nicht E-Biken, nicht Offroad oder BMX. Sondern trotzend den Wettern aufrecht im Wind, stilvoll elegant unterwegs auf dem Hollandrad.

Natürlich hat diese Liebe ihren Ursprung in frühen Jahren im Nordseeurlaub. Texelurlaube waren immer verbunden mit Fahrradfahren. Durch die Wälder, durch die Dünen, quer über das flache Land und an den Deichen entlang.

Die Hollandräder, auf denen ich später in Amsterdam unterwegs war, waren alles andere als stilvoll und luxuriös. Sie waren eher die klapprige Zweit- oder Drittverwertung. Und einmal abgestellt und nicht aufgepasst, waren sie oftmals schon verschwunden. Gestohlen und in den großen Kreislauf der Amsterdamer Fahrräder eingeflossen. Dann hieß es, ab zum Bahnhof und für 25 Gulden ein neues besorgt. Leider viel zu oft! Ich ließ, glaube ich, in einem Jahr vier Räder dort. Teurer als die Räder selbst waren die Schlösser, zwei gute Bügelschlösser sollten es schon sein. Ich fand diese Logik des Fahrradkreislaufes zutiefst traurig und hätte mich dem auch gerne entzogen. Zumal jeder Fahrradkauf genau dieses System aufs Neue gefüttert hat. Doch war es damals üblich, und so machte ich halt mit. Alternativen wären zu teuer gewesen.

Vor einigen Jahren wurde die Stadt Amsterdam aktiv gegen die Fahrradhehlerei. Die offiziell durch die öffentliche Hand konfiszierten Fahrräder, das sind die, die zu lange verboten abgestellt waren oder dabei etwas versperrten, wurden einfach ganz legal zum gleichen Preis wie die gestohlenen Fahrräder verkauft. Der Schwarzhandel lohnte sich fortan kaum noch. Der Diebstahl ging in der Folgezeit um 50 % zurück und als Nebeneffekt auch die Heroinabhängigkeit in Amsterdam, da den Süchtigen eine einfache Geldquelle verloren ging.

Doch zurück zum Radfahren in Amsterdam. Die klapprigen Hollandräder sind dort für den Stadtverkehr in der Weltfahrradstadt ideal. Überblick ist, was zählt, Bremsen weniger. An Kreuzungen fädeln sich die Verkehrsströme, die aus allen Himmelsrichtungen kommen und in alle Himmelsrichtungen wieder entschwinden, auf wundersame Weise ineinander ein und wieder auseinander. Keine viertaktige Ampelschaltung könnte es besser regeln. Dem Fahrradverkehr einzig angemessen ist die Selbstorganisation, man möchte sagen Anarchie, die in den Niederlanden toleriert wird und für die das Hollandrad Wappentier und Kronzeuge ist. Im Fahren unschlagbar, im Beschleunigen und Bremsen suboptimal.

Die Möglichkeiten des Fahrradfahrens bestimmen das Verkehrsverhalten und nicht, wie in Deutschland und den meisten anderen Ländern, die Einschränkungen, die der Autoverkehr diktiert. Ampeln, mehrfache Wartezeiten selbst beim Rechtsabbiegen oder Geradeausfahren an größeren Kreuzungen. Versteckte Radwegführungen und Kollisionspunkte mit abbiegenden Lkw, holprige, zugeparkte Radwege, Zickzack-Kurse um Bushaltestellen, ignorante Menschen zu Fuß, all das gibt es in Amsterdam nicht. Oder kaum.

Große Hindernisse stellten leider regelmäßig die Grachtenbrücken dar. Denn wie aus dem Nichts erhob sich die gepflasterte Straße zu einer halbkugelförmigen Wölbung und nahm jäh allen Schwung. Aber Kopf hoch, gleich geht es hinab, und kaum wieder auf Trab, gehört die Straße wieder mir. Und den anderen Tausenden Klapperrädern.

In den touristisch attraktiven Stadtteilen muss sich der Radverkehr leider Gottes die Straße mit ganzen Horden argloser Touristen teilen. Besonders betroffen ist die Oude Doelenstraat, eine beliebte Verbindungsstraße vom Zentrum in Richtung Waterlooplein, die auch ich regelmäßig befuhr. Die Straße verläuft am Rande des Rotlichtbezirks, an Kreuzungen mit den Grachten liegen einige Coffeeshops. Eine gefährliche Mixtur: übermütige, bierselige englische Junggesellengruppen, abwesend schreitende Coffeeshopbesucherinnen und -besucher, asiatische Reisegruppen. Und mittendurch ein Fahrradhighway.

Aber spätestens nach der zweiten Begegnung mit dem angeschossen kommenden Zweirad wissen auch sie, dass Vorsicht angesagt ist. Der erste Blick auf einer Straße sollte immer dem Zweirad gelten.

Da die wenigsten Fahrräder in Amsterdam vollständig verkehrstüchtig sind, fehlen oft Klingeln oder Licht, und auch die Bremsen können schwach sein. Wenn ich also dummerweise auf dem Radweg stehe, erfahre ich das nicht durch ein Klingeln, sondern durch einen schrillen Pfiff oder ein lautes »Heeeeee!«. Das heißt: Platz da, hier kommt fiets!

Das Fahren dort genoss ich sehr, das Aufpassen hatte ich nach einer Woche gelernt.

38. Grund

Weil das Fahrrad das Hauptverkehrsmittel der Niederlande ist

Die Niederlande ohne das Fahrrad, das wäre gänzlich undenkbar. Dass sich die Niederlande zur weltweit führenden Fahrradnation entwickeln konnten, ist einerseits günstigen Umständen und andererseits politischen Entscheidungen zu verdanken.

Die natürlichen Gegebenheiten sind schon einmal bestens erfüllt. Das Land ist flach und das Wetter meist ideal zum Radeln, auch für längere Strecken. Es ist nicht zu warm und nicht zu kalt. Man kommt in Bewegung, aber nicht unbedingt ins Schwitzen.

Scheinbar sind der Wind, der oft über das platte Land zieht, und teilweise starker Regen weniger abschreckend als eine hügelige Topografie.

Eine weitere Voraussetzung ist vermutlich auch das Fehlen einer Autoindustrie und der entsprechenden Lobby. Als nach dem Zweiten Weltkrieg die Infrastruktur für das Auto deutlich ausgebaut wurde, geschah das auch in den Niederlanden auf Kosten des Radverkehrs. Das brachte einen dramatischen Anstieg der Unfallzahlen und der Verkehrstoten mit sich. Im Jahr 1971 waren es über 3.000, darunter 450 Kinder. Zum Vergleich: In Deutschland wurde 1970 das Maximum erreicht, mit rund 22.000 Verkehrstoten. Das ist im Vergleich zur Einwohnerzahl sogar noch höher als der Wert in den Niederlanden.

Dort wurde es als ein Warnsignal erkannt, und die Politik stellte ein großes Budget für Fahrradinfrastruktur bereit.

Das mit Erfolg: Heute gibt es 19 Millionen Fahrräder in den Niederlanden, mehr als Einwohner. Im Durchschnitt legt jeder täglich 2,5 Kilometer mit dem Fahrrad zurück, in einigen Städten werden 70 % der Wege mit Pedalkraft erledigt.

Das liegt auch daran, dass Kinder in den Niederlanden das Fahrradfahren schon im Windelalter lernen, das Mitfahren zumindest. Auf Kindersitzen, in Kinderanhängern oder im sogenannten *bakfiets*, dem Bäckerrad, bei dem zwischen Sattelstange und dem weit vorn ausgelegten Vorderrad eine große Ladefläche für Gebäck oder eben mehrere Kinder vorhanden ist. Und sobald die Windeln abgelegt werden, gibt es das erste eigene Rädchen.

Generationen, die mit dem SUV-Elterntaxi täglich zur Schule kutschiert werden, wird man das Fahrrad als natürliches Fortbewegungsmittel nur schwer vermitteln können. Ja, ich spreche wieder über das größere Land etwas weiter östlich.

Rückblickend vermute ich, dass ich auf die gleiche Weise zum Fahrradfan wurde. Zwar fuhr ich nicht die 850 Meter zu meiner Grundschule mit dem Fahrrad, die 3,5 Kilometer zum Gymnasium schon, trotz Hügel! Doch war es bei uns ganz selbstverständlich, dass ich schon im Vorschulalter auf dem eigenen Rad längere Strecken zurücklegen durfte. Ich war sicherlich stolz wie Bolle, als ich für meinen Teddybären sogar einen Lenkstangensitz bekam!

So, Weltfahrradland Nummer 1! Was nun? Ausruhen und den Platz auf dem Thron genießen?

Mitnichten! Nach wie vor fördern die Niederlande den Fahrradverkehr und versuchen, so noch mehr Verkehrsanteil vom Auto auf das Zweirad zu locken.

Es gibt sogar Vorschläge, das Fahren zur Arbeit mit dem Fahrrad von der öffentlichen Hand zu bezahlen. Das klingt zunächst seltsam, doch volkswirtschaftlich könnte sich das sogar rechnen. Eine dänische Studie von 2012 hat herausgefunden, dass die sozioökonomischen Kosten für einen gefahrenen Autokilometer 50 Cent, für einen gefahrenen Fahrradkilometer lediglich 8 Cent betragen. Eine schwedische Studie geht sogar weiter und berechnet 20 Cent an Kosten pro gefahrenem Autokilometer, die nicht von Steuern und Abgaben gedeckt sind. Ein zurückgelegter Kilometer mit dem Fahrrad erwirtschafte sogar 30 Cent für die Volkswirtschaft, wenn die geförderte Gesundheit, geringere Unfallzahlen und die geringere Umweltbelastung berücksichtigt werden (Gösling, Universität Lund, 2018).

Insofern scheint es gerechtfertigt, wenn eine Anreizprämie für das Fahren mit dem Fahrrad gezahlt würde. Und schöner ist es auch, man stelle sich beispielsweise in der Innenstadt anstelle aller geparkten Autos jeweils 1,2 Fahrräder vor. Das schafft Platz und Flächen für Spielplätze, Parks, Blumenbeete, Straßenbäume, … Leben!

Ich gebe zu, dass ich meistens mit dem Auto in die Niederlande fahre. Aber ich akzeptiere meine Rolle als motorisierter Störenfried und fahre ganz vorsichtig im Kreisverkehr. Gerne zahle ich zwölf Euro für mein Parkticket in der Tiefgarage. In Amsterdam parke ich vor den Toren der Stadt auf einem P&R-Parkplatz und nutze die Straßenbahn in die Innenstadt. Denn im Grunde meines Herzens halte ich zu den *fietsen*.

Weil man auf niederländischen Radwegen um die ganze Welt fahren könnte

Ein Grund, weshalb das Fahrradfahren in den Niederlanden so beliebt ist, ist vor allem die gut ausgebaute Fahrradinfrastruktur. Deshalb ist das Rad besonders in den Städten und zum Pendeln zum Arbeitsplatz beliebt, es ist also mehr als nur ein Freizeit- und Sportvergnügen. Das Radeln ist zudem verbreitet bei Jung und Alt, Frauen wie Männern gleichermaßen.

Um solch eine hohe Zahl an Menschen unterschiedlichsten Alters auf das Fahrrad zu locken, ist es vor allem notwendig, das Fahren möglichst entspannt und sicher zu gestalten.

In meiner Studienzeit in Berlin fuhr ich fast täglich mit dem Fahrrad einmal quer durch die Stadt und erlebte dabei das ganze Spektrum der Fahrradinfrastruktur. Bequeme Fahrradspuren entlang wenig befahrener Straßen, hektische Kreuzungen mit für den Fahrradverkehr unmöglich geschalteten Ampelphasen, schmale, holprige Radspuren auf Gehwegen mit engen Slalomkurven um Bushaltestellen, separate Wege ausschließlich für den Fahrradverkehr und auch Streckenabschnitte auf der Fahrspur, auf denen sich der Fahrradverkehr diese mit den Pkw und Bussen zu teilen hatte.

Das Fahren war dort entspannt, wo ich Abstand zum Autoverkehr hatte, und wurde zum Stress, wo es unübersichtliche Begegnungen gab. Also an Kreuzungen oder engen Stellen, wo Fahrzeuge dennoch überholten. Zum Frust wurde es dort, wo ich bei Geradeausfahrten mehrere Ampelphasen abwarten müsste, da dem Autoverkehr in der Verkehrsplanung immer Vorrang eingeräumt wurde.

Und dann die Niederlande. Dort gibt es breite Fahrradspuren, die farblich vom Gehweg getrennt sind, oft durch Grünstreifen oder Hecken auch vom Autoverkehr. Kreuzungen, an denen ich seitlich am Autoverkehr vorbei bis nach vorn fahren darf und der Fahrradverkehr als erstes Grün bekommt, also die entscheidenden zwei Sekunden Vorsprung, die Kollisionen vermeiden.

Dort gibt es ruhige separate Wege auf Seitenstraßen oder an Kanälen, sinnvolle Beschilderung, seit einigen Jahren separate Unter- und Überführungen, sodass auch der Fahrradverkehr kreuzungsfrei Hauptstraßen überwinden kann.

Kurzum: das Fahrradparadies. Entspanntes Fahren in den Stadtzentren, zum Arbeitsplatz und durch die Natur.

Die Niederlande haben schon früh auf geschützten Verkehrsraum für die Schwächsten im Straßenverkehr gesetzt und von den stärkeren Verkehrsteilnehmern Rücksicht eingefordert. Und das nicht nur an einigen Routen durch die Stadt, sondern beinahe flächendeckend.

So ist ein beachtliches Netz aus *fietspaden* entstanden mit einer Gesamtlänge von 35.000 Kilometern, Stand 2013. Das heißt, auf niederländischen Fahrradwegen könnte man den Erdenball einmal umrunden. Beachtlich!

In Deutschland sollen es 75.000 Kilometer sein, also rund die doppelte Strecke, aber auch bei der achtfachen Fläche des Landes. Und bei diesem Vergleich muss vor allem die Qualität berücksichtigt werden. Viele Radwege in Deutschland sind, wie oben beschrieben, holprig, schmal mit gefährlichen Begegnungsstellen mit dem motorisierten Verkehr.

Viele Radspuren verlaufen auf Gehwegen direkt neben parkenden Fahrzeugen. Also muss ich fast immer Abstand von den Fahrzeugen halten, da sich öffnende Türen androhen, denen ich auf dem markierten Radweg kaum ausweichen kann.

Das größte Plus in den Niederlanden ist vor allem die Akzeptanz des Fahrradverkehrs.

Autos warten in Ruhe (!) ab, bis der Radverkehr weit genug weg ist, um Radwege zu kreuzen. Wenn kein Platz ist, wird der Radverkehr nicht überholt, selten bedrängt.

In Deutschland gibt es 13.000 Kilometer Autobahn. In den Niederlanden 35.0000 Kilometer Radweg. Bezogen auf die Landesfläche ist das die 22-fache Strecke. Okay, einen Fahrradweg erhoffe ich mir auch vor meiner Haustür, das Netz sollte dichter sein, eine Autobahn wünsche ich mir erst in Fahr-, nicht in Hörweite, und das Netz darf dünner sein. Dennoch ist der Faktor 22 eine Hausnummer!

40. Grund

Weil Pilze am Wegesrand die Richtung weisen

Äußerst begeistert war ich immer schon von den niedlichen, kniehohen, eher nabenhohen, eckigen Pilzen, die in den Niederlanden an Kreuzungen die Kilometerangabe zu den nächsten Zielen angeben. In den 70ern und 80ern waren sie weiß mit schwarzer Schrift, später bekamen sie eine rot-weiße Optik. Sie machen für mich einen qualitativen Unterschied aus, in Bezug auf den Fahrradverkehr dort und in unserem Land.

Die Pilze sind einfach ein sympathisches Verkehrszeichen. Ein am Straßenrand hockender Waldgnom könnte sich nicht besser tarnen als in Form eines dieser Entfernungspilze. Auch der Standort passt, oftmals an abgelegenen Kreuzungen, unter Bäumen, zugewachsen, moosig. Die älteren Pilze umwehte oft ein Hauch von Mystik. In Skandinavien würden sie ganz sicher Trolle heißen, in den Niederlanden Pilze, *paddestoelen*.

Vielleicht ist die knuffige Gestalt sogar der Grund für die außergewöhnliche Karriere des Wegweisers. 1919 wurde er von Willem Leliman entworfen, in der Formgebung der klassische Moderne, ein Hauch von Bauhaus und De Stijl. Ihnen jedoch einen Anteil am Fahrradboom in unserem Nachbarland zuzuschreiben, wäre vermutlich zu gewagt.

Oben auf den Kilometersteinen ist stets eine ANWB-Nummer angegeben, die in guten Straßenkarten verzeichnet war, als es noch üblich war, Straßenkarten zu benutzen. Vielleicht sind die Nummern immer noch dort zu finden, ich habe lange Zeit nicht mehr in Straßenkarten geschaut. Anhand der Nummer war immer eine eindeutige Orientierung möglich. Das hat uns auf vielen Radtouren geholfen, natürlich neben der vorzüglichen Beschilderung durch die Entfernungspilze selbst.

Die Wegweiser haben mir allerdings auch ein Rätsel bereitet:

Sie werden, oder wurden, vom ANWB aufgestellt, den ich als niederländisches Pendant zum ADAC kannte. Der deutsche Verein steht nicht im Verdacht, sich besonders für den Fahrradverkehr einzusetzen. Abgesehen von Tipps zum besten Transport von Rädern auf Autogepäckträgern. Wie passt das also zusammen? Ein Automobilistenverein, der sich um Wegbeschilderung für den Radverkehr kümmert? Der ANWB wurde allerdings als Algemene Nederlandse Wielrijdersbond gegründet, also als Allgemeiner Niederländischer Radfahrerbund, ein Interessenverband für Fahrradfahrer offenbar! Später erst wurde auch der Autoverkehr mit vertreten, der heutige Name ist Koninklijke Nederlandse Toeristenbond ANWB.

Trotzdem kümmert er sich nach wie vor um die Belange des Fahrradreisens. Und das ganz selbstverständlich. Eine große Errungenschaft ist diese vernünftige und durchgängige Beschilderung, mit der ich mich auf dem Fahrrad in den Niederlanden als Verkehrsteilnehmer immer schon ernst genommen fühlte.

Leider läuft die Zeit für die zwergengestaltigen Kilometerpilze am Wegesrand langsam ab.

In den Niederlanden wurde vor einigen Jahren das *Knooppuntsystem* eingeführt, das wichtige Knotenpunkte definiert und mit Nummern versieht.

An den meisten Knotenpunkten befindet sich auf einer Infotafel eine Übersichtskarte, die Nummern der benachbarten Kreuzungspunkte sind ausgeschildert. Die Pilze indes, die den Abstand zu den nächsten Ortschaften ausweisen, verschwinden langsam. Ich kann also eine Radtour 12 – 17 – 18 – 19 – 25 – 37 – 38 – 39 – 54 – 53 – 52 – 12 planen. Das ist ganz schön, zumal die Straßenkarten auf den

Tafeln an den Kreuzungspunkten angebracht sind, doch fand ich Alkmaar 5,7 km in diese Richtung, Schoorlse Duinen 3,4 Kilometer nach dort und Paal 12 6,3 Kilometer nach da ansprechender. Die Pilze haben meine Begeisterung für das Fahrradfahren wesentlich und nachhaltig geprägt.

Aber hey, ANWB, vielleicht lest ihr ja hier mit. Und wenn ihr demnächst wieder Pilze abbaut und auf dem Gemeindeverkehrsbauhof nicht mehr viel Platz ist, ich würde solch einen direkt bei mir neben den Schreibtisch stellen!

41. Grund

Weil es ganz alltäglich ist, auf dem Fahrrad einen Regenschirm zu halten oder ein Buch zu lesen

Im Niederländischen ist es gebräuchlich, zwei Aktivitäten in einem Wort zu vereinen. Essen und Lesen wird *eetlezen*, laufen und lesen wird *looplezen*, Fahrrad fahren und lesen wird *fietslezen*, *fietsen* plus *lezen*. Wir reden nicht vom schnellen Abrufen einer Textnachricht, sondern ganz klassisch vom Buch.

Nein, ich persönlich tu das nicht. Obwohl ich nicht ausschließen kann, dass ich als Jugendlicher mit dem neuesten *Micky Maus*-Heft von der Bude heimradelnd schon mal in die Fortsetzungsgeschichte hineinlugte, aus reiner Neugierde, wie sie wohl weitergeht. Ich wäre dann auf der Fahrbahn einer kleineren Ortsstraße gefahren, rund 500 Meter, bis ich in unsere Siedlung abgebogen wäre, hätte vermutlich auf dem langen geraden Stück das Heft ausgerollt, es von der Rückseite aufgeblättert und vorsichtig hineingeschaut, es beim Linksabbiegen zur Seite genommen, beim Herunterrollen in der Siedlung aber wieder zur Hand.

Ich erinnere mich wie gesagt nicht, ob ich es so tat. Ich hätte das Risiko wohl für vertretbar gehalten, aber befürchtet, von mir bekannten Personen ermahnt und für unverantwortlich gehalten zu werden.

Oder ich hätte gleichzeitig noch die zwei Lakritze, die ich für das Wechselgeld kaufte, mit der freien Hand aus der Jackentasche gefischt, um beim Radellesen noch Lakritz zu naschen.

Dem *fietslezen* als Konzept bin ich erstmals bei der Lektüre einer niederländischen Zeitung begegnet, und es leuchtete mir sofort ein. Millionen pendeln in den Niederlanden täglich auch längere Strecken zur Arbeit, morgens fünf bis zehn Kilometer hin, abends fünf bis zehn Kilometer zurück. Die Radwege sind dabei superkomfortabel, zwischen Ortschaften kreuzungsfrei und schnurgerade. Nach einiger Zeit des regelmäßigen Pendelns ist jeder Meter, jede Bodenwelle, jede noch so kleine Kurve vertraut. Begegnungen mit dem Autoverkehr sind selten. Was spricht also dagegen, ein Buch zu schnappen, sich auf die Lenkstange zu lehnen und während der Fahrt zu lesen?

Nichts! Außer Regen, der würde das Buch durchnässen. Das periphere Sehen wird dabei so trainiert, dass nahende Hindernisse sofort bemerkt werden, ein Blick nach oben, hin und wieder, scannt die kommende Strecke. Einzig ein zu stark frequentierter Radweg könnte stören. Überholende oder entgegenkommend Radelnde könnten auf eventuelle plötzliche Schwenker, die der fehlenden Konzentration auf die Strecke geschuldet wären, nicht mehr reagieren. Hier sehe ich ein Risiko, das ich aber als geringer einschätze, als Textnachrichten während der Autofahrt zu checken. Natürlich, wenn das *fietslezen* am nächsten Ortseingang sofort und abrupt und konsequent beendet wird!

Eine andere Situation bot sich mir in zentraler Lage in Utrecht, wo ich mich während eines wirklich sehr heftigen Sommerregens geschützt unter dem Vordach einer Imbissbude meinen Pommes frites hingab. Ein separater Radweg führte an der Straße gegenüber stadtauswärts. Es war nachmittags. In Deutschland wäre in der Zeit bei dem Wetter vermutlich niemand dort entlanggeradelt. Anders in

Utrecht, der Radweg war stark frequentiert. Obwohl es vermutlich nur ein Schauer war, der bald aufhören würde. Ich sah in der Zeit die unterschiedlichsten Typen vorbeiradeln. Einige fuhren sichtbar schneller, wegen des Regens, andere glitten gleichmütig durchs Nass. Zu meinem Erstaunen waren nicht wenige mit dem Regenschirm, auf Niederländisch *paraplu*, in der Hand unterwegs, auch das wohl eine vertraute Kombination. Hierfür scheint es aber keine eigene Wortkreation zu geben. Für *paraplufietsen* fand ich wenig Belege, eher für *fietsen met paraplu*.

Was ich nicht sah: Fahrradfahren mit Buch und Regenschirm.

Die moderne Frage ist allerdings, was darf ich mit dem Handy auf dem Fahrrad tun, während der Fahrt? Da sind die Niederlande streng. Das ist seit 2019 verboten, und zwar strikt. Das Halten eines Handys während der Fahrt, zu welchem Zweck auch immer, kostet ein Bußgeld von 95 €. In Deutschland ist das schon länger verboten, das Bußgeld beträgt jedoch nur 55 €, Stand 2019.

42. Grund

Weil man mit dem »grachtenfiets« auf dem Kanal radeln kann

Zunächst einmal ist der Begriff *grachtenfiets* wohl zu klären. Wenn ein Fahrrad aus einer Gracht gefischt wird, ist es oft mit einer skurrilen Formation aus Muscheln, Zeugs und Kram bewachsen. Im eigentlichen und ursprünglichen Sinn ist das ein *grachtenfiets*.

Die trüben Stadtkanäle scheinen ein beliebter Ort zu sein, um ein Fahrrad zu entsorgen. Sei es zu alt oder kaputt, aus irgendeinem Grund landen jährlich alleine in Amsterdam 15.000 Fahrräder in den Grachten. Also 40 pro Tag. Ganz ehrlich: Ich habe noch nie ein Fahrrad in einer Gracht verschwinden sehen. Wohl schon frisch herausgefischte. Mit Muscheln, Grünzeugs, Plastikzeugs und allen möglichen Dingen, die im Trüben treiben an Gestänge und Gespeiche.

Auf so einem *grachtenfiets* zu radeln scheint also erst einmal gar nicht möglich. Und auf einer Gracht erst recht nicht.

Und doch geht es! Man kann auf den Kanälen von Amsterdam selbst radeln, na gut, sich mit Pedalkraft fortbewegen. Das Gefährt heißt dann allerdings *canalbike*, auf Deutsch Tretboot.

Das Kanalfahrrad vereint zwei Besonderheiten von Amsterdam aufs Schönste: das Fahrradfahren und die Grachtenromantik. Die Perspektive ist fantastisch, alle Grachtenhäuser ziehen links und rechts oben an einem vorbei, ich passiere Brücken und lasse das Großstadttreiben im gemächlichen Tritt der Pedalen an mir vorbeiplätschern.

Ich würde sicherlich die Prinsengracht entlangfahren, die Quergrachten des Jordaan, auch ginge meine Route am Amstelveld vorbei. Wahrscheinlich würde ich ein Stück die Amstel hinauffietsen, an der Stopera vorbei, dem Gebäudekomplex, das Stadhuis und Opera vereint, in den Rokin und mal schauen, ob die Terrasse des Café de Jaren gut besetzt ist. Einkehren würde ich dort wohl nicht, da die Bootsmiete ja weiterliefe.

Ja, ein feiner Bootstrip, äh, eine feine Grachtenradeltour. Amsterdam aus einer ungewohnten Perspektive. Und Rundumblick hätte man auch, anders als durch die Fenster der *Canal Cruiser*, der klassischen Grachtenschiffe, mit ihren Glasdächern.

Allerdings ist bei der Rundfahrt mit dem *canal bike* Vorsicht geboten, und so ganz beschaulich ist es sicher nicht. Denn auf den Amsterdamer Grachten herrscht Hochbetrieb.

Die anderen Boote auf den schmalen Kanälen sind meist größer, es kann also vom Wellengang schaukelig werden.

Dass selbst das Rasen auf den Grachten in Amsterdam problematisch ist, zeigt ein Geschwindigkeitsmesser an der Prinsengracht. Hier sind an einer Brücke das Tempo und ein Smiley angezeigt. Bei 5 km/h schaut es freundlich! Eine schnellere Geschwindigkeit wird mit dem Tretboot allerdings schwierig zu erreichen sein. Die zugelassene Höchstgeschwindigkeit für Boote auf den Grachten beträgt 6 km/h.

An den Hauptgrachten gibt es schon mal Stau, wenn die markanten Rundfahrtboote in den engen Kanalkurven abbiegen. Besser also die kleinen Nebengrachten benutzen oder die ganz breiten Grachten, wo man dem Gegenverkehr ausweichen kann.

Das Rotlichtviertel würde ich ebenfalls meiden. In den Abendstunden auf alle Fälle. Hier lauert die Gefahr, dass fünf angeheiterte Engländer ungefragt zusteigen.

Und Vorsicht bei den anliegenden Hausboten: Die Bewohner sind den Tretbootfahrern nicht immer freundlich gesinnt, da diese ihnen bisweilen in den Vorgarten oder auf den Abendbrottisch schauen können.

Die Boote kosten rund 10 € pro Stunde und Person, Mietstationen gibt es an mehreren Orten im Grachtengürtel. In der Saison ist eine Vorreservierung nicht verkehrt.

6. Kapitel

Gesellschaft und Nachbarschaft

43. Grund

Weil alles wunderbar »gezellig« ist

Eines der wunderbarsten Wörter der niederländischen Sprache ist für mich *gezellig*. Es bringt das niederländische Lebensgefühl am besten zum Ausdruck. In Holland macht man es sich eben gern gemütlich, *gezellig*. Doch Vorsicht! Es ist mit der naheliegenden deutschen Wort »gesellig« nur unzureichend übersetzt. Meist bedeutet es gemütlich, angenehm, familiär-vertraut, aber auch spaßig. Ein allgemeines positives Wohlbefinden, auch mit sozialem Kontext.

Es ist in gewisser Weise vergleichbar mit dem dänischen *hygge*. Das bezeichnet ebenfalls einen Zustand von Gemütlichkeit, geht jedoch mehr in Richtung Behaglichkeit. Da gehören Kerzen, eine Wolldecke, eine große Tasse dampfender Tee und sphärische Klänge dazu. Das ruft gleich den IKEA-Katalog mit allen Wohlfühl-Wohnaccessoires in der Vorstellung auf, dazu knistert der Kamin!

Doch *gezelligheid* geht einfacher als *hygge*. Ein ruhiger Abend zu Hause, mit Freunden oder in Familie, ein Glas Wein, ein Glas Bier, klar auch das Tässchen Tee, ein gutes Gespräch oder der Film im Fernsehen. Ein netter Fahrradausflug zu zweit – nett im positivsten Sinne des Wortes. Natürlich auch der Kneipenabend in großer Gruppe in einem *bruin café*, weshalb, das wird wird erklärt in *Grund 82: Weil braune Cafés urige Kneipen sind.* Alles das kann *gezellig* sein. Solange es ein angenehmes Erlebnis ist.

Auch das Gegenteil von *gezellig* funktioniert mit dem gesamten Bedeutungsreichtum: *ongezellig*. Jemand mit Sozialphobien kann ebenso *ongezellig* sein wie ein ungemütliches Zimmer oder ein unerfreulicher Abend in Gesellschaft. Unbehaglich, ungemütlich bedeutet es dann.

Besonders erstaunlich finde ich, dass ich es auch ganz alleine nur mit mir äußerst *gezellig* haben kann. Zum Beispiel *gezellig in mijn eentje koffie drinken!* Übersetzt also: Ich war ganz gemütlich alleine

Kaffee trinken. Also ist *gezellig* in diesem Beispiel nicht im Sinne von interessanten Selbstgesprächen gedacht, sondern beschreibt einen Zustand, in dem Alleinsein nicht Einsamkeit bedeutet.

In mijn eentje ist dabei ebenfalls eine schöne Formulierung. Ich unternehme etwas ganz alleine, *ik doe iets in mijn eentje*. Das ist beinahe nicht wörtlich zu übersetzen. Der Diminutiv macht aus einer Zahl ein Substantiv und umschreibt so das Alleinsein. Es ist wohl eine Art Euphemismus. Wo »*alleine*« nach »einsam« klingt, hört sich *in mijn eentje* niedlich an, weniger zu fürchten. Umso weniger, wenn es zusätzlich noch mit unserem wundervollen Wort für »angenehm« kombiniert ist. Die Steigerung ist *lekker gezellig*.

Achtung Sarkasmus: *Gezellig* kann aber auch ganz anders gemeint sein. Ein so häufig und vielschichtig einsetzbares Wort wird auch gerne für eine Lieblingsattitüde im Niederländischen benutzt: *Ge-zel-lig*!

Die Betonung macht den Unterschied. Ironie, Sarkasmus. Dann war der Abend alles andere als gemütlich, die Gesellschaft ganz und gar nicht unterhaltsam.

Und gesellig alleine? Ebenso: *Ik zat hier lekker gezellig in mijn eentje*, »Da saß ich ganz gesellig alleine!«

Ui, klingt nach Vorwurf? Wurde hier jemand sitzen gelassen?

Bei mir ist es keine Ironie, wenn ich am Wochenende alleine für einen Ausflug die Niederlande bereise. Das mache ich sehr gerne *lekker gezellig in mijn eentje. Heerlijk*!

44. Grund

Weil es im Straßenverkehr gelassen zugeht

Es gibt ein Thema, das spaltet hierzulande die Begeisterung für unser Nachbarland im Westen.

So sagen die einen: »Boah, ey, voll lahm! Da kannße ja echt nur noch schleichen! Ne, ey, geht gahhhnich!«

Andere hingegen finden: »Es ist so entspannt, sobald man über die Grenze in den Niederlanden ist. Alle fahren rücksichtsvoller, keine Raser mehr!«

Ich zähle mich zur zweiten Gruppe. Ob nun wirklich alle rücksichtsvoller fahren, das sei dahingestellt. Aber es ist entspannter, deutlich entspannter! So nehme ich es wahr, wenn ich bei Emmerich die A3 in Richtung Arnheim fahre und die Grenze überquert habe.

Ich fahre in Deutschland selten schneller als 130 km/h, auch wenn die Autobahn frei ist. Wenn viel Verkehr ist, vor allem auf zweispurigen Strecken, fahre ich lieber langsamer. Beim Überholen passiert es mir häufig, dass von hinten Fahrzeuge regelrecht angeschossen kommen und in meiner Wahrnehmung so spät wie möglich bremsen, mich also zwingen, zu beschleunigen oder die Spur zu wechseln, früher, als es mir sicher erscheinen würde. Das sind die stressigsten Momente beim Autofahren und auch die unfallträchtigsten.

In den Niederlanden entfallen viele dieser Situationen, das spart schon die meisten Nerven. Zudem ist es in Deutschland üblich, bei Geschwindigkeitsbegrenzungen »Tacho plus x« zu fahren. Denn die Strafen für zu schnelles Fahren sind relativ niedrig, und es wird eine großzügige Toleranz bei der Geschwindigkeitsmessung gewährt.

Deutschland: Tacho 40 in der 30er-Zone: 15 Euro, Geschwindigkeit 36 km/h.

Niederlande: Tacho 56 im 50er-Bereich: 35 Euro, Geschwindigkeit 53 km/h.

Das führt dazu, dass man in Deutschland schon mal 10–20 km/h schneller fahren kann. Trotzdem ärgern sich die meisten, dass ausgerechnet hier!!! geblitzt wird. Sollen sie doch vor Schulen blitzen! Und auch nur zwischen 7:45 Uhr und 8.00 Uhr oder kurz nach 13.00 Uhr! Was fällt denen ein, an dieser harmlosen, unfallträchtigen Kreuzung zu blitzen!

In den Niederlanden hingegen fahre ich maximal die zulässige Geschwindigkeit nach Tacho. Das führt hin und wieder zu dem Stress, dass ich häufiger auf den Tachometer schaue, um meine Geschwindigkeit zu kontrollieren. Doch selbst wenn ich langsamer fahre, wird in der Regel nicht gedrängelt. Anders in Deutschland: Da ist man mit 110 km/h auf der Landstraße oft ein Verkehrshindernis.

Die Niederlande haben gemessen an der Landesfläche die höchste Autobahndichte, aber auch eine sehr hohe Einwohnerdichte. Im Berufsverkehr, vor allem in der Randstad und im morgendlichen und abendlichen Berufsverkehr, gibt es täglich zahlreiche Staus. Allerdings gibt es deutlich weniger Baustellen, da das Autobahnnetz insgesamt noch jünger ist.

Autofahren ist in den Niederlanden insgesamt teurer. Das ist auch sinnvoll, da in den Städten wenig Platz ist. Das Parken in den meisten Innenstädten ist umständlich und teuer. Eine Tageskarte im Parkhaus kann schon mal 20 € und mehr kosten. Auch das ist für mich nachvollziehbar. Die historischen Innenstädte haben kleine Gassen und enge Straßen, dort zu viele Autos anzulocken kann nicht gut gehen.

In dem Land wird für Milliarden Euro neues Land gewonnen, da können nicht 15 Quadratmeter Fläche in den Innenstädten kostenlos oder für wenig Geld zur Verfügung gestellt werden.

Das heißt aber nicht, dass nun alle Niederländerinnen und Niederländer lammfromme Autofahrerinnen und Autofahrer sind! Ich benenne hier mal die Damen mit, obwohl ja überwiegend Männer gerne rasant unterwegs sind.

Es gibt auch Niederländer, die gerne nach Deutschland kommen, um schnell zu fahren, es gibt in PS-Foren extra empfohlene Raserstrecken. Das ist nicht die A3 von Arnheim nach Oberhausen, das ist eher die A31 von Bottrop nach Emden oder die A57 von Krefeld in Richtung Nimwegen. Also: hier auch auf schnelle Wagen mit dem gelben Kennzeichen achten.

Doch überwiegend fahren die Niederländer vorsichtiger und rücksichtsvoller. Und in ihrer Heimat müssen sie es auch, da es sonst teuer wird. Das macht mir das Fahren dort so angenehm.

45. Grund

Weil die Toleranz und der Konsens ein gesellschaftliches Prinzip sind – das Poldermodell II.

Wer nahe am Wasser baut, der muss Vorsorge treffen. Und er muss sich gut mit dem Nachbarn verstehen. Wasser ist in den Niederlanden so gut wie überall, vermutlich daher rührt die niederländische Tradition des Pragmatismus und des gesunden Kompromisses.

Man stelle sich folgende Situation vor:

»Oh, Jan, sieh, das Hochwasser kommt, der Deich droht zu brechen, hilf mir, ihn auszubessern, Du ollen Katholik!!«

»Ach, Willem, das ist mir egal, das Wasser erreicht ja zuerst dein Haus, du heidnischer Protestant, du!«

Diese Flut kam, doch spülte sie beide Häuser weg. Im nächsten Jahr hatten sie es begriffen:

»Oh, Jan, sieh nur, es kommt wieder ein Hochwasser, hilf mir schnell, den Deich zu stützen!«

»Ja, Willem, warte, ich komme. Wenn wir uns gegenseitig helfen, haben wir schließlich beide etwas davon, auch wenn du in die falsche Kirche gehst!«

Ich bin immer ein Freund des gesunden Kompromisses. Miteinander reden, Streit beilegen, gemeinsam anpacken. Einander zuhören, an einem Strang ziehen, in einem Boot sitzen. Es muss nicht zur absoluten Harmonie führen, doch zu Toleranz und Akzeptanz.

In den Niederlanden ist der gute Kompromiss viel wert. Auch wenn diese Tradition aus einer sehr strikten Einteilung der Gesellschaft in Gruppen stammt, der *verzuiling*. Das bedeutet die Einteilung der Gesellschaft in sogenannte Säulen. Früher gab es hauptsächlich katholisch und calvinistisch Gläubige als gesellschaftliche Säulen. Später kamen Sozialisten beziehungsweise Sozialdemokraten und politisch Liberale dazu.

Der Begriff »Säule« verdeutlicht, dass ein Gemeinschaftsgefühl nicht durch Klassenbewusstsein oder durch Zugehörigkeit zu einer Schicht entstand, sondern dass die Gesellschaft in vertikale Gruppen geteilt war.

Man blieb fein unter sich, geheiratet wurde untereinander, es gab eigene Sportvereine, Tageszeitungen, Fernsehanstalten und Parteien. Der soziale Kontakt fand unter Gleichgesinnten statt. Die Kinder wurden nach den Säulenheiligen benannt, die Top 10 der beliebtesten Vornamen blieb bis in die 1970er-Jahre hinein fast 100 Jahre lang identisch!

Doch auch wenn man sich in der Gaststätte nicht an den gleichen Tisch setzte, wenn es drauf ankam, packte man zusammen an. Du hilfst mir, ich helfe dir, ich lasse dir deins, du lässt mir meins. Toleranz at it's best. Manche sagen gar: so tolerant, dass es schon ignoranzt!

Doch auch hier sehe ich ein frühes »Poldermodell«, denn streiten ist wunderbar, Recht haben erst recht, doch wenn das Wasser steigt, steigt es. Und im Zweifelsfall hat das Wasser recht, die Naturgewalt würde obsiegen.

»He, hört mal kurz alle mit Prügeln auf! Deich verstärken, das Hochwasser kommt!«

Und schnell musste der Jan dem Willem wieder in die Augen sehen können und ihm die Strohballen reichen.

Der Name Poldermodell hat allerdings einen anderen Ursprung. Das Poldermodell ist ein Abkommen, das in den 1980er-Jahren beschlossen wurde, unter politischer Führung der sozialdemokratischen PvdA, der *Partij van de Arbeid*, der Arbeiterpartei. Arbeitnehmer und Arbeitgeber einigten sich, alle Kräfte für ein gemeinsames Ziel einzusetzen und sich nicht gegenseitig zu behindern. Keine Streiks, dafür faire Löhne und gute Arbeitsbedingungen. Das funktionierte, es begann für das Land und für die Wirtschaft eine florierende Zeit.

Die Wirkung: Die Arbeitslosigkeit sank von deutlich über 10 % und einem eher hinteren Platz in der EU-Arbeitslosentabelle auf gerade einmal 3 %. Vizemeister hinter Luxemburg.

So wurden Liberalität und Toleranz großgeschrieben. Der bekannteste Aspekt der Toleranz: »Legalize it!« wurde hier gelebt.

Gleichgeschlechtliche Paare fanden hier früher und mehr Akzeptanz. Abtreibung und Sterbehilfe fanden eine offene und weniger verschämte Debatte, und es wurde um legale Lösungen gerungen.

Diese Phase dauerte bis in die 2000er-Jahre hinein. Mit der PVV entstand auch in den Niederlanden eine rechtspopulistische Partei, die mit ausgrenzenden Parolen um die 20 % Stimmenanteil bekam. Die regierende, rechtsliberale VVD schwenkte in der Folge zum Teil auf deren Forderungen ein und drehte einige liberale Regelungen zurück. Doch hat das bisher am gesellschaftlichen Grundgefühl der Toleranz wenig geändert.

Das Poldermodell lebt!

46. Grund

Weil wir heute gemeinsam den Befreiungstag feiern können

Es ist ein großes Wunder und ein großes Verdienst der vergangenen Jahre, dass heute Deutsche gemeinsam mit den niederländischen Nachbarn den Befreiungstag feiern können. Denn 1945 wurden nicht nur die Niederlande von einer menschenverachtenden Diktatur befreit, sondern auch Deutschland.

Die Politik der Annäherung in einem gemeinschaftlichen Europa und die Anstrengungen um das Aufarbeiten und Gedenken der Untaten, die von Deutschland im Zweiten Weltkrieg ausgingen, haben erreicht, dass einstige Feinde heute in friedlicher Nachbarschaft wohnen können.

Am 5. Mai wird der *Bevrijdingsdag* als Feiertag in den Niederlanden begangen. An diesem Tag im Jahr 1945, drei Tage vor der bedingungslosen Kapitulation, kapitulierte die Wehrmacht in den Gebieten Nordwestdeutschland, den Niederlanden und Dänemark.

Am Tag zuvor, dem 4. Mai, wird in jedem Jahr aller niederländischer Opfer von Kriegen seit Ausbruch des Zweiten Weltkriegs gedacht, es ist der Nationale Totengedenktag, *Nationale Dodenherdenking*.

Die Last der Geschichte erschwerte verständlicherweise über viele Jahrzehnte das Verhältnis der Niederländer zu den Deutschen. Viele Menschen in der niederländischen Nachkriegsgeneration waren skeptisch allem gegenüber, was aus Deutschland kam, und wollten keinerlei Kontakt.

Bei deutsch-niederländischen Sportbegegnungen wurde gerne der Spruch »Gebt uns unsere Fahrräder zurück« bemüht. Hintergrund sind die deutschen Besatzer, die 1945 vor den alliierten Truppen flüchteten. Dafür beschlagnahmten sie die Fahrräder der Niederländer.

Auch Rudi Carrell, Jahrgang 1934, nahm es als Titel für ein autobiografisches Buch, das 1979 erschien, *Gib mir mein Fahrrad wieder.*

Ich ließ übrigens drei Fahrräder während meines Austauschjahres in Amsterdam. Nicht dass dadurch irgendeine Kriegsschuld getilgt wäre, und der Diebstahl der Fahrräder ist ein eher geringer Aspekt der Kriegsschuld der Deutschen. Aber ich könnte ebenso fordern: »Gebt mir mein Rad zurück!«

Während der vergangenen Jahre entspannte sich das nachbarschaftliche Verhältnis. In den Niederlanden wird beispielsweise auch die eigene Rolle während der Besatzung kritischer hinterfragt. Doch der erste Besuch eines Bundespräsidenten am 5. Mai in den Niederlanden wurde nicht nur positiv gesehen. Joachim Gauck besuchte 2012 Breda und hielt während einer Gedenkfeier eine Rede. Vielen im Nachbarland ging das zu weit.

Das Thema deutsche Besatzung ist aktuell durchaus gesellschaftlich relevant. Es gab in jüngster Zeit sehr viele Filmproduktionen, die in der Zeit der deutschen Besatzung spielten, wie etwa *Black Book, Riphagen* oder *Der Bankier des Widerstandes*. Die Geschichten des Zweiten Weltkrieges sind noch nicht alle erzählt. Die bekannteste Geschichte aus der Zeit bleibt das Tagebuch der Anne Frank. Das Wohnhaus, in dem die Familie über zwei Jahre versteckt war, ist heute ein Museum, das Anne-Frank-Haus, mit jährlich über einer Million Besuchern. Ein wichtiger Ort des gemeinsamen Gedenkens.

Dennoch wird gerne, wenn es um Klischees für Deutsche geht, in den Niederlanden das Bild des Nazis bemüht. So dichtete die deutsche Hip-Hop-Band die 257ers: »Holland ist die geilste Stadt der Welt«. Die Antwort unserer Nachbarn kam prompt. »Deutschland ist das geilste Reich der Welt«, hieß es in einer Parodie. Wer soll es unseren Nachbarn aber verübeln, die sehr klischeebehaftete Steilvorlage dafür kam schließlich aus dem großen Land im Osten.

Umso wichtiger ist es, dass diese Themen nicht außen vor bleiben, auch vor dem Hintergrund des Erstarkens populistischer und rechter Kräfte in beiden Ländern.

Wenn weiter gemeinsam der Opfer der Nazizeit gedacht wird und eine aktive Erinnerungskultur gepflegt wird, wird die gute Nachbarschaft auch weiterhin gedeihen können.

47. Grund

Weil es dort das weltweit größte Freiwilligenengagement gibt

Ich stelle mir gerade vor, wie eine in Warnwesten gekleidete Gruppe mit einem Müllpicker und einem Beutel ausgestattet am Kamener Kreuz durch die Rabatten läuft und dort die Kaffeebecher, Zigarettenschachteln und Burgerboxen aufsammelt, die den Weg aus Autofenstern in den Grünstreifen gefunden haben. Wenn es keine Angestellten der Autobahnbehörde wäre, würde man in Deutschland wohl Sozialstundenableistende vermuten. Was aber, wenn diese Gruppe im Alter zwischen 15 und 70, weiblich und männlich gemischt wäre, es wäre zudem an einem Wochenende? Das wäre ein sonderbares Bild. Sind das wohl Freiwillige? Der Verein »Halte das Kreuz sauber« oder so? Ein seltsamer Gedanke.

In den Niederlanden ist solch ein Engagement nicht selten. Vielleicht wäre es kein Autobahnkreuz, doch habe ich entlang von Schnellstraßen in der Nähe eines Ortes häufiger größerer Gruppen von Menschen in vergleichbarer Situation beobachtet.

Dort werden regelmäßig Aufrufe gestartet, sich für eine gemeinnützige Aufgabe freiwillig zu engagieren. Sei es den Deich, den Strand oder eben die Landstraße vom Plastikmüll zu befreien.

Eine beliebte Organisationsform der Freiwilligenarbeit ist die *stichting*, eine Stiftung. Viele kleinere Museen können vor allem mithilfe von Freiwilligen über die Runden kommen.

Ein anderes Beispiel, wir waren auf dem Pfingstmarkt in Elburg, einer traditionsreichen Hafenstadt, früher an der Zuidersee gelegen, heute am Veluwemeer. Einst sogar eine stolze Hansestadt, unbedingt einen Besuch wert. Im Viertelstundentakt sahen wir historische Segelschiffe aus dem Hafen auslaufen und vom Veluwemeer wieder einfahren. Das mussten wir probieren!

Die Flotte und das zugehörige Museum der historischen Butterschiffe werden alleine durch Freiwilligenengagement betrieben. Die Leidenschaft, mit der die Skipper zur Sache gingen, war bemerkenswert.

Das Drehorgelmuseum, das Straßenbahnmuseum, kleinere Liebhabereien, die ohne freiwillige Einsätze an der Museumskasse oder beim Pflegen der Ausstellungsstücke niemals erhalten blieben.

Natürlich gibt es auch in Deutschland viele engagierte Menschen, in Vereinen, der freiwilligen Feuerwehr, sozialen Einrichtungen und auch in Museen. Doch begegnen mir Ehrenamtliche in den Niederlanden deutlich häufiger. Und es hat auch einen Aspekt der Geselligkeit. So sieht man schon mal sonntags früh, noch vor den ersten Besuchern, drei Damen Mitte 60 gesellig am »Infobalie« des Dorfmuseums sitzen und freudig die ersten Gäste begrüßen.

Freiwilligenarbeit erhöht die Identifikation. Wer einmal am Strand Müll aufgesammelt hat, der achtet auch darauf, selbst keine Zigarettenschachteln oder -kippen in den Sand zu werfen. Es ist auch ein befriedigendes Erlebnis.

Vielleicht liegt das höhere Engagement daran, dass die Rente in den Niederlanden deutlich höher ist als in Deutschland. Altersarmut ist kaum ein Phänomen. Zufriedene ältere Menschen möchten der Gesellschaft auf diese Weise etwas zurückgeben, möglicherweise.

Freiwilligenengagement hat natürlich auch zwei Seiten. Weshalb wird keine Stelle finanziert, für das Museum? Weshalb sitzen dort Menschen ohne Bezahlung? Die leisten doch auch was! Doch die Projekte, die durch Freiwilligendienste ermöglicht werden, sind oftmals zusätzliche Projekte, die kommerziell nicht tragfähig wären. Und als Freiwilliger kann ich mir schließlich aussuchen, welches Projekt ich unterstützenswert finde.

Die freiwilligen Leistungen tragen in den Niederlanden mit 4,7 % zum Bruttosozialprodukt bei. Damit sind unsere Nachbarn weltweit führend, so belegt es eine Studie der Vereinten Nationen aus dem Jahr 2013.

5,6 Millionen Niederländerinnen und Niederländer engagieren sich freiwillig, das sind fast 30 % der Bevölkerung. In Deutschland sind es rund 14 Millionen (statista.de, 2016), also weniger als 20 %.

Auch Gemeinden erkennen den Wert der Freiwilligenarbeit an, viele Gemeinden haben Stellen, die Freiwilligenarbeit koordinieren. Das sind natürlich bezahlte Stellen!

Wenn sich alle Niederländerinnen und Niederländer so engagieren, stellt sich die Frage, wie gerne sie wohl spenden?

Auch das hat die UN-Studie erforscht: Weniger als 0,5 % des Bruttosozialproduktes wird in den Niederlanden gespendet. Weltweit liegen unsere Nachbarn damit auf Rang 14. Aber es wird deutlich, dass lieber mit persönlichem Einsatz als finanziell geholfen wird.

Da liegt der Verdacht nahe, dass die als sehr sparsam geltenden Menschen zwischen Schelde und Wattenmeer ihr soziales Gewissen lieber durch Tatkraft als durch einen beherzten Griff ins Portemonnaie beruhigen.

Nun sollte ich wohl überlegen, in welchem Bereich ich mich denn ehrenamtlich engagieren möchte. Skat kloppen mit Bewohnerinnen und Bewohnern des Seniorenheims gegenüber? Kaffeebecher einsammeln an der B1? Texte zur internationalen Völkerverständigung schreiben und im Internet veröffentlichen? Ach so, das tue ich ja bereits auf meinem deutsch-niederländischen Blog!

Klopft sich zufrieden auf die Schulter.

48. Grund

Weil ein Junge, der einen Hund gerettet hat, zum Helden der »Provo-Bewegung« wurde

Was für ein Plan: Pferde sollten mit LSD-beträufeltem Würfelzucker gefüttert und zusätzlich von weißen Mäusen aufgeschreckt werden! Nicht irgendwelche Pferde, sondern die Pferde, die die Kutsche der zukünftigen Königin ziehen würden. Und nicht während irgendeines Sonntagsausfluges auf einer Landpartie, sondern am Tag ihrer Hochzeit!

Ups!

Es war im Frühjahr 1966, in Kalifornien sammelten sich Hippies in Parks, Proteste gegen den Vietnamkrieg wurden laut. In Deutschland bildete sich die APO, das Establishment wurde infrage gestellt, die Vorboten der 1968er-Bewegung zeigten sich weltweit.

In den Niederlanden, hier vor allem in Amsterdam, machte eine Gruppe mit provokativ-spielerischem Protest auf sich aufmerksam, die sich später als die »Provo-Bewegung« einen Namen machen sollte.

Die königlichen Pferde blieben von Drogentests verschont, auch von dem Schrecken weißer Mäuse, lediglich eine Rauchbombe und striktes Eingreifen der Polizei störten die Feierlichkeiten am 10. März des Jahres 1966. Doch dieser Tag wurde zum »Tag der Anarchie« ausgerufen.

Dass ausgerechnet Kronprinzessin Beatrix zum Ziel des Protestes gegen das Establishment werden sollte, lag nicht nur an ihrer royalen Rolle, sondern auch an einer allgemeinen Skepsis im Lande gegen ihre Hochzeit mit dem Deutschen Klaus von Amsberg, rund 20 Jahre nach Ende der Besatzung durch die Deutschen.

Der Protest wurde glücklicherweise nicht boshaft, sondern auch etwas humorvoll. Die Provo-Bewegung glich in ihren Forderungen eher den Programmen heutiger Satireparteien als den Studentenprotesten der 68er-Bewegung. Ein spielerischer Protest wurde zu ihrem Markenzeichen.

So forderten sie, dass Polizisten weiße Uniformen bekommen sollten, zu beratenden Sozialarbeitern umgeschult werden und Kondome an Passanten verteilen sollten. Da wurde der Begriff »Schutzmann« vielleicht wörtlich genommen! Weiße Fahrräder sollten allzeit und überall als Leihfahrräder zur Verfügung stehen, und eine »weiße Wohnungspolitik« sollte leer stehende Wohnungen den Bedürftigen zur Verfügung stellen und einen Abriss verbieten.

Die Farbe Weiß zog sich durch alle Punkte der Forderungen, der Protest der Provo-Bewegung wurde deshalb auch Weißer Protest genannt.

Am Anfang dieser Bewegung stand ein Antirauch-Aktionskünstler. Er begann in den frühen 1960er-Jahren damit, auf Tabakwerbung einen großen Buchstaben K zu malen, womit er auf den Krebs hinweisen wollte, den das Rauchen verursacht. Im Niederländischen *kanker*.

Eine Figur, beziehungsweise eine Skulptur, spielt eine wichtige Rolle für diesen Protest: das Amsterdamer Lieverdje. Es ist die Skulptur eines etwa zehnjährigen Jungen, der einen Hund vor dem Ertrinken aus einer Gracht gerettet hatte. Die Figur des Lieverdje geht auf Geschichten aus der Nachkriegszeit eines typischen Amsterdamer Jungen zurück, der Streiche ausheckt, dabei aber ein liebenswertes Herz besitzt.

Die Skulptur des Jungen wurde nun ausgerechnet von einem Tabakhersteller gestiftet. Sie steht zentral in Amsterdam auf dem 'Spui', einem zentralen Platz in Amsterdam, zwischen Dam und Grachtengürtel. Heute ein belebter Platz, an dem freitags der antiquarische Büchermarkt stattfindet. Zugleich ist er häufig Ausgangspunkt für abendliche Streifzüge durch die Metropole.

Der Aktivist Robert Jasper Grootveld veranstaltete genau hier am Lieverdje Happenings und Kunstperformances, indem er die Werbeindustrie und das Rauchen in absurden Gesängen und Tänzen bloßstellte. Die Polizei griff hart ein, sie wollte diese Provokationen unterbinden. Seine Aktionen fanden allerdings schnell Gefallen bei anderen Sympathisanten, die sich später zur Provo-Bewegung zusammenfanden. Allerdings löste sie sich bereits 1967 wieder auf, es blieben noch einige *kraaker*, Hausbesetzer, unter anderem in einem recht bunten Haus in der Spuistraat, nicht weit vom Lieverdje.

Doch auch heute noch ist der fidele Junge ein beliebter Treffpunkt und Ausgangspunkt für Kneipenabende in der Innenstadt, dem Grachtengürtel und in den nahen Jordaan.

Während meiner Zeit in Amsterdam haben wir uns meistens am Lieverdje getroffen. Ich versuche auch heute noch bei jedem Besuch in Amsterdam einen Gruß auf dem Spui zu hinterlassen.

Auch wenn er Kultstatus hat, so berühmt wie das Manneken Pis wurde er bisher leider nicht. Allerdings wurden ihm durch verschiedene Vereine schon mal Trachten angezogen, dieses Schicksal teilt er mit seinem prominenteren Kollegen in der belgischen Hauptstadt.

49. Grund

Weil auch kleine Parteien eine Chance haben, in die Tweede Kamer einzuziehen

So wie in Deutschland besteht auch in den Niederlanden die Legislative, also das gesetzgebende Parlament, aus zwei Kammern. In Deutschland sind es der Bundestag und der Bundesrat, in den Niederlanden die Tweede Kamer und die Eerste Kamer, also die Zweite Kammer und die Erste Kammer, in ihrer Gesamtheit heißen sie Generalstaaten. Die Zweite Kammer ist hier zuerst genannt, da sie die eigentlich politisch ausschlaggebende Kraft ist.

Die Zweite Kammer wird direkt gewählt, die Erste Kammer setzt sich aus Senatorinnen und Senatoren zusammen, die von den Provinzparlamenten gewählt werden.

Die Zweite Kammer hat immer 150 Sitze. Anders als in Deutschland gibt es allerdings keine Hürde, die zum Einzug ins Parlament überschritten werden muss. Also reichen in der Regel 0,67 % der Stimmen, um ins Parlament einzuziehen. Das hat zur Folge, dass zahlreiche kleinere Parteien im Parlament vertreten sind, in einer typischen Legislaturperiode mehr als zehn.

So haben auch Parteien eine Chance, die für spezielle Themen eintreten, wie etwa die Tierschutzpartei PvdD, die Partei 50PLUS, die sich für ältere Menschen einsetzt, die Partei DENK, die türkischstämmige Migrantinnen und Migranten im Fokus hat, neben der großen christlichen Partei CDA noch zwei weitere christliche Parteien, die Christen Union CU, und die streng konservativ christliche Partei SGP und auch über viele Jahre bereits die Sozialistische Partei SP, neben der Sozialdemokratischen Partei der Arbeit, PvdA.

Weiterhin gibt es in den Niederlanden keine klassischen Volksparteien, die sich im Wahlkampf ein Kopf-an-Kopf-Rennen bieten können, sondern es haben meist mehrere Parteien die Chance, größte Partei zu werden und so den Ministerpräsidenten oder die Ministerpräsidentin zu stellen.

Zwischen 1945 und 2010 gab es nur Ministerpräsidenten der Sozialdemokraten und der christlichen Parteien, die sich 1967 zur CDA zusammenschlossen. 2010 konnte erstmals die rechtsliberale VVD mit Mark Rutte einen Regierungschef stellen.

Das liberale Lager ist in den Niederlanden sehr stark vertreten, neben der VVD ist auch noch die sozialliberale Partei D66, die Demokraten 66, sehr stark.

Über Jahre hatte selbst die rechtspopulistische Partei PVV Chancen, zur stärksten Partei zu werden. Einen Ministerpräsidenten hätte sie wohl nicht gestellt, da alle anderen Parteien eine Koalition mit ihr ausgeschlossen hatten.

Ja, Koalition, auch so ein Thema. Durch die Vielzahl der Parteien kommen auch viele mögliche Koalitionen zur Regierungsbildung infrage. Nach der Wahl 2017 hat es beispielsweise sieben Monate gedauert, bis Mark Rutte mit Stimmen der CDA, D66, CU und seiner VVD gewählt werden konnte. Diese vier Parteien vereinigten dabei nur 76 von 150 Stimmen auf sich. Das nennt man zu Recht eine hauchdünne Mehrheit. Aus meiner Sicht hat dieses System den positiven Effekt, dass viele Parteien im Parlament vertreten sind und dass sie sogar zur Regierungsbildung beitragen können. Die Politik hat so insgesamt eine größere Relevanz. So ist es auch für kleinere gesellschaftliche Gruppen möglich, gehört zu werden, und das nicht bloß mit der Stimme des populistischen Protests.

In der Wahlkampfzeit werden alle Parteien in den Medien mit ihren Positionen ausgiebig vorgestellt. So widmete der öffentlich-rechtliche Fernsehsender NOS vor der Wahl 2017 täglich 30 Minuten einer der antretenden Parteien, egal ob klein oder groß, ob chancenlos oder etabliert. Natürlich wurden diese dabei auch kritisch beäugt, wie es sich für einen demokratischen Diskurs gehört.

Der Wählerin und dem Wähler wird so zugemutet, sich zu informieren. Doch ermöglicht es eine demokratische Kultur des Diskurses, wenn eine Minderheitenposition Chancen auf einen Platz am großen Tisch bekommt.

50. Grund

Weil in den Niederlanden kaum noch Gefängnisse benötigt werden

Gefängnis zu verkaufen! So titelten vor einigen Jahren niederländische Zeitungen. Und tatsächlich, seit 2013 wurden 19 Gefängnisse geschlossen. Der pragmatische Niederländer reist die Sicherheitstrakte aber nicht einfach ab, sondern findet geeignete Nachnutzung.

Ein baulich besonderes Kuppelgefängnis in Breda wird als Escape Room genutzt. Also ein Abenteuerspielplatz, in dem das Ausbrechen als Spiel inszeniert wird.

Das Gefängnis Oostereiland in Hoorn ist heute ein Hotel. Die Übernachtung in einem der 25 Zimmer kostet 80 €, der Service, der mit 8,7 von 10 Punkten auf einer bekannten Buchungsplattform bewertet wird, ist nun sicherlich besser als vor dem Eigentümerwechsel. Die Fenster sind indes auch heute noch vergittert.

Auch das Hotel Het Arresthuis in Roermond war, wie der Name bereits verrät, früher einmal ein Gefängnis.

Ehemalige Gefangene kämen aber nicht als Übernachtungsgäste ins Hotel, ehemaliges Gefängnispersonal hingegen schon, verrät der Betreiber in einem Zeitungsinterview.

Einige leer stehende Gefängnisgebäude wurden zeitlich als Übergangswohnheim für Geflüchtete genutzt, ob das Willkommenskultur ist, sei einmal dahingestellt.

Andere, nicht mehr benötigte Gefängnisse wurden an die belgische und die norwegische Justiz vermietet.

Wie kommen die Niederlande überhaupt in die komfortable Situation, Gefängnisse schließen zu können und dem Staatshaushalt so Millionen von Euro einzusparen? In anderen Ländern herrscht ja eher ein Mangel!

Im Grunde war es ein Wandel der juristischen Praxis und in der Folge sogar ein Rückgang der Kriminalität. Das Umdenken setzte ein, als sich im Jahr 2005 die Zahl der Gefängnisinsassen im Vergleich zu 1990 verdreifacht hatte.

Während gemeinhin das Einsperren als eine gerechte Bestrafung gesehen wird, versucht man in den Niederlanden, Straftätern einen Weg zurück in die Gesellschaft anzubieten. Man berief sich auf eine britische Studie aus den 1990er-Jahren, die herausfand, dass eine Gefängnisstrafe die Wahrscheinlichkeit erhöhe, nach einer Entlassung erneut kriminell zu handeln.

Viele Straftäter bekommen seitdem lediglich elektronische Fußfesseln anstelle des Gefängnisaufenthaltes, so können sie weiter ihrer regulären Arbeit nachgehen. Oder sie werden zu sozialen Tätigkeiten verpflichtet, in Verbindung mit Rehabilitationsmaßnahmen. Die bestehenden Gefängnisse werden als soziale Hilfseinrichtung verstanden, weniger als eine strafende Verwahrungsanstalt.

Mit Erfolg, die Kriminalitätsrate sinkt seitdem jährlich um rund 1 %. Das führt in der Summe dazu, dass in den Niederlanden nur rund 69 Personen pro 100.000 Einwohner hinter Gittern sitzen. Zum Vergleich: In Deutschland sind es 77, Stand 2017, in den USA mehr als 600 (2016).

Gesellschaftlich wird das größtenteils positiv gesehen, da durch die Sozialstunden die Verurteilten ja etwas Sinnvolles tun. Andererseits ist die »lasche Justiz« auch Futter für Rechtspopulisten, die ein hartes Durchgreifen fordern.

Der Erfolg nimmt ihnen hoffentlich den Wind aus den Segeln.

Ob ich in einem ehemaligen Gefängnis übernachten würde? Hm, schwierige Frage. Besichtigen und im großen Speisesaal eine Mahlzeit einnehmen, das kann ich mir gut vorstellen. Vor Ort würde mir sicherlich ein Gefühl des Unbehagens oder dessen Ausbleiben signalisieren, ob ich dort auch die Nacht verbringen würde. Den Escape Room buche ich aber direkt!

51. Grund

Weil man fix mal nach nebenan fahren kann, zum Sonntagsshoppen

In meinem Herzen bin ich ganz sicherlich Sozialist und Gewerkschafter und Fürsprecher der unterdrückten Klasse. Ich habe Mitgefühl mit dem bedauernswerten Verkaufspersonal, dass mir sonntags den *Vanillevla* ins Kühlfach nachräumen muss.

Aber hey, wenn der Rewe/Lidl/Albert Heijn sonntags auf hat, dann gehe ich hin und kaufe dort auch ein. Und wenn ich einen Sonntagsausflug in die Stadt mache, schaue ich auch nach Klamotten, Schuhen, Büchern oder PC-Zubehör. Besser als beim anonymen Megaonlineshop in Amazonien kaufen und die Straßen in den Wohnvierteln mit Lieferfahrzeugen verstopfen!

Auch, wenn die kleine Boutique gezwungen ist, ihr Personal zu zwingen, sonntags auf seine Freizeit und den Familienbesuch bei Oma zu verzichten.

Doch ist es im Endeffekt ein Geben und Nehmen. Also mach ich mit und finde es im Grunde positiv, dass in Venlo und Enschede die Geschäfte auch sonntags geöffnet haben. Und der Albert Heijn in Winterswijk ebenfalls.

Im Grunde ist der Sonntagsverkauf in den Niederlanden eine Ausnahme. Ein Gesetz von 1996 sieht vor, dass Geschäfte an Sonntagen sowie vor 6 Uhr und nach 22 Uhr nicht geöffnet haben dürfen. Außer an maximal zwölf Sonntagen im Jahr, die dann, um diese Ausnahme zu kennzeichnen *koopzondag* heißen, also etwa Einkaufssonntag. Eine weitere Ausnahme gilt für Städte und Gemeinden mit touristischem Interesse, also in der Regel Städte, die nahe der Grenze liegen. Oder in anderer Form touristisch betroffen sind, also ein Museum mit Busparkplatz besitzen.

Hm. Grenznah ist nun als Merkmal recht flexibel. Und touristisch betroffen sind viele Städte und Regionen in den Niederlanden.

Also verwundert es nicht, dass inzwischen beinahe alle Gemeinden eine Sonntagsöffnung gestatten. Von Supermärkten generell, von Geschäften in der Innenstadt an zwölf Sonntagen im Jahr, eine zunehmende Anzahl an Gemeinden sogar das ganze Jahr über.

In diesem Zusammenhang ist auch der niederländische *bible belt*, der *bijbelgordel*, interessant. Denn die Liberalisierung schreitet in dem Maße voran, in dem die Kirche an Bedeutung verliert. Den Verkaufssonntag hat 1996 das sogenannte »Lila Kabinett« eingeführt, die erste Regierung der Niederlande nach 1945, an der keine christliche Partei beteiligt war.

Da nun Gemeinden über die Einführung und die Anzahl an Verkaufssonntagen entscheiden, ist die Anzahl der Verkaufssonntage im Bibelgürtel deutlich geringer als anderswo im Land.

Der niederländische Bibelgürtel verläuft etwa von Südwest nach Nordost. Er beginnt an der Küste in Zeeland, verläuft an Utrecht vorbei, auch an Appeldoorn bis nördlich von Zwolle.

In vielen Gemeinden in diesem Streifen stellen Wähler christlicher Parteien die absolute Mehrheit. Die SGP, eine Partei bibeltreuer Christen, bekommt dort bis zu 35 % Stimmanteile.

So, und jetzt wagt ihr es, am Tag des Herrn dem schnöden Mammon zu frönen. Heiden! Der Höchste steh uns bei!

Auffällig ist natürlich, dass ein überzeugendes Argument die Touristen sind. Also wir, wenn wir zu den Nachbarn reisen. Die heilige Sonntagsruhe darf geopfert werden, um den Deutschen das Geld aus der Tasche zu ziehen.

52. Grund

Weil Tulpenzwiebeln in den Niederlande die (vermutlich) erste Spekulationsblase der Welt ausgelöst haben

Es gab eine Zeit, da waren in den Niederlanden Tulpenzwiebeln über alle Maßen beliebt. So beliebt, dass Menschen viel, viel Geld zahlten, um in den Besitz einer Tulpenzwiebel zu kommen. Es war eine Zeit, als die Tulpenzwiebel noch ganz neu war in den Niederlanden. Sie war erst seit wenigen Jahren überhaupt dort bekannt. Aus einem fernen Land im Orient wurde sie ins Land der Polder hinter den Deichen gebracht. Schlaue Händler brachten sie, die auf exotischen Märkten so allerlei fanden und es verstanden, die Waren in ihrer Heimat zu Geld zu machten, zu viel Geld.

Etwa in der Mitte des 16. Jahrhunderts kamen die ersten Tulpen aus der Türkei und Persien nach Europa. Besonders in den Niederlanden fand man Gefallen an der besonderen Blume. Es gab wohlhabende Tulpenzüchter, die die feine Gesellschaft in ihre Tulpengärten einluden und neue Sorten präsentierten. Es gab Tauschkreise für besondere Tulpenzwiebeln, es gab sogar Vereine, die sich der exotischen Blume widmeten.

Und es gab Sammler, reiche Sammler. Und da zu Beginn des 17. Jahrhunderts bereits findige Händler in den Städten der niederländischen Provinzen wohnten, gab es findige Handelskonstrukte, rund um die Blume. Etwa Optionsscheine auf Tulpenzwiebeln, die gerade mit dem Wachsen beschäftigt waren. Für besondere Exemplare wurde das Mehrfache eines durchschnittlichen Jahresgehalts gezahlt. Für fünf Zwiebeln konnte man schon mal den Wert eines Grachtenhauses hinblättern. Also in den damals gängigen Münzen.

Und wo viel Geld fließt, sind Spekulanten nicht fern, die Tulpe, also die Option auf ihre Zwiebel im kommenden Frühjahr, wurde von der Wertanlage zum Spekulationsobjekt.

»Egal, wie viel ich hier auf der Auktion biete, es gibt schon einen (Dümmeren, Gierigeren, Besesseneren), der noch mehr zahlt«, wird sich mancher, der einige Gulden im Säckel hatte, gedacht haben.

Der Kulminationspunkt war im Februar 1637. Auf einer Tulpenauktion in Alkmaar wurden 99 Tulpenzwiebeln (in welcher Form auch immer) für rund 90.000 Gulden versteigert. Ein Grachtenhaus hatte damals den Wert von rund 10.000 Gulden, das Durchschnittsjahreseinkommen lag bei 150 Gulden.

Zwei Tage später. Immer noch Februar 1637, die nächste Auktion in Haarlem: Diesmal konnte keine Option auf eine baldige Tulpenzwiebel den erwarteten Betrag einbringen. Hui, das war Anlass zur Sorge unter denen, die auf Gewinn aus waren. Ja, sogar Panik! Wenn niemand das zahlt, was ich erwarte, dann ist meine Ware ja auch nicht das wert, was ich denke! Oh je!

Es dauerte nicht lange, und diese Sorge geriet zur Panik. Der Wert der Tulpenzwiebeloptionsscheine sank um 95 %.

Okay, anstelle von zehn Tulpenzwiebeln brauche ich nun 200 Tulpenzwiebeln für ein Grachtenhaus. Das klingt erst einmal auch nicht schlecht, aber wer für 20 Zwiebeln ein Haus veräußert und auf zwei Häuser hofft, … Genau: Panik!

Der Rest war Politik und Geschacher. Einflussreiche Blumenhändler versuchten einflussreiche Politiker zu beeinflussen. Die Käufe zu überteuerten Preisen sollten rückgängig gemacht werden.

Es wurde ein Schiedskomitee ins Leben gerufen. Das entschied, dass den Käufern lediglich Strafzahlungen auferlegt werden, so um die 3,5 % des Kaufpreises, wenn sie vom Kauf der Optionen noch vor der Zwiebelernte zurücktreten wollten.

Ein Schelm, wer bei dieser Geschichte Parallelen zu zeitgenössischen Spekulationsblasen entdeckt!

Heute könnte ich zehn Tulpenzwiebeln für fünf Euro auf dem Wochenmarkt von Enschede, Winterswijk oder Venlo kaufen.

Für meine Monatsmiete bekäme ich heute 1.000 Tulpenzwiebeln. Im Zweiten Weltkrieg wurden Tulpenzwiebeln übrigens gegessen.

Und eigentlich mag ich lieber Narzissen.

7. Kapitel

Die Tradition

53. Grund

Weil aus »Prins Pilsje« ein volksnaher König wurde

Es ist ein Relikt aus vergangener Zeit, aus dem Märchen, aus der Klatsch- und Tratschpresse, als es noch wichtig war, zu paradieren, zu repräsentieren und zu salutieren. Und doch merke ich, dass schon das Wort »Königin« oder »König« bei mir ein Verzücken auslösen kann.

Bei Wartezeiten in Arztpraxen lese ich schon mal das Neueste über die europäischen Königshäuser und in Nachrichten ist es etwas anderes, wenn es heißt »die Königin von da oder dort ist zu Besuch in …«, als »der Bundespräsident ist auf Staatsbesuch …«.

Ich schaue sogar gerne Serien, Filme und Berichte mit Monarchinnen und Monarchen, Märchen nicht mehr so gerne, aber Serien wie *The Crown* schon. Das hat mehr Glanz als *House of Cards*. Und es prägt sich mir auch ein. Ich überrasche mich oft selbst, wenn ich Details aus der Biografie von Königinnen und Königen kenne, die ich irgendwo mal aufgeschnappt habe.

Von meiner politischen Ansicht bin ich Demokrat, und das Letzte, was ich mir für Deutschland wünsche, wäre eine Einführung der Monarchie. Und Deutschland hat auch aus gutem Grund ein politisches System, in dem das Staatsoberhaupt immer mal wechselt.

Und doch bewundere ich die Niederlande für ihr Königshaus. Irgendwie.

So, jetzt ist es raus. Ist mir nicht peinlich.

Es ist möglich, eine lange, persönliche Beziehung zu einer Königsfamilie aufzubauen. Man kennt die Royals oft ebenso gut wie die eigene Familie. Man sieht Kinder geboren werden, aufwachsen, selbst zur Königin oder zum König werden. Ja, und auch über den kleinen Skandal freut man sich, den man augenzwinkernd verzeiht, weil er die hohen Persönlichkeiten einfach nur menschlich aussehen lässt. Oder es gibt einem die Gelegenheit, sich zu empören: »Also von DER hätte ich DAS ja nicht gedacht!«

Meine erste Begegnung mit dem niederländischen Königshaus datiert natürlich aus meiner Kindheit. Ich fragte immer, wer auf den Münzen und Briefmarken abgebildet war. Es war zunächst Königin Juliana, die bis 1980 den Thron innehatte. Die Briefmarken waren einfarbig, schlicht mit einem Bild der Königin im Seitenprofil. Ein ähnliches Bild zierte die Münzen. Sie zeigten ein Profilbild, nur anders herum, und die Königin trug ein Haarnetz.

Die Briefmarken mit Königin Beatrix wurden moderner, ein gepixeltes Profilfoto mit der typisch runden Ballonfrisur. Die Darstellung auf den Münzen war stärker abstrahiert.

Ich achtete bei allen Münzen darauf, ob es eine »Beatrix« oder eine »Juliana« war, solange beide im Umlauf waren.

Natürlich verfolgte ich den Werdegang des Thronfolger, der gerade mal ein Jahr älter ist als ich. Sympathisch wurde er mir vor allem durch den Spitznamen »Prins Pilsje«, den er sich während der Studienzeit durch seine Vorliebe für das Bierchen wohl hart erarbeitete.

Nun ist Willem-Alexander König. Ich höre mir seine Weihnachtsansprache an und finde, dass er in seiner politisch eher neutralen Rolle, die er als Staatsoberhaupt einnimmt, dennoch Worte findet, Bürgerengagement zu loben und extreme Positionen infrage zu stellen. Er mahnt zu Einheit und Zusammenarbeit und spricht konkret die spaltenden Elemente der populistischen Kräfte im Land an. Die Botschaft: Die scheinbar einfache Lösung ist nicht immer die richtige, und man muss nicht einer Meinung sein, aber man muss miteinander reden.

Okay, so macht es unser Bundespräsident auch.

Aber hey, ein König ist König!

In Hemd und Anzug wirkt er ganz »normal«, trägt keine Orden oder Abzeichen, hat kein Familienwappen im Hintergrund. Die Amtsstube ist allerdings schon schicker, als das Büro der Bundeskanzlerin, barockes Mobiliar und darauf ein üppiger Blumenstrauß.

Seinen 50. Geburtstag beging König Willem-Alexander auf besondere Art, er lud 150 Niederländerinnen und Niederländer, die am selben Tag wie er geboren wurden, dem 27. April 1967, in den Amsterdamer Palast zur gemeinsamen Geburtstagsfeier ein. Sehr sympathisch.

Das größte Geschenk, das das niederländische Königshaus dem Land allerdings macht, ist die größte Feier des Landes in jedem Jahr: der Königstag. Aber das ist ein eigener Abschnitt, der folgende.

Und da müsste ich mal wieder hin!

54. Grund

Weil der Königinnentag – äh, Pardon, der Königstag im ganzen Land bunt gefeiert wird

Koninginnendag! Königinnentag! Das ganze Land spielt verrückt.

Spielte, muss es wohl heißen. Zwar spielt ganz *Nederland* auch heute noch verrückt, kleidet sich in Orange für den großen Feiertag, der heißt jedoch seit 2014 *Koningsdag*, Königstag.

Der Königinnentag wurde traditionell am 30. April gefeiert. Ganz ursprünglich sogar am 31. August, dafür müssen wir aber ein paar Jahre zurückschauen, auf den eigentlich Beginn des Feiertages.

Gegen Ende des 19. Jahrhunderts hatte die Monarchie in den Niederlanden eine Krise. Monarch Willem III. war ein etwas durchgeknallter König, um es einmal vorsichtig zu formulieren. Er trank viel, benahm sich rüpelhaft und trug den Beinamen »König Gorilla«.

Drei Kinder aus erster Ehe verstarben früh, so wurde die junge Prinzessin Wilhelmina Thronfolgerin, die Großmutter der einstigen Königin Beatrix. Zur Stärkung der Popularität des Königshauses und zur Einheit der Nation initiierte eine lokale Zeitung anlässlich des fünften Geburtstages von Wilhelmina im Jahr 1885 den Prinzessinnentag. 1890 starb ihr Vater, die junge Prinzessin wurde Königin. Im

Folgejahr wurde aus dem Prinzessinnentag also der Königinnentag, auch wenn ihre Mutter Emma noch bis zur Volljährigkeit Wilhelminas die Regentschaft innehatte.

Der Prinzessinnentag schien geeignet, ein unbedenklicher Feiertag zu sein, den alle politischen Strömungen im Lande gleichermaßen annehmen würden. Die Niederlande waren gegen Ende des 19. Jahrhunderts sehr strikt in unterschiedliche gesellschaftliche Säulen gespalten, jede berief sich auf ihre eigene religiöse oder politische Tradition. Diese wurde bei feierlichen Anlässen durchaus handfest vertreten.

Mit dem Königshaus, dazu noch der jungen zukünftigen Königin, konnten sich alle Gruppen identifizieren. So wurde der Prinzessinnentag, später der Königinnentag zu einem friedlichen Fest, bei dem die Nation sich einte.

Bis zum Tode Wilhelminas im Jahr 1948 wurde der Königinnentag am 31. August gefeiert, dem Geburtstag der Monarchin. Ab 1949 wurde es mit dem Geburtstag Königin Julianas das bekannte Datum, der 30. April. Königin Beatrix behielt den Termin bei, ihr Geburtstag am 31. Januar schien für größere Feierlichkeiten weniger geeignet.

Immer mehr Menschen bekamen an diesem Tag frei, und es wurde der offizielle Nationalfeiertag. Königin Beatrix begann in ihrer Amtszeit mit der Tradition, an diesem Tag jeweils zwei Gemeinden ihres Reiches zu besuchen.

Inzwischen wird natürlich nicht mehr die Königin gefeiert, sondern Willem-Alexander, seit 2013 König der Niederlande. Er änderte das Datum auf seinen Geburtstag, den 27. April.

Ob nun Königstag oder Königinnentag, die Niederlande gewöhnten sich schnell an den neuen Namen. Bei mir ist allerdings der *Koninginnendag* noch fest verdrahtet. Kein Wunder, denn bisher habe ich dem Fest nur unter dem alten Namen beigewohnt. Ich muss mich wohl mal wieder hineinstürzen, in den Festtaumel.

In vielen großen Städten finden Freimärkte statt, vergleichbar mit Flohmärkten. Hier reicht eine Wolldecke aus, um auf der Straße einen Verkaufsstand zu eröffnen. Tage vorher werden die besten Plätze dafür mit Kreidezeichen auf dem Straßenpflaster reserviert. Auf den Straßen spielen Bands, Cafés und Kneipen dürfen das Bier auch draußen ausschenken, und alle tragen Orange. Viele waren seinerzeit als Königin verkleidet, auch Männer, einige werden diese Tradition wohl fortleben lassen, auch wenn ein König gefeiert wird.

55. Grund

Weil über 100 Jahre lang Königinnen das Land repräsentierten

Äh, ja, noch ein Kapitel zum Königshaus. Eine bemerkenswerte Eigenschaft der niederländischen Monarchie ist, dass über 100 Jahre lang Königinnen das Land repräsentierten.

Obwohl es seit Einführung des Königreiches 1815 bereits ein Parlament gab und ab 1848 eine liberale Verfassung, hatte das Königshaus noch politische Macht, als 1898 Wilhelmina kurz nach ihrem 18. Geburtstag die Amtsgeschäfte der Königin antrat.

Bis 2015 Wilhelminas Enkeltochter Beatrix zugunsten Willem-Alexanders abdankte, saßen 117 Jahre lang drei Königinnen auf dem niederländischen Thron. Wenn man die Amtszeit von Königin Emma mitrechnet, die mit dem Tod Willem III. den Thron für die minderjährige Wilhelmina innehatte, sogar 125 Jahre.

Wilhelmina, die bereits als 18-Jährige ihre Thronrede selbst schrieb, lenkte ihr Land mit Geschick. Sie hielt die Niederlande im Ersten Weltkrieg politisch neutral und so aus dem Krieg heraus. Während des Zweiten Weltkriegs wurde sie in der Exilregierung in London zum Symbol des Widerstandes gegen die Besatzung durch Nazideutschland.

Doch Wilhelmina glaubte noch an eine starke Monarchie, sie erkannte nicht, dass diese Staatsform im Nachkriegseuropa an Bedeutung verlieren würde. Ihrer Tochter Juliana, Königin von 1948 bis 1980, gelang es, die Monarchie zu modernisieren. Überkommene Hofregeln wurde abgestreift, das Königshaus nahbarer. Bei der Flutkatastrophe von 1953 war sie vor Ort, sie galt als »Mutter der Nation«. Auch setzte sie die Abschaffung der Todesstrafe durch, indem sie sich weigerte, Todesurteile mit ihrer notwendigen Unterschrift zu versehen.

Königin Beatrix achtete in ihrer Amtszeit wieder mehr auf die Hofetikette als ihre Mutter. Diese war in mehrere Staatskrisen verwickelt, in denen sie sich in der öffentlichen Wahrnehmung unprofessionell verhalten hatte.

Beatrix nutzte durchaus ihren politischen Handlungsspielraum, denn das niederländische Königshaus ist nicht allein repräsentativ, sondern spricht auch politisch ein gewichtiges Wort.

So durfte die Königin bei knappen Wahlausgängen mit verschiedenen möglichen Koalitionen einen Politiker mit der Regierungsbildung beauftragen. Auch gab es regelmäßige politische Unterredungen der Regentin mit den Ministerpräsidenten, es heißt, dort habe sie mehr als nur Empfehlungen gegeben.

Vielleicht weil sie ihre politische Macht zu stark gebrauchte, nahm das Parlament 2012 einige Befugnisse wieder fort.

So haben vier Regentinnen das Land in 125 Jahren ganz unterschiedlich geprägt. Die Nachfolgerin des amtierenden Königs wird voraussichtlich wieder eine Frau, 2003 wurde Prinzessin Amalia als älteste Tochter des Königspaares geboren, die aktuelle Thronfolgerin.

56. Grund

Weil es die meisten Geschenke nicht Weihnachten, sondern an Sinterklaas gibt

Jedes Jahr Mitte November beginnt in den Niederlanden ein landesweites, großes Spektakel. Hunderttausende Kinder und ihre Eltern stehen aufgeregt und ungeduldig in vielen Hafenstädten und warten auf die große Ankunft. Mit einem Dampfschiff kommt aus Spanien *Sinterklaas,* der heilige Nikolaus in rotem Gewand mit seinen Helfern, den *Zwarte Pieten*, dunkel geschminkte »Schwarze Peter«.

Eine Ankunft wird zentral und live im Fernsehen übertragen, das ist natürlich die Ankunft des echten Sinterklaas. Es kommen mehrere Sinterklaase an, die anderen, das sind Sinterklaas' Helfer, auch das ist klar. Bis zum Abend vor dem Nikolaustag hat das Team der Rotbemäntelten und der Schwarzgeschminkten Zeit, allen Kindern Geschenke und Pfeffernüsse zu bringen. Pfeffernüsse sind wichtig! Bis dahin wird in allen Städten gefeiert, gesungen und getanzt, wo auch immer der »Sint« mit seiner Gefolgschaft auftaucht.

So weit Mythos, Legenden und die Tradition.

Das traditionelle Sinterklaasfest am Vorabend des Nikolaustages, also dem 5. Dezember, hat in den Niederlanden eine größere Bedeutung erlangt als das Weihnachtsfest. Das holt zwar langsam auf, was eher einer werbewirksamen Kommerzialisierung geschuldet ist als dem Traditionsverfall. Denn der »Sint« hat mit seinem Fest, den Ritualen und festgelegten Abläufen einen Vorsprung an emotionaler Verbindung gegenüber dem Weihnachtsfest. Das ist in ein, zwei Generationen nicht so einfach aufzuholen.

Aber woher kommt diese interessante Mischung aus Mythen und Legenden, die zur heutigen Sinterklaastradition zählen? Und weshalb hat sich in einem relativ kleinen Land diese ganz eigene Nikolausgeschichte entwickelt?

Ein ehemaliger Bischof aus der heutigen Türkei kommt mit dem Dampfschiff aus Spanien. Er hat eine Gruppe dunkelhäutiger Helfer. Er klopft am Vorabend des Nikolaustages an die Türen und beschenkt Kinder.

Der Heilige Nikolaus beschenkte als junger Mann drei arme Frauen für ihre Aussteuer und ermöglichte ihnen so eine Hochzeit. Die Kirche nahm die Tradition auf. Reiche Gemeindemitglieder beschenkten die ärmeren am Sankt-Nikolaus-Tag. Wohl vor einigen Jahrhunderten bereits auf ähnliche Weise wie heute, indem sie ihnen Münzen in bereitgestellte Stiefel warfen.

In der Reformation, die sich auch gegen die Heiligenverehrung aussprach, wuchs die Bedeutung des Weihnachtsfestes als Feier der Familie und der Geschenke. In katholischen Gegenden blieb die Figur des Nikolauses jedoch populär. Erst mit Coca-Cola kam der Nikolaus als Santa Claus auch ins Weihnachtsfest, über die Neue Welt auch nach Europa.

Nicht jedoch in den Niederlanden, dort war der Sinterklaas stets der beliebteste Geschenkebringer und ist es heute noch.

Auch die Geschenke sind besonders: So ab November fällt in vielen Geschäften eine sehr große Auswahl ans Schokoladenbuchstaben ins Auge. Helle Schokolade, dunkle Schokolade, weiße Schokolade, selbst Schokolade mit rosa Streuseln, alle in verschiedenen Größen. Üblich ist zehn Zentimeter hoch und über 100 Gramm schwer. Sie sollen vor allem in die bereitgestellten Kinderstiefel passen. Zu groß geht also nicht. In den Niederlanden werden jährlich mehr als 30 Millionen Buchstaben produziert. Bei 18 Millionen Niederländerinnen und Niederländern bekommt da sicherlich so manches Kind den ganzen Namen geschenkt und nicht nur den Anfangsbuchstaben. Ich kann mir vorstellen, dass Henk um diese Jahreszeit darauf besteht, Henricus Philipp genannt zu werden. Zweitnamen, gar Drittnamen haben in den Niederlanden schließlich eine lange Tradition, ebenso wie die der sehr kurzen Rufnamen, Wim, Rob und Bart für Willem, Robert und Bartholomeus.

Bei Mädchennamen ist es allerdings nicht so verbreitet wie bei Jungennamen.

Lieber als die Schokoladenbuchstaben werden vermutlich die Pfeffernüsse gegessen, die *pepernoten*. Aber wer weiß.

Politische Debatten gibt es zunehmend um die Rolle des *Zwarte Piet*, des Schwarzen Peter. Die Figur kommt allzu kolonial daher, da erstens die Figur des farbigen Helfers zu sehr das Rassenklischee bedient, für die einen schwingt hier auch die Sklavenzeit mit, zum anderen wird die Figur selbst durch hellhäutige Darstellerinnen und Darsteller verkörpert, mit knallrotem Mund, in samtenen Kostümen. Vergleichbar mit dem Sarottimohr, der ebenfalls als unzeitgemäß abgeschafft wurde.

Der »Mohr« ist wohl auch noch ein Überbleibsel aus der Zeit, da der Nikolaus die Kinder noch strafen und körperlich züchtigen durfte. Er trug eine Rute und fragte, wer brav und wer unartig war.

In den Niederlanden stehen Traditionalisten den Kritikern gegenüber. In den 2010er-Jahren gab es landesweit sehr leidenschaftlich geprägte Proteste auf beiden Seiten.

Die Kritiker sähen gerne bunte Pieten, mit unterschiedlichen Gesichtsfarben, gelb, rot, grün, blau und wie auch immer. Auch der nur leicht angegraute Asche-Peter war ein ernst gemeinter Vorschlag, der seine Gesichtsfarbe durch eine Rutschpartie im Kaminschacht bekommen haben sollte. Am allerbesten wären jedoch *Pieten*, die in der Gesichtsfarbe ihrer Darstellerinnen und Darsteller daherkommen. Ohne diese dabei in irgendeiner Richtung zu deuten oder zu interpretieren. Ja, auch Darstellerinnen ist hier richtig, es gibt zahlreiche weibliche *Pieten*.

Viele offizielle Seiten haben so Jahr für Jahr mehr die *Zwarten Pieten* abgeschafft. Ob die Tradition darunter leidet oder ob sie durch diese Veränderung frischer, aber zeitgemäßer wird, das bleibt abzuwarten.

57. Grund

Weil es eine Gesellschaft gegen das Fluchen gibt

Wordt geen naprater – »Werde kein Nachplapperer«. So lautete die Parole einer großen Plakatkampagne des *Bond tegen vloeken,* des Bundes gegen Fluchen. Und weiter : »Fluchen ist angeeignet«.

Das Plakat zierte ein großer Papagei. Sieht man es das erste Mal, ist es eigentlich unfassbar. Ein Bund gegen das Fluchen! Was es alles gibt!

Es scheint zudem eine Vereinigung zu sein, die sich eine landesweite Plakataktion leisten kann und der dafür nichts Besseres einfällt, als ein solches Plakat zu entwerfen. Seltsam, schräg! Habe ich das wirklich alles so gelesen? Oder handelt es sich um eine Satireaktion? Und nächste Woche stehen an selber Stelle Plakate, auf denen steht: »Ätsch, reingefallen, sei besser ein Selbstdenker!« Aber nein, es handelt sich hier um eine real existierende Botschaft einer christlichen Vereinigung. Natürlich fallen einem aus dem Stegreif gleich drei Antworten auf »Fluchen ist angeeignet« ein:

1. Sprache ist angeeignet
2. Der abendländisch-demokratische Wertekodex ist angeeignet
3. Religion ist angeeignet

Wenn ich den Gedanken, dass »angeeignet« »schlecht« bedeutet, mal konsequent weiter denke, könnte das Plakat sogar ein Aufruf zur Anarchie sein: Verwerft alles, was ihr je gelernt habt! Vergesst Eltern, Lehrer, Bibelschule und tanzt Pogo die ganze Nacht!

Und zu »Werde kein Nachsprecher« sage ich: »Äh, doch, Sprachaneignung funktioniert durch Nachsprechen« und: »Wie sieht es aus, wenn ich eine Bibelstelle zitiere?«

Ich schlage mal ganz in eurem Sinn etwas anderes vor:

»Sprich nicht den falschen Menschen nach, denen, die da schändlich sprechen und das Wort Gottes nicht achten. Sprich gleichwohl jenen nach, die die gute Botschaft kennen und sie verbreiten.«

Das in etwa wollt ihr mir doch sagen, liebe Gegnerinnen und Gegner des Fluchens, oder?

Verdammt! Diese Plakataktion ist das fucking Absurdeste, was mir in all den Jahren in den Niederlanden begegnet ist. Abgesehen von einigen politischen Gruppen, die glauben, dass der Nachbar aus Nordafrika verantwortlich ist für alles, was in ihrem Leben schiefgegangen ist. Aber das ist ja traurig und Ersteres saumäßig lustig!

Nein, ich möchte niemandes religiöse Gefühle verletzen. Aber eine landesweite Plakataktion für Partialinteressen orthodox-bibeltreuer Christen übersteigt meine Vorstellungskraft.

Der Verein wurde 1916 gegründet und hatte in besten Zeiten 30.000 Mitglieder. Ein Hauptanliegen des Vereins, mit vollständigem Namen »Bund gegen das Schänden, indem man mit Gottes heiligem Namen flucht« ist es, Gotteslästerungen zu unterbinden und ein Bewusstsein für Sprachverrohung zu erzielen und diese so zu vermeiden.

Zu seiner Entschuldigung sei gesagt, dass ein sehr beliebtes Schimpfwort im Niederländischen *godverdomme*, also »gottverflucht« ist, in vielen verschiedenen Varianten. Für einen gläubigen Menschen ganz sicher eine Zumutung.

Weshalb ist dieser Verein aber ein Grund, die Niederlande zu lieben?

Weil ein vielfältiges Land auch für solche Ansinnen Platz hat und das, was die einen mit vollem Ernst herausplakatieren, von anderen humorvoll toleriert wird.

Die Plakataktion mit dem Papagei wurde übrigens kurz darauf wieder eingestellt. Die heutigen Botschaften des Bundes lauten: »Redet lieber miteinander, Fluchen ist unnötig« und »Wenn ein Fluch fällt, dann zerbricht etwas«.

58. Grund

Weil ich in viele Wohnzimmer hineinschauen kann, es aber nicht unbedingt tun sollte

Für deutsche Besucher in den Niederlanden ist ein Phänomen besonders unverständlich, das in den Niederlanden sehr verbreitet ist. Wenn man abends durch Ortschaften geht, ist es vielerorts möglich, durch die Fenster im Erdgeschoss in Esszimmer oder Wohnzimmer der Häuser zu schauen und den Bewohnerinnen und Bewohnern sogar beim Zeitungslesen, Abendessen oder Fernsehen zuzusehen. Die Inneneinrichtung ist meist sehr geschmackvoll, die Fensterbretter sind zudem mit allerlei Dekokram geschmückt, und es ist kein Versuch offenkundig, die Privatsphäre zu wahren oder gegen neugierige Blicke zu schützen.

In Deutschland wäre das undenkbar, da wäre erstens der Vorgarten mit hohen Sichtschutzhecken verbaut, dann Gardinen plus Vorhänge und Fensterläden vor dem Fenster, um neugierige Blicke fernzuhalten. Hier ist meins, hier schaut niemand rein!

Das ist ja auch nicht verkehrt. Eine geschützte Privatsphäre und so.

Die Freizügigkeit der Niederländer interpretierten wir bei unserem Urlaub dort allerdings nicht richtig. Wir gingen immer davon aus, dass sie stolz auf ihre schöne Einrichtung sind und alle gerne sehen lassen möchten, wie schön sie wohnen. Okay, aber doch nicht während des Abendessens, oder? Hm, wenn nicht, würden sie doch Vorhänge aufhängen.

Seltsam, seltsam. Es hat einige Jahre gebraucht, bis ich dieses Phänomen zu deuten wusste.

Die Tradition stammt aus der Zeit, da viele dem streng calvinistischen Glauben anhingen.

Es galt als gutes Vorbild, dass man, zumindest theoretisch, einen Einblick in das Privatleben zuließ, um zu beweisen, dass man nichts zu verbergen hat. Im Gegenzug war es dann aber wenig statthaft, tatsächlich in die fremde Wohnung hineinzuschauen.

Die meisten niederländischen Häuser gewähren auch einen sehr tiefen Einblick. Die Bauweise der *doorzonwoning* hat bei unseren Nachbarn Tradition. Die Sonne kann quasi durch die ganze Wohnung hindurchscheinen, viele Wohnstuben besitzen nämlich Fenster sowohl zum Hintergarten als auch nach vorn zur Straße. Eine Wohnung, die »durchsonnt« ist.

Auch heute noch, da die Bedeutung des Glaubens rückläufig ist, behalten viele die Tradition der offenen Fenster bei. Es zeugt nun eher von einem offenen und liberalen Geist, einer angenehmen Offenheit. Es ist sogar zu einem schelmischen Vergnügen geworden, abends beim Spazierengehen. *Gluren bij de Buren,* sagt man dazu, heimlich bei den Nachbarn reingucken.

Und manch einer mag auch stolz herzeigen, was man Schönes hat. Die Unordnung sammelt sich dann im ersten Stock an, denn viele Wohnungen gehen über mehrere Etagen.

Ein hartnäckiges Gerücht ist allerdings falsch: eine Gardinensteuer, bei der man eine jährliche Abgabe je nach Größe des Fensterbehanges zu zahlen hatte, gab es nie.

59. Grund

Weil Giebelhäuser an den Grachten stehen

Nicht viel ist nötig, um sich das romantische, um nicht zu sagen klischeehaft-kitschige, Bild des pittoresken Holland vor das geistige Auge zu rufen, manchmal reichen zwei Wörter: Grachten und Giebel.

Zu Recht und nicht nur wegen der Alliteration werden beide oft zusammen genannt, denn viele der prunkvollsten und schönsten Giebelhäuser stehen eben an den Grachten.

Viele der Grachten wurden im 17. Jahrhundert errichtet, als Transportwege zu den Lagerhäusern und Handelshäusern der Kaufleute. Die Handelsschiffe machten vor den Toren der Stadt fest, die Ware wurde auf kleineren Schiffen entlang der Grachten weiter transportiert. Entsprechend dem Reichtum der Händlerdynastien wurden die Grachtenhäuser prunkvoll und verziert gebaut.

Heute ist es ein Genuss, in Amsterdam entlang der Prinsengracht zu schlendern, in eine Seitengracht abzubiegen, durch den Jordaan an der Bloemgracht entlang beispielsweise, dann die Lijnbaansgracht zum Leidseplein. Hier verändern sich auch die Grachtenhäuser, von prunkvoll am inneren Grachtengürtel bis zu einfacheren Anwesen, Werkstätten und Lagerhäusern.

Oder ganz prächtig: an der Gouden Bocht, der Goldenen Kurve, einem Teil der Herengracht zwischen Vijzelstraat und Leidsestraat.

Natürlich hat nicht nur Amsterdam Grachten, auch Leiden, Delft, Utrecht, Den Haag. Selbst das moderne Rotterdam hat noch Grachten mit historischen Grachtenhäusern, wie etwa an der Noordsingel.

Doch nicht nur die Städte im Westen, auch Leeuwarden, das wegen seiner Grachten »Klein Amsterdam« genannt wird.

Viele Grachten wurden im Rahmen des modernen Stadtausbaus zugeschüttet. In Amsterdam heißt zum Beispiel eine größere Straße Rozengracht.

Utrecht hat sogar einen großen Teil seines historischen Grachtengürtels geopfert und mit einem großen Einkaufszentrum überbaut, dem Hooge Catharijne. Heute wird so mancher in der Stadt den Kanälen eine Träne nachweinen, da wurde zur falschen Zeit viel Geld in die Hand genommen.

Beim gemütlichen Schlendern und dem romantischen Sinnen in alten Zeiten darf man sich allerdings nicht zu deutlich ausmalen, welchen Zwecken die Grachten in der Frühzeit ihrer Geschichte zu dienen hatten. Nicht nur dem Warentransport.

Sie wurden ebenfalls dazu genutzt, den Inhalt der Eimer, die aus dem Fenster unterhalb der schmucken Giebel in die Grachten geleert wurden, in Richtung Nordsee zu transportieren. Im Rhythmus der Gezeiten, die das Wasser in die Grachten pumpten und durchspülten. Als weiterer Zweck kommt die Schwimmbahn daher wohl nicht infrage. Doch war das für das 17. Jahrhundert ein sehr modernes Abwassersystem, London hat seine unterirdische Kanalisation erst in der Mitte des 19. Jahrhunderts bekommen. Und bis dahin sehr gelitten!

Um möglichst viele Häuser an die Grachten bauen zu können, wurden die Fronten schmal gebaut, dafür eher auf ein längliches Grundstück. Um dennoch Prunk und Reichtum zur Schau zu stellen, wurden die Grachtenhäuser entsprechend schmuckvoll gestaltet. Mit Giebeln und Verzierungen an der Frontseite.

Um Ware und Möbel in die oberen Etagen zu hieven, sind an den Giebeln Kräne angebracht, vor allem deshalb, da die Treppen eng und schmal waren.

Und diese pittoresken Häuserzeilen, die vor allem die Handelsstädte mit Zugang zu genügend Wasser in ihren Stadtzentren ausmachen, sind zur Ikone geworden.

An so manchem Kühlschrank hängen die Grachtenhäuser oder stehen als Miniaturen im Andenkenschrank.

60. Grund

Weil windschiefe Häuser steile Treppen haben

Während meiner Amsterdamer Studienzeit durfte ich einige Male zu privaten Gelegenheiten in eines der alten Grachtenhäuser zu Besuch.

Ich wohnte in der ersten Zeit in einem Neubauhochhaus, einem Studentenwohnheim, dort recht weit oben. Die Etagen sechs bis elf gehörten zum Wohnheim, unten war ein Pflegeheim. Hinauf fuhren zwei Aufzüge. Also nichts mit schief und Treppen.

In der zweiten Hälfte des Studienjahres schon eher, es war aber ein moderneres Haus in Amsterdam Oud-West, das war nicht schief, hatte aber sehr steile Treppen mit kurzen Stufen. Ich wohnte in einer Dachkammer, durfte Bad und Küche in einer Wohnung der darunterliegenden Etage benutzen. Hier war der Aufstieg nach ganz oben schon recht eng.

Die Grachtenhäuser, die ich besuchte, hatten allerdings diesen speziellen Charme. Einigen war von außen bereits die schiefe Fassade anzusehen, in die oberen Etagen zu gelangen bedurfte einiger Kunstfertigkeit. Zumal für Menschen, die Berliner Mietwohnungen gewohnt sind, wie ich seinerzeit. Kreuzberg, fünfte Etage, Hinterhaus. Da passte jedes Ikea-Sofa durchs Treppenhaus.

Auch viele offizielle Gebäude, wie zum Beispiel Hotels im Grachtengürtel, haben diese steilen Treppen. Der Grund ist vor allem der Mangel an Platz. Die schmalen Grachtenhäuser sind teilweise nur wenige Meter breit, da darf ein Treppenhaus nicht die halbe Gebäudebreite einnehmen. Aus anatomischer Sicht finde ich es bemerkenswert, dass ausgerechnet die längsten Menschen weltweit solch enge Treppenhäuser haben. Ich, mit relativ kleiner Körpergröße, kann wohl eher die schmalen Stufen hinaufflitzen als jemand mit 1,80 oder 2,00 Metern Länge und Schuhen, die doppelt so lang sind wie die Treppenstufen! Allerdings stammen viele der Grachtenhäuser aus dem 17. Jahrhundert, da wussten die alten Holländer noch nicht, dass ihr Volk mal so lang werden würde.

Schief sind die Häuser vor allem, da Amsterdam, andere historische Städte in den Niederlanden ebenfalls, auf Pfählen errichtet wurde. Da im sumpfigen Boden ansonsten der Halt fehlen würde, rammte man lange Holzpfähle in den Grund, auf denen die Häuser errichtet wurden. Die überdauerten nicht immer die Jahrhunderte. Bei einigen Häusern scheint es, als würden sie mehr durch ihre Nachbarhäuser gestützt als durch ein festes Standbein.

Die Gebäudeensembles wirken dadurch äußerst pittoresk. Und Millionen knipsender Touristen in Amsterdam sind begeistert.

61. Grund

Weil die Straßenpflasterung mit roten Ziegeln im Fischgrätenmuster unverwechselbar ist

Es gibt Kleinigkeiten, Details, die sind so spezifisch, dass sie ganz allein für sich Erzählbände, gar Kapitel der Weltgeschichte, beinhalten können. Zumindest stehen sie symbolisch für ganz spezielle, unverwechselbare Eigenarten.

Eine typische Bewegung, ein Zucken, eine kleinste Geste kann eine Person verraten. So wie die Mutter ihr Kind während der Schultheateraufführung selbst im Bärenkostüm unter allen anderen Kindern erkennt. Ein kleines Stück an Information, das bereits alles in sich trägt.

In einer niederländischen Stadt reichen zwei Backsteine des Straßenpflasters in einer bestimmten Anordnung für das wohlige »Typisch«-Gefühl, es ruft sofort die Giebelhäuser, die Grachten mit ihrem modrigen Duft, die Brücken, Möwen, Boote und Hollandfahrräder mit auf. Die roten Ziegelsteine im Fischgrätenmuster.

Es muss schon der typisch rötliche Ziegelstein sein, er ist länglich und eher etwas zu schmal. Die Farbe muss auch das typische Rot sein, es darf variieren, das tut es in der Regel auch, doch das Farbspektrum wiederum ist in seiner Variation spezifisch.

Das Muster der Pflasterung heißt im Niederländischen *keperverband*, im Deutschen wohl »Köpermuster« und wird eher im Zusammenhang mit Stoffmustern, beispielsweise beim Leinen, verwendet.

Der *keperverband* ähnelt so dem Fischgrätenmuster, da wechselweise V-förmige Linien auf und ab laufen.

Der Grund für die typische Bauweise der Wege und Straßen in den Altstädten ist wohl wieder ein Mangel an Alternativen. Straßen, die in Deutschland zur gleichen Zeit entstanden, wurden mit Kopfsteinpflaster gepflastert. Doch ein Land, das wenig Steine besitzt, pflastert damit kaum die Straßen, die haben sich die Bischöfe fix für die Kirchenmauern zur Seite genommen. Verfügbar war vor allem Lehm, der zu Backstein gebrannt werden konnte.

Als Muster wurde vermutlich die stabilste Form der Pflasterung gewählt, die mit Backsteinen erzielt werden konnte. Bei starker Belastung durch die damals üblichen Wagenräder, wir reden wohl mal wieder vom 17. Jahrhundert, Goldenes Zeitalter, da pflasterte man so, dass nicht allzu schnell Spurrillen entstanden. Also etwas versetzt zur Fahrtrichtung und möglichst ohne große Fugen. Im Vergleich zur Reichsstraße von Aachen nach Königsberg sollte diese damals tatsächlich mit Kopfsteinpflaster ausgelegt gewesen sein, waren die niederländischen Straßen also auffällig eben, ein Luxus wohl im ausgehenden Mittelalter!

In dieser historischen Tradition werden heutzutage noch die Straßen und Gehwege auf diese Weise gepflastert. Einen Vorteil hat das Straßenpflaster zudem: Der sparsame Niederländer kann die Backsteine einfach entfernen und erneut auslegen. Das ist zwar aufwendig, aber materialschonend.

Eine typische Farbvariante ist der gelbe Backstein. Entlang der Hollandse IJssel, einem Fluss im Westen der Niederlande, etwa von Utrecht nach Rotterdam, kommt dieser Stein häufiger zum Einsatz, der daher auch IJsselsteen genannt wird. Durch den höheren Anteil an Kalk und den geringeren Anteil an Eisen entsteht die gelbe Farbe des Steins. Auch in Friesland gibt es ganze Dörfer mit Häusern aus gelbem Backstein, etwa Hollum und Ballum auf der Insel Ameland, dort heißt der Stein *gele Fries*, gelber Friese. Auch im Straßenpflaster finden sich dort einige gelbliche Backsteine, nicht unbedingt durchgängig, aber als Einsprengsel im ansonsten roten Muster.

Unglaublich ist es beinahe, wie die Steine heutzutage auf die Straße kommen! Sie werden nicht etwa einzeln mit dem Gummihammer in den holländischen Muschelsandboden gehauen, sondern mit Maschinen, die über die ganze Straßenbreite das Muster geordnet herunterlassen, verlegt durch eine Legebahn, in die oben die Steine im Zickzackmuster eingelegt werden und dann »auf Stoß«, also dicht an dicht ohne Fugenspalte, über eine Schiene geführt auf der Straße platziert werden. Seit ich davon einmal ein Foto sah, schätze ich das Pflastermuster umso mehr!

62. Grund

Weil einmal jährlich beflaggte Schultornister vor einigen Häusern hängen

Wer im Frühsommer durch die Niederlande reist, hat die Gelegenheit, eine besondere Installation vor zahlreichen Häusern zu bestaunen. Am Fahnenmast hängt dann die *Driekleur* in Rot-Weiß-Blau gestreift und daran eine Schultasche. Manchmal baumeln sogar zusätzlich noch Schulbücher dran.

Als Erstes wird wohl auffallen, dass an vielen Häusern in unserem Nachbarland überhaupt Fahnenmasten angebracht sind. An offiziellen Feiertagen, also zum Königstag, zum Befreiungstag und zum Nationalen Gedenktag, wird die Flagge dort ganz offiziell gehisst. Bei Sportwettbewerben von nationaler Bedeutung auch.

Im Juni ist der Schmuck vereinzelter, ein nationaler Feiertag ist dann nicht. Die Fahne verrät: Hier wohnt jemand, der sich aktuell über den bestandenen Schulabschluss freuen darf.

Diese Tradition reicht erst einige Jahrzehnte zurück. Das Hissen der Fahne hat wohl in Südholland seinen Ursprung. Dort wurden ab den 1950er Jahren zunächst Schulen beflaggt, wenn die Abschlussklassen ihre Endexamen überstanden hatten. Stolze Eltern übernahmen den Brauch auch am eigenen Haus. Ist ja auch nicht zu schlecht, der Nachbarschaft zu zeigen: Unser Nachwuchs hat es drauf!

Die Tradition hat sich möglicherweise auch durch die Besonderheit der Bekanntgabe der Prüfungsergebnisse etabliert. Meist kommt nachmittags ein Anruf von der Schule, der nach und nach alle Prüflinge erreicht. Die Spannung hat also irgendwann ein Ende, die Flagge ist das Zeichen der Freude, vielleicht auch für die heimkommenden Jugendlichen, die den Tag nicht zu Hause verbracht hatten. In Zeiten des Handys ist dieses Signal nicht mehr unbedingt nötig, doch Tradition ist Tradition.

Natürlich regte sich Kritik, selbst im Musterland der Toleranz. Der Gebrauch des nationalen Symbols für private Zwecke, das sei doch nicht genehm! Die Schultasche wurde möglicherweise aus diesem Grund ergänzt, aber der Brauch, einmal in Fahrt gekommen, ließ sich nicht mehr stoppen. Heute hängen landesweit an zwei Tagen im Juni Schultaschen neben der Flagge an der Haustür.

Weitere Tage, an denen offiziell geflaggt wird:

Totengedenktag, 4. Mai (Halbmast), Geburtstag von Königin Máxima, 17. Mai, der Veteranentag (letzter Samstag im Juni), der 15. August, Ende des Zweiten Weltkriegs, und der 15. Dezember, der Tag des Königreichs. In Den Haag zusätzlich der Prinzentag, der dritte Dienstag im September.

Die Flagge hatte ursprünglich die Farben Orange-Weiß-Blau, eine Verbindung der Farben des Hauses von Oranje und der Grafschaft Nassau. Wilhelm I. von Oranien hat diese Flagge eingeführt. Nach Beendigung des Achtzigjährigen Krieges wurde der orangefarbene Streifen durch einen roten ersetzt. Der Grund dafür ist historisch nicht eindeutig zu klären, vermutlich Befindlichkeiten oder auch Verhandlungsmasse im Zuge der Regelungen um die nationale Souveränität der Niederlande. Einen Vorteil hat es, denn so steht heute beides für die Feier bereit, Oranje und Rot-Weiß-Blau.

63. Grund

Weil die Windmühlen so gut in Schuss sind

»Schau mal! Was fehlt da?« Wir waren für ein Wochenende in den Niederlanden, meine Frau und ich. Ländliche Ecke in den Niederlanden, hinter dem Hotel Wiesen, gesäumt von Gräben, Buschwerk und in der Ferne reetgedeckte Häuser. Auf der Wiese saßen Schwäne.

»Hm, was fehlt? Keine Ahnung! Schafe?«

»Nö!«

»Ein Boot?«

»Hihi, ist doch da vorne, im Kanal!«

»Sag schon!«

»Na, 'ne Windmühle!«

In der Tat. Wir sind in der Provinz Overijssel, ein touristischer Ort, pittoresk, um nicht zu sagen schnuckelig, das ist bereits hier an der Hauptstraße, dem Ortsrand zu sehen. Näheres zu diesem sehenswerten Ort in *Grund 104: Weil in Giethoorn die Boote flüstern*.

Und was fehlte hier zum Glück? Genau: die Windmühle.

Entweder so eine mit einem mächtigen steinernen Sockel, einem hölzernen Aufsatz, einer runden Kappe mit kleinen Fenstern und einem mächtigen Flügelwerk aus Holzstreben, die mit Stoff bespannt im Wind das Mahlwerk antreiben würde.

Oder eine der eher filigranen Bockwindmühlen, die als Ganzes drehbar im Wind ausgerichtet werden können, die Pumpen betreiben, Sägen, Pressen, das mechanische Werkzeug, die Frühindustrie des 17. Jahrhunderts.

So romantisch die gut erhaltenen Mühlen heute das schöne und museale Holland repräsentieren, so fortschrittlich haben sie damals das Land vom Wasser befreit und die Flotte für die Eroberung der Weltmeere im Goldenen Zeitalter zu bauen geholfen.

Besonders naheliegend, da ja nahe dran an der ursprünglichen Funktion der Mühlen, sind die Pfannkuchenmühlen, also Pfannkuchenrestaurants in ehemaligen Kornmühlen. Von zweien dieser Art war ich zuletzt begeistert, beide auf Schouwen-Duiveland, in Scharendijke und in Burgh-Haamstede.

Die geselligste Mühle, nein, sie heißt nicht Moulin Rouge, ist aber ebenfalls feuchtfröhlich, ist eine kleine Hausbrauerei, die Brouwerij 't IJ in Amsterdam am Zeeburgerdijk. Dort gibt es *speciaalbiertjes* in verschiedenen Stärken. Dort bin ich so manchen Abend zwischen den Sorten *Natte* und *Zatte* versackt, obwohl die Öffnungszeiten für ein Bierlokal recht außergewöhnlich sind, täglich von 14:00 bis 20:00 Uhr.

Um Mühlen in Aktion zu sehen, ist ein Besuch in einem Freilichtmuseum der beste Ort, im Niederländischen: *openluchtmuseum*.

Das schönste ist in Zaandam auf der Zaanse Schans. Auch die Museen in Arnhem und Ootmarsum haben sehenswerte historische Gebäude, Ootmarsum allerdings »nur« eine Wassermühle.

Das klassische Fotomotiv mit einer beeindruckende Reihe von Windmühlen, an denen man auch entlang*fietsen* kann, ist in Kinderdijk, östlich von Rotterdam. Die Mühlen dort gehören zum UNESCO-Weltkulturerbe.

Heute werden viele Mühlen im ganzen Land bestens in Schuss gehalten, Vereine kümmern sich um ihren Erhalt und regelmäßig um einen frischen Anstrich, ganz sicher mit reger Mithilfe durch Freiwillige. Es gibt Mühlen, an denen Vorführungen der Mahltechnik stattfinden und Geschichtenerzähler aus alten Zeiten berichten, von wahren Begebenheiten und den ausgeschmückten Sagen, die man sich im Ort rund um die Mühle so erzählt.

An jedem zweiten Wochenende im Mai ist der *Nationale Molendag*, dann stehen im ganzen Land viele Mühlen offen, die keine regelmäßigen Besichtigungszeiten haben.

Die meisten Mühlen haben besondere Namen, die auch deren Entstehungsgeschichte erzählen. Besonders viel versprachen sich wohl die Baumeister von »De Hoop«, Die Hoffnung. Hinter »De Eendracht«, Die Eintracht, steckte vielleicht eine Baugemeinschaft, die sich nicht zanken wollte. Stolz waren die Besitzer wohl auf »De Leeuw«, Der Löwe, oder auf »De Dikkerd«, Die Dicke. Was aber mit »Nooit Gedacht«, Nie gedacht, gemeint sein könnte, bleibt zu raten. Dass sie jemals fertig würde? Oder dass ich mir so was Hübsches leisten kann? Dieses zu deuten, bleibt den Geschichtenerzählern überlassen.

Die Windmühle hat ihren festen Platz in der niederländischen Tradition. Daher hat sie auch den Weg in viele Sprichwörter gefunden:

Een stille molen maalt geen meel – Eine ruhende Mühle mahlt kein Mehl: Ohne Fleiß kein Preis.

Daar is wat in de molen'– Da ist etwas in der Mühle: Hier sitzt Geld.

Je rommelt als een molen, maar ik zie nog geen meel – Du machst Dreck wie eine Mühle, aber ich sehe noch kein Mehl: Du tust wichtig, aber es steckt nichts dahinter.

64. Grund

Weil niemand mehr Holzschuhe trägt, aber alle sie lieben

An zweiter oder dritter Stelle der Klischees über die Niederlande kommen die berühmten Holzschuhe. Klompen. Ja, auch ich besitze ein Paar in meiner Größe, und nein, ich habe sie noch nicht längere Zeit am Stück getragen.

Dass ausgerechnet die Holzschuhe solch eine Karriere hingelegt haben, ist mir ein Rätsel. Ich kann mir einfach nicht vorstellen, dass sie bequem sind. Im Gegenteil. Nach 20 Minuten des Tragens müsste doch jede Stelle des Fußes dermaßen drücken, dass man die Schuhe, die in der Regel aus leichtem Pappelholz hergestellt werden, am liebsten in den Ofen schmeißen würde! Wenn man noch einen Ofen hätte, der Holz verbrennt. Sie waren ganz sicher sinnvoll, um über matschige Wiesen zu laufen oder durchs noch restfeuchte, gerade trockengelegte Moor. Doch auch hier: einen ganzen Arbeitstag mit den Dingern? Dass sich da nicht bereits zwei Tage nach Erfindung der Klompen die erste Landarbeitergewerkschaft der Welt gegründet hat!

Ich kann es mir nicht vorstellen, weder dass sie Halt bieten, noch dass sie auch nur geringen Tragekomfort bieten könnten! Praktisch ist es höchstens, dass man seine Träger in ausreichender Entfernung bereits die Straße herunterkommen hört. Hopp-hopp, an die Arbeit, der Chef kommt!

Irgendetwas muss sie ausgezeichnet haben, sodass die Holzschuhe Vorzug vor Schuhen aus Tierhaut bekommen haben. Von einer minderwertigen Gerbtechnik mag ich nicht ausgehen. Also nehmen wir mal Folgendes an: matschige Wege, kühle Temperaturen, Arbeitsplätze im Moor, wo zur Trocknung der gestochenen Torfschichten die Schuhe benutzt werden müssen. Ich erkenne hier leichte Vorteile beim hölzernen Schuh gegenüber dem ledernen, der nach 20 Minuten nass gesogen und zwei Kilogramm schwer wäre. Für die Torfplättung nicht mehr geeignet!

Trotzdem werden sich, gerade im nassen Element, Erdkrumen zwischen Holzwand und Wollsocken in das nicht abschließend isolierte Schuhwerk zwängen können, wo sie über den Tag einiges an Störpotenzial entfalten.

Nun, die Geschichte gibt den Klompen recht, und zwar die Erfolgsgeschichte. Ich unterstelle mal in der Summe überwiegend Vorteile im Anwendungsbereich der mittelalterlichen Polder, Moore und Weiden. Leder wird ungleich teurer gewesen sein, also wurde lieber schnell ein neuer Schuh aus dem Baumstamm geschnitzt, als die alte Ziege geköpft, wenn der alte Schuh mal wieder durch war.

Und da man sich schon mal dran gewöhnt hatte: Zum Tanzen und zum Hochzeitfeiern gehen sie doch auch, denn hübsch angemalt passen sie sogar zur Tracht!

Getragen werden die Holzschuhe heute kaum noch, außer im Zusammenhang mit eben den historischen Trachten, die im Straßenbild auf Marken, in Volendam, Zaandam, Hindeloopen und vergleichbar musealen Dörfern zu bestaunen sind.

Dennoch sind viele Niederländerinnen und Niederländer mit ihnen emotional verbunden. Häufig sieht man Klompen an Häusern angebracht als Zierde, einige als Blumentopf genutzt.

Auch wird mit Klompen in Friesland zum Beispiel Schleusen- oder Brückengeld von Schiffern eingesammelt. Zu diesem Zweck baumeln sie an einer Angelschnur und werden so herübergereicht.

In Souvenirshops stehen sie an Varianten der Tulpe in nichts nach. In allen Farben als Schlüsselanhänger, Flaschenöffner, in Plüsch als Hausschuhe, auch als Holzschuh im Original, entweder in traditionellem dunklen Gelb mit roter Zierbemalung oder in allen möglichen Farben sind sie zu haben.

Das französische Wort für Holzschuh ist *sabot*, davon abgeleitet ist die Sabotage.

Einige Holzschuhe, die zur Arbeitsbekleidung der Werktätigen an Maschinen gehörten, landeten nach einer als ungerecht empfundenen Entlassung schon mal in einer solchen, was zu deren Stillstand führte! Sapperlot, äh, *sabot!*

65. Grund

Weil das Klischee stimmt: Alle haben Wohnwagen

Wie nennt man es, wenn man einem Holländer ins Auto fährt? Hausfriedensbruch!

In der Tat: Die liebsten Witze über unsere Nachbarn im Westen machen die Deutschen über zwei Klischees, dass alle einen Wohnwagen haben und dass wir ewige Rivalen im Fußball sind.

Umgekehrt machen die Niederländer über Deutsche gerne Witze, in der die Nachbarn in unangenehme Situationen geraten:

Im Erste-Hilfe-Kurs fragt der Anleiter in die Runde: »Wer weiß, wie man einen Deutschen vor dem Ertrinken rettet?« Niemand kennt die Antwort. »Wunderbar, belassen Sie es dabei«, sagt der Anleiter.

Über Vertreter der südlichen Nachbarn machen Niederländer gerne Witze der Art, wie sie in Deutschland als Ostfriesenwitze bekannt sind. Die Belgier ziehen Niederländer wiederum gerne mit ihrer Sparsamkeit auf, um nicht zu sagen mit ihrem Geiz.

Und wie bei jedem Klischee haftet auch diesem mindestens ein Funke Wahrheit an. Zumindest, was die Wohnwagen angeht: In den Niederlanden gibt es über 400.000 Wohnwagen und noch einmal über 130.000 Wohnmobile. In Deutschland sind es mehr als eine Million, allerdings bei fünffacher Einwohnerzahl. In den Niederlanden kommt also ein Wohnwagen/mobil auf etwa acht Einwohner. Bei einer durchschnittlichen Familiengröße von geschätzten drei Personen also ein Wohnfahrzeug in jeder dritten Familie. Ganz grob.

Eine Stichprobe im niederländischen Bekanntenkreis förderte viele Wohnwagenurlaube mit den Eltern zutage!

Und die reisenden Familien sehen wir dann jährlich von Anfang Juli bis Ende August auf der A1, A2, A3, in Richtung Süden, Norden und Osten fahren. Ich sage nur Campingplatz auf Rügen und an der Mecklenburgischen Seenplatte. Jeder zweite Wohnwagen hisst Rot-Weiß-Blau. Das Terrain wird nämlich gerne abgesteckt.

Was dem Deutschen seine Laube, ist dem Niederländer sein mobiles Heim.

Ach so: Ich find's übrigens klasse, dass so viele Niederländerinnen und Niederländer nach Deutschland kommen, auch mit ihren Wohnwagen. Denn ich bin auch manchmal auf Campingplätzen in Mecklenburg, da kann ich dann ganz freundlich hingehen und ein wenig *in het Nederlands kletsen*. So tauscht man sich aus, so begegnet man sich. Und die Autobahn, na ja, mir ist ein Wohnwagen mit 90 km/h auf der rechten Spur lieber als ein Geschoss, das mit 190 km/h auf der linken Spur von hinten herangerast kommt. Egal, ob das Nummernschild schwarz-weiß oder schwarz-gelb ist.

66. Grund

Weil echt HEMA

Ich besaß einen Plastikteller, den ich liebte. Ich benutzte ihn nur an wenigen Tagen im Jahr, genauer an zwei bis drei Wochen. Es war ein Kunststoffteller, ein Kinderteller sogar. Er begleitete mich schon auf Tausenden Kilometern, die ich mit dem Fahrrad auf Flussradwegen zurücklegte oder auf Campingurlauben mit dem Auto. Zack, in den Essensbeutel damit, jedes Jahr. Plaste geht nicht kaputt, das beste Campinggeschirr ever!

Mein Campingteller hatte einen hellgelben Rand und zeigte ein Motiv mit drei schwarzen Figuren, zwei Kindern und einem Hund. Es waren Jip und Janneke und ihr Hund Takkie, Figuren aus den Kinderbüchern von Annie M. G. Schmidt, der bekanntesten Kinderbuchautorin der Niederlande. Ihre Werke erschienen erstmals in den 1950er-Jahren, sind aber heute noch hip genug, um Kinder zu verleiten, Kunststoffgeschirr mit den Figuren haben zu wollen. Oder sind es eher die Eltern, die diese Figuren ihrer eigenen Kindheit den Kindern gerne unter den Löffel halten möchten? Und mich haben sie jedenfalls begeistert, auch wenn ich andere Kinderliteratur hatte.

Geschickt, geschickt, denn Kult aufbauen mit typisch niederländischem Identifikationsgut, das versteht ein Geschäft in den Niederlanden ganz besonders: de HEMA, die Hollandsche Eenheidsprijzen Maatschappij Amsterdam.

HEMA baut auf Tradition, auf nationale Identität, also auf die typischen Gebäckvariationen, *stroopwafels* und *gevulde koek*, auf Lakritz und Schokoladenbuchstaben zu Sinterklaas.

Dabei ging die HEMA auch über den schmalen Grat zwischen Konkurs und Kult. Eben die Besinnung auf niederländische Besonderheiten, *Dutch Design*, beispielsweise, schaffte die Akzeptanz, das Kaufhaus zur Handelsorganisation der Jahre 2010, 2011, 2012, 2014, 2015 et cetera zu machen. Die Niederländerinnen und Niederländer lieben es. Ich ebenfalls.

Das Prinzip ist einfach. Von jedem Produkt soll es nur eine Variante im Sortiment geben, schlicht, praktisch, gebrauchsoptimiert. Und dabei immer einen kleinen Tick raffiniert.

Na gut, es gibt Teller in verschiedenen Farben, aber halt nur einen Wasserkocher, eine Sorte *Stroopwafels*, eine Sorte Bademantel, eine Sorte Schulheft, eine Sorte Unterhemd, eine Sorte Fahrradflickzeug … Aber eben das ganze Sortiment, was man so braucht. Haushaltsgeräte, Geschirr, Haushaltstextilien, günstig, schlicht und doch immer sehr ansprechend gestaltet.

HEMA war für mich eine späte Entdeckung. Ich glaube, ich habe dort 1994 meine Studentenwohnungserstausstattung gekauft. Topf, Wasserkessel, Teller, Besteck, Handtücher. Später T-Shirts, Socken, Taschentücher, Notizbücher und Trockentücher mit Kuh-Dekor. Erst später fiel mir auf, dass auch auf Texel ein HEMA ist, in der Einkaufsstraße von Den Burg, dem ich seither auch bei jedem Inselaufenthalt einen Besuch abstatte.

Eines der frühen Identifikationsprodukte ist die Rauchwurst. Doch dieser Hype ist einem Zufall geschuldet. Eine HEMA-Filiale kaufte zu viel Rauchwurst ein und dachte: Hm, wie bringen wir die ganze Menge an die Frau und an den Mann?

Lecker duftend war die Lösung! Also garte man sie im Laden direkt unter der Nase der Kundinnen und Kunden. Die Wurst wurde zum Hit, weitere Filialen ahmten den Verkaufstrick nach. Die *rookworst* wurde über viele Jahre zum Maskottchen und zum Markenzeichen von HEMA. Inzwischen gibt es sie als aufblasbares Strandspielzeug.

Ich habe mich lange gefragt, weshalb HEMA in Deutschland wohl nicht funktioniert, doch in den vergangenen Jahren startete die Expansion auch in den weiter von den Niederlanden entfernten Städten. Berlin, Stuttgart und Nürnberg wissen es hoffentlich zu schätzen.

Allerdings, und hier blutet das Herz des Holland-Freundes: Als ich zur Eröffnung der HEMA-Filiale in Dortmund ging, dort meine Lieblingssorte *drops*, also die niederländischen Lakritz, einkaufen wollte, war die Auswahl doch sehr germanisiert. Es überwogen die bunten Weingummi-Mischungen. Nicht gut, HEMA! Mehr Vertrauen in unseren Nachbarschaftssinn wäre angebracht.

67. Grund

Weil es einen 250-Gulden-Schein und eine 25-Cent-Münze gab

Eine Besonderheit, die ich bereits früh an den Niederlanden schätzte, war die Einteilung der Münzen und Geldscheine, also als es noch den Gulden gab. Da gab es den *stuiver* und *dubbeltjes*. Der *stuiver* leitet sich von einer alten Münze ab, die vor der Einteilung des Gulden in 100 Cent im Umlauf war, bis ins 19. Jahrhundert. Damals kamen 20 Stuiver auf einen Gulden. Deshalb wurde später für die 5-Cent-Münze der Name Stuiver beibehalten. Der alte *stuiver* zu Gulden-Zeiten hatte auch Ähnlichkeit mit der heutigen 5-Eurocent-Münze.

Lustig fand ich immer die 10-Cent-Münze, das *dubbeltje*, es ist die kleinste Münze, die ich als Zahlungsmittel kenne. Mit 15 Millimetern Durchmesser ist sie um 1,5 Millimeter kleiner als der alte deutsche Pfennig. Der Name *dubbeltje* kommt natürlich von dem doppelten Stuiver, weshalb sie in der Verkleinerungsform steht ist wohl klar.

Lustig: Das *dubbeltje* gab der CD ihre Form, genauer die Größe des Lochs in der Mitte. Sie wurde nämlich bei Philips in Eindhoven entwickelt, dort wurde an der kleinen Münze Maß genommen.

Besonders fand ich immer das *kwartje*, das Viertelchen. Es war die 25-Cent-Münze und bereits durch die Stückelung ein Unikat!

Einen 50er gab es zu meiner Zeit schon nicht mehr. Natürlich den Gulden und eine Zweieinhalb-Gulden-Münze, den *rijksdaalder*, den Reichstaler. Als Banknoten gab es den 25-Gulden-Schein und sogar den 250-Gulden-Schein.

Den zierte der schneckenförmig geringelte Leuchtturm von Nieuw-Haamstede auf Schouwen-Duiveland. Der, den ich leider nur eingehüllt sah, so wie in *Grund 27: Weil es dort gestreifte und geringelte Leuchttürme gibt* beschrieben.

Der 25-Gulden-Schein war die am häufigsten gebrauchte Banknote. Sie wurde trotz ihrer hellroten Farbe *geeltje* genannt, also kleiner Gelber. Denn es gab bis 1909 einen gelben 25er. Wie hartnäckig sich doch Spitznamen halten!

Dass es diese eigenartige Stückelung überhaupt gab, hat ebenfalls historische Gründe, die uns wieder zum Stuiver zurückführen. Denn ein *kwartje* entspricht genau fünf Stuiver.

Diese historische Wurzeln hatten aber handfeste Auswirkungen bis zur Einführung des Euro. Denn die Stückelung hatte eine eigene Preispolitik zur Folge. Ich erinnere mich an die Preise im Imbiss, die meist 1,25 Gulden, 1,75 Gulden oder auch 2,25 Gulden betrugen. Auch das ist eine Form der Identität, die nach Euro-Einführung teilweise beibehalten wurde, aber in der Bezahlung mit den Euromünzen schwieriger wurde. Daher verschwanden die Preise auf 25 und 75 Cent ganz langsam nach und nach.

Ich weiß nicht, ob das der Grund dafür ist, dass in den Niederlanden die Akzeptanz für bargeldloses Bezahlen deutlich größer ist als in Deutschland.

So können selbst Kleinstbeträge dort in der Regel mit der Bankkarte bezahlt werden, mancherorts muss es das sogar. In einem Kino in den Niederlanden zahlte ich erst die Kinokarte mit der EC-Karte, später das Bier an einem Tresen und die Chips an einem anderen Tresen jeweils separat mit Karte. Barzahlung war gar nicht möglich.

Weil der Bummel über den Wochenmarkt ein besonderes Einkaufserlebnis ist

Es gibt kaum einen Ort, an dem der Überfluss der Zivilisation so deutlich wird wie auf einem Wochenmarkt. Obst, Gemüse, Käse, Gebäck, Wurstwaren, Blumenzwiebeln, Textilien, Handyhüllen, Sonnenbrillen.

Stiegen stehen gestapelt, große Tüten werden gereicht, Geldscheine im Gegenzug.

Es duftet lecker nach gewürzten Nüssen, nach Fisch und Pommes frites. Wer einen Blick auf die Auslagen der Stände erhaschen möchte, muss sich manchmal ordentlich durch die mit Einkaufstaschen bepackte Menge drängeln.

Das Warenangebot auf dem Wochenmarkt wird lautstark angepriesen, auf Niederländisch, oft aber auch zusätzlich auf Deutsch: Dort rechts gibt es alles billig, billig, billig, und nur da links ist es wirklich auch echt frisch. Es ist Markttag in Holland, Pardon, in den Niederlanden. In den Städten kurz hinter der Grenze gibt es an fast allen Tagen der Woche Wochenmärkte, die Besucher für einen Tagesausflug aus Deutschland anlocken.

Auch meine Heimatstadt in Randlage zum Ruhrgebiet hat einen Wochenmarkt, da hole ich mir gerne Reibeplätzchen mit Apfelmus. In Berlin besuchte ich gerne die Samstagsmärkte auf dem Winterfeldtplatz und dem Käthe-Kollwitz-Platz.

Doch einen ganz besonderen Charakter haben die niederländischen Wochenmärkte. Es war schon immer etwas Besonderes, auf den Markt von Enschede zu fahren. Obwohl Enschede nicht zu den klassischen, schnuckeligen holländischen Städtchen gehört, holländisch sowieso nicht, da in der Provinz Overijssel gelegen.

Dass gerade die grenznahen Wochenmärkte am Samstag bei deutschen Tagesbesuchern äußerst beliebt sind, ist erstens zu hören, zweitens zu sehen. In Venlo, Winterswijk, Enschede und ganz sicher auch in Groningen wird zwischen den Ständen viel Deutsch gesprochen, einige Marktstände richten sich mit ihrer Werbung direkt an die Besucherinnen und Besucher aus dem Nachbarland.

Das Schönste an einem Markttag ist für mich gar nicht mal das Einkaufen selbst, sondern das gemütliche Schlendern durch die Reihen, durch das bunte Angebot, das Atmosphäre-Schnuppern.

Meine Beute ist auch oft überschaubar: drei Stück Obst, ein kleiner Käse, eine Tüte Nüsse, das würde ich schon reichlich nennen. Was indes Pflicht ist: ein Besuch am Imbissstand, den auch jeder Markt hat. *Friet speciaal* oder auch mal den *kibbeling*, die mundgerecht geschnittenen, frittierten Fischstückchen.

Familien mit mehr als drei Familienmitgliedern bedaure ich allerdings regelmäßig auf Wochenmärkten. Kinder schätzen das Gedränge eher selten und sind daher nur mit Mühe bei Laune zu halten. Oder mit einer Portion *poffertjes*, den kleinen, gepuderzuckerten Pfannküchlein, die mit einer Holzgabel vom Pappteller gepickt werden. Auch die sind eine niederländische Marktspezialität.

Ebenfalls nicht zu verachten sind die frischen *stroopwafels*, direkt aus dem Waffeleisen auf die Hand, ein Angebot, das auch auf vielen Märkten zu finden ist. Immer der Nase nach!

Siehe dazu auch *Grund 75: Weil die berühmteste Käsestadt noch eine andere Köstlichkeit hervorgebracht hat: Stroopwafels aus Gouda.*

Niederländische Märkte bieten auch überraschend viel Ware an, die es auf deutschen Märkten nicht zu kaufen gibt. So findet sich immer ein großer Stand mit Heimtierbedarf: Katzenkissen, Hundeknochen, Vogelfutter. Ebenso Handyzubehör, Haushaltswarenkleinteile, Oberbetten, Damenunterwäsche. Und natürlich Blumenzwiebeln!

Im Niederländischen heißt der Wochenmarkt *warenmarkt* oder auch *krammarkt*. Ein *kram* ist ein Marktstand. Also wäre ein Krämer hier ein Markthändler.

Es gibt auch spezielle Märkte, die einen Besuch lohnen, wie die Käsemärkte von Alkmaar und Gouda, auch die niederländischen

Stoffmärkte sind besonders. In den großen Städten gibt es tägliche Märkte, wie den Dappermarkt in Amsterdam, der außer sonntags an allen Tagen geöffnet ist.

Der Haagse Markt in Den Haag hat an vier Tagen in der Woche geöffnet und gilt mit 500 Marktständen als der größte in Europa.

Ein einmaliges Erlebnis ist der Besuch der neuen Markthalle in Rotterdam, schon alleine durch ihre einzigartige Architektur.

8. Kapitel

Essen und Trinken

69. Grund

Weil die berühmteste Käsestadt auch den köstlichsten Käse hervorgebracht hat

Wie sollte ein Kapitel über kulinarische Besonderheiten unserer westlichen Nachbarn anders beginnen können als mit dem prominentesten Klischee überhaupt, der Mutter aller Klischees, dem Ursprung des Regionalmarketing: Käse aus Holland! Und wenn das nicht der Ursprung ist, dann doch sein prominentester Ohrwurm.

Alle Deutschen, die in den 60er-, 70er-, 80er- und 90er-Jahren Fernsehwerbung sahen, wissen, wer was aus Holland bringt. Frau Antje, den Käse. Die Werbeikone Frau Antje gibt es auch heute noch, als Markenbotschafterin, die Fernsehwerbung hingegen ist verschwunden.

Die Karriere der Frau Antje begann eher zufällig. Eine Studentin mit Namen Antje verteilte auf der Grünen Woche in Berlin für den niederländischen Molkereiverband NZO, die Nederlandse Zuivel Organisatie, an einem Messestand Käsehappen. Als sie wegen einer Erkrankung fehlte, erkundigten sich Messebesucher nach ihr. Der Verband erkannte den Sympathiewert und entwickelte die Figur der Frau Antje zur Käsebotschafterin. Eine Erfolgskarriere mit Trachtenmütze.

In den Niederlanden war Frau Antje selbst in ihrer populärsten Zeit nur wenig bekannt und auch nicht sonderlich beliebt. Denn im Trachtenkleid verkörperte sie eine rückständige Zeit, nicht das moderne Land, als das sich die Niederlande in den 1970ern gerne sah und in der Außenwerbung vertrat.

Dass die Figur der Frau Antje in Deutschland so beliebt wurde, liegt auch an ihrem Namen, denn Antje ist die Idealbesetzung! Er endet auf die typisch niederländische Verkleinerungsform -tje, klingt aber nicht so exotisch wie andere beliebte Namen zu dieser Zeit. Häufiger wurden 1960 zum Beispiel Aaltje, Grietje, Trijntje und

Geertje an niederländische Mädchen vergeben. Koseformen von Adelheid, Grit, Katharina und Gerda, so wie Antje die Verkleinerungsform von Anna ist.

Doch könnte man sich vorstellen, dass Frau Aaltje den Käse aus Holland bringt? Sie hätte wohl eher den eingelegten Hering mitgebracht.

Für deutsche Ohren klingt »Frau Antje« akzeptabler. Oder scheint es nur rückblickend so, da ich in der TV-Werbung mit dem Namen aufgewachsen bin? Hatte ich vielleicht gerade deshalb in meiner Grundschulklasse drei Antjes, wegen der Käsebotschafterin?

Die eingängige Melodie (singen Sie schon mit?) verdankt Frau Antje übrigens keinem Geringeren als Klaus Doldinger, Komponist der Filmmusik zu *Das Boot* und der Erkennungsmelodie des *Tatort*.

Doch wie wurden die Niederlande zum Klischeeland für Käse? In Deutschland wurde 2016 deutlich mehr Käse verzehrt als in den Niederlanden. In der EU konsumieren nur Frankreich und Finnland mehr Käse als wir Deutschen. Deutschland gut 24 Kilogramm pro Mund und Jahr, die Niederlande 21. Ich behaupte mal, es liegt am höheren Pizzakonsum der Deutschen, denn das klassische *broodje kaas* sehe ich häufiger in den Niederlanden.

Nicht nur die Menge an Käse, auch die Vorliebe für Sorten unterscheidet uns von unseren Nachbarn.

Käse war für mich bis zu meinem 18. Lebensjahr ausschließlich junger Gouda. Als ich mal im Urlaub in den Niederlanden ein Käsebrötchen bestellte, konnte ich die recht komplexe Nachfrage, ob ich jungen, gelagerten, alten oder sehr alten Käse wollte, nicht beantworten. Ich bekam wohl eine passable Mittellösung serviert, eine etwas würzigere, mittelalte Sorte. Ich vermutete jedoch gleich eine feindliche Gesinnung dem Nachbarn gegenüber. Mit so einem dummen Touristen können sie es ja machen, ihren ollen Käse anbieten, den sie loswerden müssen!

Dass nun in Deutschland ausgerechnet der am wenigsten käsige Käse der beliebteste ist, mag man in Holland oder Frankreich beschmunzeln. Mich wundert es nicht. Der junge Gouda ist tatsächlich auch mein liebster Käse. Abgesehen von Mozzarella vielleicht oder auch mal einem Brie. Auf den holländischen Tisch beziehungsweise auf das holländische *broodje kaas* kommt häufiger reifer Käse. Der etwas abgelagerte, der *belegen kaas* oder der alte, *oude kaas*. Der erst entwickelt eine kräftige Note und schmeckt nach was. Junger Käse hat hingegen eher salzige Substanz denn käsigen Geschmack.

Die berühmteste Käsestadt ist Gouda. Auch das ist nicht verwunderlich, bedeutet *goud* doch »golden«. Der goldige Käse aus der goldenen Stadt. Das kann kein Zufall sein.

Edamer hat sich auch als Stadtmarke etabliert, Alkmaarer aus unerfindlichen Gründen nicht, hat Alkmaar doch den berühmtesten aller Käsemärkte.

Später haben sich Kunstbegriffe etabliert, wie Maasdammer, oder Leerdammer. Letzterer ist eine deutsche Erfindung, beruft sich allerdings auf eine Käserei in Leerdam. Ja, ja!

Eine weitere in Deutschland beliebte Sorte ist die Scheiblette. Das sehe ich allerdings eher als eine Kapitulation vor dem guten Käsegeschmack!

Dass ich selbst diese eine Zeit lang gerne gegessen habe, ich vermute auf Toastbrot, weil da die Form genau passt, würde ich aber jederzeit abstreiten. Zu meiner Vorliebe für jungen Käse stehe ich hingegen!

70. Grund

Weil ich im »Automatiek« Snacks aus der Wand bekommen kann

Schon früh war ich begeistert von der niederländischen Snack-Kultur. Es war eine Tradition, dass ich am Fährhafen von Den Helder am Snackstand eine Krokette bekam, wenn wir auf die Überfahrt nach Texel warteten. Das konnte zu Beginn der NRW-Schulferien in den 1970er-Jahren schon mal mehrere Stunden dauern. Ich glaube, genau in dem Moment des Bisses in die Kruste der Krokette, als sich die warme, aromatisch duftende, glitschige Füllung im Mund ergoss, begann für mich der Hollandurlaub.

Sollten wir einmal ohne Wartezeit direkt auf die Fähre gekommen sein, war ich sicherlich enttäuscht und fühlte mich um diesen Moment betrogen. Vermutlich drängte ich meine Eltern, eine Fähre abzuwarten und am Snackstand am Hafen haltzumachen. Falls es logistisch überhaupt möglich war, die Warteschlange zu verlassen und noch nicht gleich auf die Fähre zu fahren.

Möglicherweise gab es auch damals schon auf der Fähre diesen köstlichen Snack. Wenn ich versuche mich zu erinnern, sehe ich aber nur Pappteller in der Warmhaltevitrine. Die Überfahrt war mit 20 Minuten zudem viel zu kurz, um sich am Essensstand anzustellen. Sobald das Schiff losfuhr, drängte ich hinaus an Deck, wollte das Ablegen, die Begegnung mit der entgegenkommenden Fähre und schließlich die Ankunft im Hafen nicht verpassen.

Eher werde ich mir im Fall der verpassten Hafenkrokette gewünscht haben, gleich in den Ort De Koog zu gehen, noch bevor wir den Campingplatz ansteuerten.

Das Highlight des Urlaubstages war immer die Krokette. In der Snackbar am kleinen Marktplatz von Den Burg, in einer der Snackbars in De Koog oder am hohen Deich zum Naturschutzgebiet De Slufter, wo wir häufig Richtung Leuchtturm entlang radelten. Ich verstand nicht, dass meine Eltern stattdessen lieber *Frikandel* bestellten.

Ein besonderes Faszinosum der niederländischen Snackkultur ist der Snack »aus der Wand«, *uit de muur*. An großen Wänden dieser technisierten Imbissstuben befinden sich kleine Fensterchen mit Klappen, Fensterchen an Fensterchen. Hinter diesen warten Kroketten, *Frikandel*, Nasi- oder Bamischeiben unter der Wärmelampe auf Käufer. Seit eine größere Nachfrage zu vegetarischen Snacks besteht auch *kaassoufflé*, mit flüssigem Käse gefüllte Teigtaschen.

Diese Automatensnackbars werden ganz schlicht als »Automatiek« bezeichnet. Der Snackautomat wurde in den 1950er-Jahren populär, vor allem in den Metropolen, wo schnell eine große Nachfrage bedient werden sollte. Besonders die Snack-Kette FEBO baute auf das Konzept des Snacks aus der Wand.

Wo es die Krokette aus der Klappe gibt, habe ich meist die Wahl und kann das gleiche Angebot auch frisch zubereitet ordern. Dort muss ich aber Wartezeit in Kauf nehmen. Viele Niederländer schwören sogar auf die warm gehaltene Mahlzeit, die in der Schublade noch knuspriger wird. Es soll in Amsterdam üblich sein, ein Fahrrad vor den unteren Fensterchen zu parken, um zu verhindern, dass Touristen die Fächer zu früh plündern! Lieber etwas warten, bis die heiße Ware im Fach nachgereift ist. Wie lange der optimale Reifeprozess dauert, konnte ich allerdings nicht herausfinden. Liebhaberinnen und Liebhaber dieser Snackkultur werden es in vielen Versuchen herausgefunden haben.

Vor allem bei der Krokette und beim *Kaassoufflé* ist das Lagern wichtig. So manches Mal habe ich mir die Zunge verbrannt, als ich beherzt in eine Krokette biss. Außen kühlt sie schnell ab, doch die Füllung ist noch dampfend heiß, wenn sie frisch aus dem Frittierfett kommt. Erst eine Ecke abbeißen, kräftig hineinpusten und warten, bis die Füllung genügend abgekühlt ist. Beim *Kaassoufflé* ist es sogar am besten, zwei Ecken anzubeißen und hindurchzupusten. Denn ich habe mich sogar schon an der heißen Luft verbrannt, die beim Reinpusten in eine geöffnete Ecke aus der Teigtasche wieder herausströmte! Ja, richtig snacken ist eine hohe Kunst!

Oder eben: Münze einwerfen und die Schublade öffnen und gereifte Ware kaufen. Eine unsichtbare Hand befüllt die Fächer von hinten ständig neu.

Was hingegen ein No-Go ist: Pommes aus der Wand. Die Pommes frites, in den Niederlanden je nach Region *patat* oder *friet*, werden immer frisch zubereitet, die kommen am besten direkt aus der Fritteuse.

Bei Pommes frites ist sogar ein Gegentrend zum So-schnell-wie-möglich-Schnellimbiss zu erkennen: der Bio-extrafrisch-Schnellimbiss. Hier kann ich als Kunde zusehen, wie die jungen Imbissbediensteten live vor meinen Augen die Kartoffeln durch große Spaltmaschinen pressen und nach kurzer Lagerung direkt ins Frittierfett werfen.

Das Interieur ist oft passend im Bio-Style gehalten, mit Kartoffelkisten oder Kartoffelsäcken als Deko und Wandtapeten, die den Bauern bei der Kartoffelernte zeigen.

Der gleiche Trend ist bei der Krokette zu beobachten: die Gourmetkrokette. Sogar vegetarisch ist sie vielerorts im Angebot, aus Spinat, Schafskäse oder Getreide-Gemüse-Paste. Wichtig: die richtige Konsistenz. Nicht zu fest, etwas schlabberig und auch in der vegetarischen Variante muss es etwas nach Hühnerbrühe schmecken. Aber bitte nur schmecken! Oder welches ist nun dieses echt charakteristische Krokettengewürz, das aus einem schleimigen, unbestimmbaren Inhalt die typische Krokettenfüllung macht?

Seit vielen Jahren esse ich nur noch die vegetarische Variante. Das bedeutet auch, dass ich einige Jahre ganz auf Kroketten verzichtet habe, nun aber immer für einen Test bereit bin, wenn es eine pflanzliche Alternative gibt. Sogar beim FEBO habe ich zuletzt eine wirklich gelungene Nachahmung verzehrt. Wenn diese gut getroffen ist, ist es mir egal, ob der Snack auf Porzellantellerchen kredenzt wird oder ganz banal auf der Pappschale aus der Mauer.

71. Grund

Weil ich dort »speciaal« speisen kann

Ich glaube, es war 1994, während meines Studienjahres in Amsterdam. Sicher in einem FEBO im Stadtteil Oost, im Javabuurt, direkt am Javaplein.

Für die ersten drei Monate meines Austauschjahres wohnte ich in einem Studentenwohnheim direkt am Flevopark. Ein klappriges Fahrrad brachte mich abends vom Institut auf dem Roeterseiland, nahe dem Amsterdamer Zoo Artis, nach Hause. Häufig aß ich in der Mensa der Universiteit van Amsterdam. Entweder neben dem Physik-Institut in der Agora-Mensa, lieber aber noch in der Innenstadt in der Atrium-Mensa. Aber noch lieber fuhr ich ein Stück in Richtung Wohnheim und stoppte am Javaplein, am FEBO neben dem alten Badehaus. Soweit ich mich erinnere, habe ich vor meinem Studienjahr in Amsterdam Pommes frites ausschließlich mit Mayonnaise gegessen. *Patat met*, wie man in den Niederlande sagt, »Pommes mit«, das ist der Normalfall. Womit denn? Na, Mayonnaise natürlich! Möchte man Pommes frites ganz pur, bestellt man explizit *patat zonder,* »Pommes ohne«.

In Amsterdam begann ich zu probieren und zu variieren. Ich entdeckte *patat pinda*, also mit einer würzigen asiatischen Erdnusssauce, der koloniale indonesische Einfluss! Oder auch mit Guacamole. Gerne aß ich auch die *knofloksaus*, Knoblauchsauce.

In meiner Zeit in Amsterdam aß ich bereits vegetarisch. Da ich aber die Snackbar liebte, waren Pommes frites der Snack der Wahl, vegetarische Optionen der anderen Snack-Klassiker gab es Mitte der 1990er-Jahre noch nicht. Meine Variation war die Sauce.

Und irgendwann probierte ich zwangsläufig auch *patat speciaal.* Mayonnaise, Gewürzketchup und frische, gewürfelte Zwiebeln auf die Kartoffelspalten. In seiner Komposition ein grandioses Kunstwerk. Als Oberstes die frischen, knackigen Zwiebeln, lecker scharf auf der Zunge. Ein Geschmack, der bleibt, der nachatmet. Als Nächstes die cremige, weiße, reichhaltige Mayonnaise zum Eintunken und Genießen. Schließlich der süße, scharfe Curryketchup, der die fruchtige Note beiträgt. Und endlich, endlich, die goldig frittierten Kartoffelstäbchen, die Substanz, das Hauptgericht, die Sättigungsbeilage. Natürlich auch der Snack, die Zwischenmahlzeit, die zur Kalorienbombe erhoben ist. Einfach lecker, *gewoon lekker*.

Speciaal gehörte als Sauce für mich über viele Jahre nicht zu Pommes frites, sondern war der Hackfleischwurst, der *frikandel* vorbehalten. Auch das ist der Zeit der frühen Urlaube geschuldet, denn als ich Krokette aß, bestellten meine Eltern *frikandel speciaa*l. Von da an dauerte es rund 20 Jahre, bis mich der offensichtliche Trend erreichte und ich auch mal etwas in *speciaal* bestellte.

Ob ich gleich überlief oder eine Weile zwischen *pinda*, *knoflok*, *guacamole* und *speciaal* pendelte, weiß ich nicht mehr. Ich weiß, dass ich bisher noch nie die ebenfalls exotische, aber in den Niederlanden sehr beliebte Variante *patat oorlog*, banal übersetzt mit »Pommes Krieg«, bestellte. Das ist wie *speciaal* nur anstelle von Ketchup mit Erdnusssauce. Ich befürchte, das wäre mir zu viel des Guten, denn die süßliche Note des Curryketchups kompensiert die Mayonnaise, die Erdnusssauce wäre eine weitere mächtige Komponente. Eine Kriegserklärung an den Verdauungstrakt!

Möglicherweise passt diese Variante auch einfach nicht zu meiner pazifistischen Grundhaltung. Niederländer scheinen da unbefangener zu sein. Wahrscheinlich machen sie beim Bestellen von *patat oorlog* sogar Witze über die Deutschen:

»Einnmalll patt-tatt oorrrlock, bietttte schonnn, aberr zack-zack! Jawoll!« … und halten sich dabei einen Hitler-Bart.

Im Berliner Reichenberger-Kiez gab es Ende der 1990er-Jahre einen niederländischen Imbiss. Dort hieß die Variante »Pommes Chaos«. Vermutlich genau aus dem Grunde, dass dort im grün-alternativen Wohnviertel eine Speise mit »Krieg« im Namen sehr erklärungsbedürftig wäre. Der Betreiber hat mir den Namen so erklärt, dass die verschiedenen Geschmackskomponenten beim Essen in den Krieg treten würden. Hm, ich blieb weiterhin bei *speciaal*.

In Deutschland ist es schwierig, gute Pommes speciaal zu bekommen, häufig werden sogar geröstete Zwiebeln anstelle von frischen angeboten! Ein Skandal! Es ist doch kein dänischer Hotdog!

Auch liebe ich den Gewürzketchup oder Curryketchup anstelle des ganz normalen tomatigen, tiefroten Ketchups. Das wird in den

Niederlanden bereits berücksichtigt. Keine Nachfragen, keine Erklärung, es funktioniert einfach!

Aber in Deutschland ist man besser auf der Hut. Selbst bei Marktständen, die sich »Pommes XXL aus Holland« oder »Echte Pommes aus Holland« nennen, ist sich vorab zu vergewissern, wie genau die Zusammenstellung aussieht.

In den Niederlanden wird die Sauce manchmal extra serviert, so zeichnen sich Qualitäts-Snackbars aus, denn die untersten Kartoffelstäbchen werden so nicht durch die viele Sauce matschig. Auch darauf ist in Deutschland zu achten: nicht alles in Sauce ertränken! Bitte!

Apropos Qualität: Von der Tendenz zur Fritte aus der frisch gespaltenen Kartoffel habe ich bereits im vorigen Kapitel berichtet. Alles knackig frisch, da schwimmt kein Kartoffelvitamin zu viel ins Frittierfett. Die Pommes für das gute Gewissen! Eine Cola bitte dazu.

... und warum ich dauernd von *patat* spreche, während es in der Snackbar am Marktplatz von Venlo doch 'friet' heißt, das verrät ein späteres Kapitel, *Grund 96: Weil ausgerechnet Pommes frites in den Niederlanden eine Sprachgrenze markieren.*

72. Grund

Weil es ein reichhaltiges Angebot an Pfannkuchen gibt, so viele wie im Ristorante Toscana Pizzen

Es war früh in meinem Studienjahr in Amsterdam. In einer Gruppe mit deutschen und amerikanischen Austauschstudenten gingen wir sonntags in der Nähe unseres Studentenwohnheims zum Frühstücken in ein *pannekoekenhuis*, ein Pfannkuchenhaus.

Es war in Amsterdam-Oost, in der Nähe unseres Studentenwohnheims am Flevopark.

»Oh, I got to eat ten pancakes! I'm so starving!«, sagte der amerikanische Tatendrang.

»Erst mal einen Kaffee!«, antwortete die deutsche Verschlafenheit.

Worauf hatten wir uns eigentlich eingelassen? Pfannkuchen am frühen Morgen! Typischer amerikanisch geht es zum Frühstück kaum. Vor Ort staunten unsere Freunde aus der neuen Welt dann nicht schlecht. Ich denke, sie wollten einfach nur »loads of pancakes« bestellen und nicht noch eine Speisekarte studieren, hungrig wie sie waren.

Hier gab es mindestens eine Seite süße Pfannkuchen mit Nutella, Banane, Nutella-Banane, *hagelslag*, *pindakaas*, Erdbeermarmelade, Pflaumenmus, Zucker, *stroop*/Sirup, …

Das war erst der Anfang, es kamen noch zwei Seiten mit den herzhaften Varianten. Heutzutage kommt vermutlich noch eine Seite vegetarisch und eine halbe Seite vegan dazu, zumindest im hippen Amsterdam.

Wahrscheinlich bestellten Cho und Cody einfach zwei, drei ganz normale Pfannkuchen, also »just pancakes«, weil sie es so gewohnt waren, »Can we have maple syrup, please?« Womit sie nicht rechneten: Die Pfannkuchen waren groß wie Pizzen, und einer stellte eine komplette Mahlzeit dar!

Die zweite Überraschung des Tages war, dass man von denen gar keine zehn Stück verdrücken konnte. Das wiederum erklärte aber den (relativ) hohen Preis.

Pannekoeken ist nicht *pancake*, aber auch nicht Pfannkuchen.

Ein Pfannkuchenhaus in den Niederlanden ist eine Institution. Ein beliebtes Ausflugslokal, das im Sommer einen Außenbereich betreibt, groß wie ein Biergarten am Starnberger See. Riesige Parkplätze an Überlandstraßen, prominente Gebäude in Stadtparks.

Es gibt auch die ganz besonderen Pfannkuchenhäuser. Kult ist das kleinste Pfannkuchenhaus von Amsterdam, das »Upstairs« am Grimburgwal. Es nennt sich sogar kleinstes Restaurant von Europa. Eine steile Treppe führt in einen Raum mit vier Tischchen. Einen Platz zu bekommen ist Glückssache, wie lange im Voraus reserviert werden muss, vermag ich nur zu vermuten.

Zuletzt besuchte ich das Pfannkuchenhaus am Leuchtturm in Ameland, »Onder de Vuurtoren« heißt es passenderweise. Innen eingerichtet wie ein Piratennest, doch im noch milden Spätsommer waren die Außenplätze mit Leuchtturmsicht beliebter. Die besondere Spezialität: Pfannkuchen mit warmem *Nobeltje* dem Insellikör von Ameland.

Sehr beliebt sind auch Pfannkuchenschiffe. Das sind meist ausgebaute größere Plattbodenschiffe, in deren Laderaum unter Deck das Restaurant eingerichtet ist. Es schaukelt manchmal sogar ein wenig, oder war das jetzt nur Einbildung? Aus dem Bullauge schaut man auf die Gracht. Es passt überraschenderweise ziemlich viel Restaurant in solch ein historisches Boot hinein!

Auch besonders ist der Catharinahoeve auf Texel, die reetgedeckte Scheune eines alten Bauernhofes, die zu einem stimmungsvollen Restaurant umgebaut wurde. Ob es die große offene Feuerstelle inmitten des Raumes wohl noch gibt?

Und in den vergangenen Jahren habe ich einige Pfannkuchenhäuser in alten Mühlen entdeckt. Ist ja naheliegend, früher wurde das Mehl hier gemahlen, heute verbacken.

Eine Variante und in den Niederlanden ebenfalls äußerst beliebt sind die *poffertjes*, ein Minipfannkuchen, der auf einem speziellen Blech hergestellt wird. Während der normale Pfannkuchen, wie der Name bereits suggeriert, in einer Pfanne gebacken wird, oder auch gebraten, hat ein Poffertjesblech viele kleine Mulden, in die der Teig hineingegossen wird.

Klassisch werden die *Poffertjes* mit einem Teig aus Buchweizenmehl und Weizenmehl hergestellt, so wie die *pannekoeken* ursprünglich ebenfalls. Serviert werden sie mit einem Klecks Butter und bestreut mit Puderzucker. Wem das noch nicht gehaltvoll genug ist, der nimmt zusätzlich noch *stroop*, einen süßen Karamell-Sirup. *Poffertjes* werden auf fast jedem Wochen- und Jahrmarkt angeboten.

73. Grund

Weil Vanillevla die göttlich-cremige Variante des Vanillepuddings ist

Ein eher ungeschicktes Timing hat verhindert, dass ich direkt bei meiner ersten Begegnung mit *Vanillevla* auch zum Fan des herrlichen hellgelben Puddings wurde.

Aber wieso erzählten mir meine Eltern auch ausgerechnet von einem Bekannten, der an einer ganz bösen Krankheit namens Gelbsucht erkrankte, und gaben wenig später auf dem Weg vom Supermarkt zum Zeltplatz in De Koog, wo auch sonst, ein Tetrapak mit *Vanillevla* herum? Einen aufgerissenen Karton, aus dem die dickflüssige, gelbe Paste herausquoll und oben an der Öffnung verschmierte, wenn sie zum nächsten Familienmitglied weitergereicht wurde. Ne, das war alles andere als appetitlich. Und dann auch noch Gelbsucht!

»Ach komm, probier doch mal! Ist total lecker!«

»Ne, ich mag nicht! Mir ist von der Autofahrt sooo schlecht!«

Natürlich war mir nicht schlecht. Natürlich war ich in einem Alter, in dem man keine süße Schleckerei auslässt. Doch die Geschichte über Gelbsucht und dann den dickflüssigen Pudding direkt aus der Packung trinken, die reihum alle am Mund hatten, und wie sich alle beim Herumreichen mit dem Handrücken den Mund abwischten. Ne.

Der erste Eindruck jedenfalls war kein guter. Doch mit der Zeit fand ich zur Vernunft und Gefallen an der süßen Speise. Ich weiß nicht mehr, ob es noch im selben Urlaub war oder erst in einem späteren. *Vanillevla* gehörte ab irgendwann doch dazu. Zu jedem Urlaub, zu jedem Einkauf im Urlaub. Drei Kartons für zu Hause, wenn der Urlaub bald vorbei war.

Das Ritual war, den *Vla* in eine Tasse zu füllen, Schokostreusel darüberzustreuen und ihn zu löffeln. Wenn das zu langsam ging oder ich ungeduldig war, dann trank ich auch. Der Löffel musste irgendwann trotzdem ran, denn das dickflüssige Zeug klebte immer am Tassenrand und war nicht komplett mit Trinken zu bekommen. Die Tetrapaks stellten wir zu guter Letzt umgekehrt auf eine Tasse und ließen sie minutenlang auslaufen, damit nichts vom goldenen Schwapp verkam.

Vla gehörte zu allen Urlauben dazu, und zwar in jeder Familienkombination, mit der ich in die Niederlande fuhr, selbst später mit Freunden. Auch war er stets das wichtigste Pflichtmitbringsel, wenn jemand in die Niederlande reiste.

Was macht ihn denn so besonders? Weshalb ist es überhaupt der magische Wunderpudding? Was unterscheidet ihn vom Pudding, wie er auch im heimischen Supermarkt im Angebot ist oder von Oma selbst gekocht wurde, wenn auch mit Pulver aus der Dr.-Oetker-Tüte?

Hm. Also süß ist er auf alle Fälle, hat eine ideale Konsistenz, sämig aber nicht zu cremig. Aus der Packung kommt er mit einem Blubb. Er hat keine Haut, so wie der selbst gekochte Pudding. Tja, und es ist einfach *Vanillevla*, und nur *Vla* ist *Vla*! Es ist schwierig zu beschreiben.

Wahrscheinlich sind es die etwas flüssigere Konsistenz, der süße Geschmack und die Sämigkeit, die von den Eiern in den Zutaten kommt.

Vanillevla ist im Kühlsortiment im Supermarkt in den Niederlanden die Basic-Sorte. Die Neutralvariante. So wie beim Eis. Das neutrale Speiseeis ist Vanilleeis. Die *Vla*-Abteilung in niederländischen Supermärkten ist oft sehr lang, einige Kühlregalmeter! Dort finden sich die verschiedensten Sorten. Ebenfalls beliebt und auch ein Klassiker ist der Schokoladenvla. Es gibt aber auch Karamell, Erdbeer, Zitrone und dunkle Schokolade. Sogar gemischte Varianten, die heißen *dubbelvla*. Zum Beispiel Vanille-Schokolade, Schokolade-Banane, Vanille-Erdbeer und vermutlich inzwischen -zig mehr. Das Wunder des *dubbelvla* ist es, dass er in Streifen aus der Packung kommt, so wie bei der Zahnpasta.

Ich habe, als ich figurbewusster wählte, zuletzt häufiger zum *blanke vla* gegriffen, dem weißen *Vla*, einer Mischung aus *Vanillevla* und neutralem Joghurt. Ob es viel gebracht hat für die schlanke Linie, vermag ich nicht zu beurteilen.

Für mich ist die feurige Liebe zum *Vla* irgendwann auch erloschen. Ich glaube, als ich die *Stroopwafel* entdeckte. Denn beides bei einem Einkauf, das war mir zu gefährlich und vor allem zu viel. Also gab es entweder *Stroopwafels* oder *Vla*, denn ich hatte ja bereits vier Rollen Lakritz im Einkaufswagen.

74. Grund

Weil ein »drop« nicht einfach nur ein Bonbon ist – herrliches Lakritz

Schrieb ich eigentlich bereits, dass Lakritz zu jedem Einkauf in den Niederlanden dazugehört?

Es ist inzwischen das wichtigste Mitbringsel von einem Besuch in den Niederlanden, vor *Vanillevla* und *Stroopwafels*. Ja, es ist immer eine Frage des Abwägens und auch des Wiegens. Kommt eine Süßigkeit in den Einkaufskorb oder zwei? Wenn ja welche? Und zuletzt am liebsten Lakritz. Ebenso wie die Regalmeter an *Vanillevla* ist auch die Auslage der verschiedenen Lakritzsorten in den Niederlanden beachtenswert. Es gibt auch mindestens so viele verschiedene Sorten!

Die erste Auswahl ist zwischen süß und salzig und zwischen hart und weich. Doch Vorsicht ist geboten: süß ist *zoet*, sprich »suht«, mit langem stimmhaften s, salzig ist *zout*, sprich »saut«, ebenfalls mit langem stimmhaften s. Das kann man zu Beginn der Lakritzliebe schon mal verwechseln, und das, wo es doch so grundverschieden ist! Hart ist *hard*, weich ist *zacht*, genau, stimmhaftes s. Beides gibt es in der Kombination, also quasi vier Grundsorten zwischen *zoet/zacht* und *zout/hard*.

Im Niederländischen heißt Lakritz einfach *drop*. Dessen Bedeutung für unsere westlichen Nachbarn wird durch ein einfaches Verhältnis klar: 90 zu 9. Der niederländische Wikipediaeintrag für *drop* kennt über 90 verschiedene Sorten, das deutsche Pendant zeigt derer lediglich neun. Und das auch nur in verschiedenen Abbildungen und nicht in einer eigens beigefügten Liste. Man höre und staune: Die Niederländerin und der Niederländer kennen *Boerendrop*, *Trollendrop*, *Meeuwenflatsen* (äh, ja: Möwenschiss) oder *Honingdrop*. *Dropmatjes*, *Haringdrop*, *Knoopjesdrop*, *Zoute Hindeloopertjes*, *Originele Stoofpeertjesdrop* und *Mokumdrop*. Mokum ist die jüdische Bezeichnung für Amsterdam, also ist diese Sorte wohl die spezielle Amsterdamer Variante, ich vermute in der Form der Straßenbegrenzungspfosten, die auch *Amsterdammertjes* heißen.

Meine Liebe zum *drop* begann in der frühen Jugend, und zwar mit dem Klassiker: *Top Drop*, die Lakritzrollen, die es im Supermarkt in der Vierer-Packung gibt.

Mein Onkel brachte sie mit, in schwarz-roten Rollen. Später waren sie stets einer meiner ersten Käufe, die ich für die getauschten oder mitgebrachten Gulden tätigte, heute beim ersten Stopp an der Tankstelle oder bei Albert Heijn. Am Aussehen der Rollen hat sich in meiner Wahrnehmung seitdem kaum etwas geändert. Raider ist Twix und *Top Drop* bleibt *Top Drop*. Ein eher hartes nicht zu süßes *drop*, wohl als *hard/zoet* zu klassifizieren.

Die Unterscheidungen der verschiedenen Dropsorten zu kennen, ist die erste Hürde, will man zum Experten aufsteigen. Hier bedarf es viel Übung und sicherlich auch einiger schmerzlicher Erfahrung. Einfach mal reinbeißen, zum Beispiel in einen DZ! Das steht für *dubble zout*, also doppelt salzig! Das hab ich im zarten Alter von zwölf Jahren gelernt. Seitdem meide ich diese Sorte, obwohl sie auch zu den Klassikern gehört. Am besten ist die Kombination. Viele Tüten bestehen aus gemischten Sorten mit der Kennzeichnung *zacht zoet* oder *hard zout*. Oder auch andersrum. Auf dass jede und jeder seine und ihre Lieblingssorte finde!

Was aber tun in der Lakritzdiaspora? Die Klassiker von Hans Riegel aus Bonn? Oder die mit dem Kätzchen drauf? Ja, die tun es auch, aber häufiger noch wähle ich Dänische Pfefferlakritze, die es hin und wieder in deutsche Supermarktregale schaffen. Auch in gut sortierten Apotheken findet man mit Glück eine überraschende Auswahl des schwarzen Goldes. Inzwischen gibt es sogar östlich der Elbe Lakritz-Spezialläden, die auch Wochenmärkte bedienen. Aber wohl nur die hippen Berliner Wochenmärkte.

Am allerbesten ist die große gemischte Tüte aus dem Lakritzhimmel, dem *dropshop*. Zu finden in allen niederländischen Orten mit mehr als 10.000 Einwohnern. *Heel erg lekker, hoor!* Köstlich, sag ich doch!

75. Grund

Weil die berühmteste Käsestadt noch eine andere Köstlichkeit hervorgebracht hat: »Stroopwafels« aus Gouda

Stroopwafel! Eine besondere Köstlichkeit – und ein weiteres Rätsel, weshalb einige Produkte aus den Niederlanden den kurzen Weg über die Grenze nach Deutschland nur selten schaffen.

Was diese Entdeckung angeht, bin ich ein spätes Kind, noch so ein Rätsel. Trotz regelmäßiger Besuche in den Niederlanden mit ausreichender Verkostung der Gebäckspezialitäten habe ich die rund zehn Zentimeter große, süße Waffel, übersetzt etwa Sirupwaffel, erst während meines Studienjahres 1994 entdeckt.

Dann allerdings richtig. In unserer Etage im Studentenwohnheim in Amsterdam gab es Einkaufstütenkontrolle. Es war Pflicht, allen eine *Stroopwafel* zu spendieren, die beim Tütenauspacken zufällig in der Gemeinschaftsküche waren. Das waren abends mindestens drei bis vier, manchmal auch mehr. Deshalb entwickelten alle ihre Schliche, um einige der süßen Scheiben zu sichern. Ich kaufte immer zwei Packungen, eine brachte ich direkt in mein Zimmer, und die zweite nahm ich mit in die Küche, wo ich sie direkt für alle sichtbar auf den Tisch stellte. Da blieben sie nicht lange stehen. Nur eine Packung kaufen und diese gleich ins Zimmer bringen? Oh nein, keine *stroopwafels* in der Einkaufstüte, das hätte mir niemand abgenommen.

Die *Stroopwafel* ist eine Erfindung des frühen 19. Jahrhunderts und soll zuerst von einem Bäcker in der südholländischen Stadt Gouda kreiert worden sein. Ursprünglich war es sogar eher ein Armeleutekuchen. Denn er wurde aus den Resten anderer Backwaren im Waffeleisen aufgebacken. Der klebrige Sirup half, den bröckeligen Keks zusammenzuhalten. Doch bald schon wurde eine eigene Rezeptur entwickelt.

Ein süßer Weizenmehlteig wird kurz in einem Waffeleisen gebacken, sodass die fertige Waffel in der Mitte noch weich ist. Sie wird horizontal halbiert, eine Seite mit einem Sirup aus Butter, Zucker und Zuckerrübensirup bestrichen, und schließlich werden beide Seiten wieder aufeinander gesetzt. *Lekker*!

Diese Waffel wurde schnell im ganzen Land beliebt. Heute gibt es sie in jedem Supermarkt der Niederlande. Über 20 Millionen Packungen gehen jährlich über die Ladentheke. Besonders wohlschmeckend sollen sie frisch vom Marktstand sein, das Vergnügen hatte ich persönlich leider noch nicht. In jedem Fall lohnt sich der Test, auch in der Packung, ob die Waffeln frisch sind, dann sind sie nämlich leicht biegsam. Ältere krümeln spröde und kommen geschmacklich an die frischen Waffeln nicht heran. In günstigeren Sorten wird zudem die Butter gern durch Margarine ersetzt, was ebenfalls dem Gaumenerlebnis abträglich ist.

Dieses aber steigern kann eine beliebte Serviermethode. Wahre Stroopwafelkenner legen die süße Scheibe auf eine Tasse mit einem Warmgetränk, sodass der heiße Dampf den Sirup erwärmt. Dann wird er besonders geschmeidig. Auf die Gefahr hin, mich zu wiederholen: *lekker*!

76. Grund

Weil der noch köstlichere Keks gefüllt ist: der »gevoelde koek«

Auch das ist eine Konstante meiner Hollandbesuche seit den 1970er-Jahren: diese wundervollen niederländischen Gebäckspezialitäten. Eine etwas unscheinbare, aber doch besonders schmackhafte Variante ist der gefüllte Keks, *gevulde koek* im Niederländischen.

Es ist ein runder, dunkelbrauner, etwas dicklicher Keks mit einer (oder zwei oder drei) Mandel oben drauf. Wenn sie fehlt, hat wer genascht! Der erste Biss hinein ist krümelig und samt-teigig weich, der zweite bereits marzipansüß. Das ist die Füllung, das Marzipan ist innen drin.

Ich erinnere mich nicht mehr genau an meine erste Begegnung mit ihm. Es mag, wie so viele erste Begegnungen mit holländischen Leckereien, in De Koog auf Texel gewesen sein. Vielleicht bei Bakker Timmer. Genauere Erinnerungen habe ich an die weißen Marzipanrollen mit Cremefüllung und Schokolade an beiden Enden. Ebenfalls auf Texel probiert, aber abgepackt im Supermarkt. Kinderglück, doch als ich sie aus nostalgischen Gründen mal wieder kaufte, fand ich sie nur quietschsüß, beinahe ungenießbar! Sie heißen *mergpijpjes*, was wörtlich wohl mit »Markröllchen« zu übersetzen ist.

Meine Wiederbegegnung mit dem gefüllten Keks geschah an einem denkbar unerwarteten Ort: an einem Automaten fernab des Königreichs Oranien, in Berlin. Im Hauptgebäude der Technischen Universität am Rande des Tiergartens stand einer dieser großen Getränke- und Süßigkeitenautomaten, wie sie auch an Bahnhöfen zu finden sind. Geld einwerfen, und nach Eingabe einer zweistelligen Nummer schiebt eine Spirale ein Exemplar der Auswahl nach vorn, worauf es in ein Fach plumpst, das durch eine Klappe mit der Hand erreichbar ist.

Über einige Semester in den 1990er-Jahren nahm ich an der TU sonntags an einem Hochschulsportkurs teil. Ich machte es mir zur unregelmäßigen Gewohnheit, vor dem Kurs einen gefüllten Keks aus dem Automaten zu ziehen. So wurde der *gevoelde koek* zu meinem Sonntagsnachmittagsgebäck. Wenn dieser Keks auch einzeln plastikverpackt nach vermutlich Wochen im Automaten noch Suchtpotenzial entfaltet, dann muss dieser Köstlichkeit ja etwas Besonderes anhaften.

Und genau das tut es! Frisch ist sie selbstredend um ein Vielfaches besser als aus dem Automaten. So kaufe ich, nicht immer, aber hin und wieder, diese holländische Gebäckspezialität bei Besuchen in den Niederlanden ganz frisch beim Bäcker. Ich gebe mir aber Mühe, nicht zu viele Leckereien gleichzeitig zu kaufen.

Inzwischen habe ich sogar einige Arbeitskollegen angesteckt, fünf Packungen *gevoelde koek* bringe ich stets mit aus Venlo, Enschede oder Winterswijk. Aber zunächst wurde die richtige Aussprache geübt! Chre-fül-de Kuhk! Mit dem schönen kehligen chr!

Neben dem gefüllten Keks gibt es eine Reihe weiterer typisch niederländischer Gebäcksorten. Ein *kano* zum Beispiel schmeckt ähnlich wie ein gefüllter Keks, nur hat er keine Marzipanfüllung. Dafür ist die Teigmasse etwas sämiger, wohl wegen des höheren Butteranteils. Der Name *kano* bedeutet Kanu, und tatsächlich erinnert seine Form an das Paddelboot. Es gibt ihn auch kreisrund, dann wird er *rondo* genannt.

Klein und rund, mit einem Muster aus Teig und Frucht, ein wenig an eine Linzer Torte erinnernd, sind die Apfelplätzchen, *appel koek*. Und auch sehr mmhh! Geeignet für Anlässe, wenn es neben süß auch ein wenig fruchtig sein darf.

Und dann gibt es ja auch noch: Kokosmakronen, *walnotenkoeken*, *kruidnoten*, *pepernoten*, Honigkuchen, gefüllte Spekulatius und dergleichen mehr. Ich höre ja schon auf.

Am Rande des Jordaan, Prinsengracht mit Westerkerk (98. Grund)

Frieslands Nationalsport: Eislaufen auf Natureis (88. Grund)

Oben: Logenplatz am Meer, im Strandpavillon von Renesse (19. Grund)
Unten: Holzhäuser auf Marken (107. Grund)

Lange Schatten,
lange Strände,
Nordseeliebe
(15. Grund)

Der tiefste Punkt der Niederlande, 6,74 Meter unter dem Meeresspiegel (8. Grund)

Oben: Blick vom Ameländer Leuchtturm auf den Ort Hollum
Unten: Ein Plattbodenschiff bei der Hafeneinfahrt in Stavoren (24. Grund)

Mobilität und Immobilie:
Boote auf der Brouwersgracht
in Amsterdam (22. Grund)

Oben: Der Pilz weist den Weg (40. Grund)
Unten: Der Autor auf der Máxima Brug auf der Insel Marken (107. Grund)

Oben: Ehemals Gefängnis, heute Hafenkulisse: Drommedaris in Enkhuizen (108. Grund)
Unten: Landmarke im Süden von Texel: die Kirche von Den Hoorn (5. Grund)

Ob er uns wohl füttert? Möwen begleiten die Überfahrt nach Texel (36. Grund)

Oben: Einst gefährdet, nun wieder häufiger zu sehen: Seehunde auf einer Sandbank (36. Grund)
Unten: Hoek van Holland: weiter Strand mit Hafenkulisse (28. Grund)

Moderne Metropole Rotterdam, Erasmus-Brücke über die Nieuwe Maas

Rot und weiß gestreift: der Leuchtturm Bornrif auf Ameland (27. Grund)

77. Grund

Weil die Kolonialzeit für ein großes Angebot an exotischen Speisen sorgt

Ein gesellschaftlich schwieriges Thema ist in den Niederlanden die Zeit der Kolonien. Bis in die 1950er-Jahre gab es noch niederländisch Indien, heute Indonesien.

Das hat einerseits zu Spannungen in den Niederlanden geführt, am deutlichsten hat sich das durch die Situation der Molukker gezeigt. Einer Bevölkerungsgruppe, die im selbstständigen Indonesien nicht toleriert wurde, da sie zu nahe am europäischen Kolonialherrn war. In den Niederlanden wurde sie lange nicht wirklich heimisch, da sie hauptsächlich in eigenen Wohnvierteln, teilweise sogar Wohnlagern untergebracht war.

Doch hat die Kolonialgeschichte vor allem die niederländische Gastronomie geprägt.

Vergleichbar mit der deutschen Pizzeria ist in den Niederlanden der *Chinees*. Keine Lust zum Kochen? Okay, Pommes frites oder *Chinees*?

Mit *Chinees* ist sowohl das »klassische« chinesische Restaurant gemeint als auch die chinesisch-indonesische Kombination. Der *Chinees* hat meist beides. Die indonesische Küche ist dabei auch sehr kolonial geprägt, heute wird meist das Essen angeboten, das auch die niederländischen Kolonialisten in Südostasien essen mochten. Also die europäisierte Version. Nationales Hauptgericht ist der Reisteller geworden, die *rijsttafel*, neben einer großen Schale Reise stehen dabei allerlei kleine Schüsselchen mit diesem und jenem zum Naschen und Kombinieren.

In den 1970er-Jahren fand der Boom der asiatischen Küche statt, es entstanden bis zu 2.000 Restaurants, was einen Anteil von 25 % der »Horeca«-Betriebe ausmachte. »Horeca« steht in den Niederlanden für Hotel-, Restaurant- und Cafébetriebe.

Auch wenn viele asiatische Restaurants eine breite Palette an Spezialitäten verschiedener Nationen anbieten und diese dabei wohl etwas verwässern, gibt es dennoch Angebote, die spezifischer sind. Dabei ist genau auf die Bezeichnung zu achten. »Indisch« steht für die koloniale Küche Indonesiens, »Indonesisch« hingegen für die authentische, traditionelle indonesische Küche. Die wiederum ist sehr vielfältig, da Indonesien ein sehr großes Land ist, das aus vielen Regionen und Inseln mit einer eigenen kulinarischen Tradition besteht.

Manch ein asiatisches Restaurant in den Niederlanden mag seltsam erscheinen. Zwar herrscht in der Küche Hochbetrieb, doch an den Tischen ist kein Gast zu sehen. Doch auch dieses Phänomen ist typisch niederländisch, es handelt sich dann um einen *Afhaalchinees*, das Chinarestaurant to go, quasi.

Auch hat die asiatische Küche Eingang in die Imbisskultur unserer Nachbarn gefunden: Nasi und Bami gibt es als Snack-Scheibe, ohne das Goreng, in fast jeder Snackbar, die *bamischijf* und die *nasischijf*. Auch typisch ist es, Pommes frites mit Erdnusssauce zu essen, *patat saté*. Und *pindakaas*, Erdnussbutter, ist ein beliebter Brotaufstrich.

Auch wenn die exotischen Speisen beim *Chinees* nicht so original indonesisch sind wie im Urlaub auf Java oder Borneo, so haben mir Niederländerinnen und Niederländer, die in Deutschland im Exil wohnen, versichert, dass es in den Niederlanden deutlich asiatischer ist als in Deutschland. Und dass vor allem eine gute asiatische Küche hierzulande fehlen würde.

Ich nahm es mir zu Herzen und begab mich in Amsterdam mal ins asiatische Viertel, das ist in der Innenstadt vor allem die Straße Zeedijk, die gegenüber der Centraal Station beginnt und hinter dem Rotlichtviertel bis zum Nieuwmarkt führt. Ich landete in einem thailändischen Restaurant und werde wohl noch etwas nach dem typisch niederländischen *Chinees* suchen müssen.

Am besten wohl bei meinem nächsten Besuch in Den Haag, denn das ist die Hauptstadt der asiatischen Küche in den Niederlanden.

Hier findet auch jährlich das größte Festival für indonesische Kultur in Europa statt, die Tong Tong Fair, Ende Mai oder Anfang Juni.

78. Grund

Weil zum Bier exotische Knabbereien gereicht werden – Borrelnootjes

Ein Bier, ein zweites, nette Gespräche, schummriges Licht. Aus der Box kommen die Rolling Stones oder Coldplay. Eine gesellige Runde, die Zeit vergeht, die Hand streckt sich aus. Oh, die Schale ist leer! Doch Rettung naht, die aufmerksame Bedienung bringt schnell die nächste Portion. Die Hand streckt sich unwillkürlich wieder aus, der salzige Inhalt wandert zum Mund. Aus der Box kommen nun Sting oder Tracy Chapman. Gespräche, noch ein Schluck Bier, die nächste Handvoll Chips, Erdnüsse, Salzstangen. Oder: *borrelnootjes*. Moment. *Borrelnootjes*?

Ja, *Borrelnootjes*. Zu geselligen Anlässen wird immer gerne Knabberzeug serviert. Dieses gefährliche Zeug, das genau so lange auf dem Tisch steht, bis es leer ist. Oder so kurz auf dem Tisch steht, bis es leer ist. Denn unwillkürlich langt die Hand zum Schälchen. Und das wird leer.

In Deutschland servieren wir als salzige Knabberei vorzugsweise Chips, Salzstangen oder Erdnussflips. Oder Fischlis. Eigentlich liebe ich die Fischlis ganz besonders, die waren in diesen Mischsets, den großen Plastikschalen mit vier oder fünf unterteilten Bereichen, in denen verschiedene Sorten abgefüllt waren. Ich griff zu den Fischlis, immer. Bis das Fach mit den Fischlis leer war. Dann die Salzbrezeln.

Es waren die 80er- oder 90er-Jahre. Schulfeten, Verwandtenbesuche. Fischlis.

Kürzlich habe ich mal im Supermarkt meines Vertrauens nach Fischlis gesucht. Vergeblich.

In den Niederlanden gibt es natürlich eine ganz eigene Snackkultur. Ebenso wie die gastronomische Kultur ist diese auch kolonial geprägt, also südostasiatisch. Der Hit sind knusprig eingehüllte Erdnüsse, leicht scharf gewürzt, sie heißen *borrelnootjes*. Zusammengesetzt aus *borrel* und *nootjes*. *Nootjes* sind Nüsschen, ein *borrel* ist eine gesellige Zusammenkunft, bei der Alkohol gereicht wird. *Borrel* kann auch Schnaps bedeuten.

In den 1950er-Jahren gab es erstmals in den Niederlanden würzig-knusprig eingehüllte Erdnüsse. Sie kamen als *Katjang Shanghai* auf den Markt. In Indonesien ist diese Spezialität als *Kacang Pedis* beliebt. Die Kruste besteht hauptsächlich aus Stärkemehl, gewürzt mit Gewürzen (*specerijen*), Hefeextrakt (*gistextract*), Geschmackstoffen (*aroma*), Käsepulver (*kaaspoeder*), Gewürzextrakt (*specerijenextract*), Raucharoma (*rookaroma*) und noch einigem mehr, das nach Zucker und Extrakten klingt. So sagt es die Verpackungsangabe. Die klassische Würzung wäre Knoblauch, bei orientalischen Sorten auch Curry, Kreuzkümmel und Koriander. Varianten sind die farblich variierenden *tijgernoten* und die japanischen, aus gepopptem Reis.

Wer angenommen hatte, dass es sich bei Salzknabbereien um Bio-Gesundheitslebensmittel handelt, wäre natürlich naiv. Schauen wir also nicht auf die Zutatenliste, sondern beißen hinein. Knack! Knusprig! Würzig. Noch eine! Und bei der Gelegenheit auch bitte noch ein Bier! Groß? Klar, groß!

Aus der Box kommen Marius Müller-Westernhagen und De Dijk.

Weil das niederländische Brot besser ist als sein Ruf

Das Brot. Ja, das niederländische Brot. Es hat nicht den besten Ruf. Wer in Holland gerne das in Scheiben geschnittene, in einem mit Klebeband verschlossenen Plastikbeutel abgepackte Brot mag, ein Brot, das als Helles, Dunkles, Vollkorn, Halbkorn, Mehrkorn gleich weich schmeckt und, wenn man es in der Hand zusammenknüllt und auf den Tisch legt, gummiartig in seine alte Scheibenform zurückfindet, wer dieses Brot also mag, der schneidet auch vom Toastbrot die Ränder ab, weil sie zu hart sind. Von ungetoastetem Toastbrot.

Und ich muss gestehen, dass es bei mir eine Weile gedauert hat, bis ich die Qualitäten ebendieses Brotes erkannte und zu schätzen lernte.

Wie so vieles fängt meine Liebe zum holländischen Brot in meiner Kindheit an. Bäckerei in De Koog Texel. Wir kauften dort Brötchen zum Frühstück am Zelt auf dem Campingplatz in den Dünen. Meine Lieblingsbrötchen waren eindeutig die Rosinenbrötchen. In Deutschland sind Rosinenbrötchen trockene Milchbrötchen mit Rosinen drin. Im Hollandurlaub aber waren die Rosinenbrötchen magisch. Substanzieller, geschmackvoller, aromatischer. Die Rosinen waren saftiger, das Brötchen hatte einen Hauch Zitronat oder Orangeat, eine exotische Note. Es war magisch. Ich mochte schon immer die Rosinenbrötchen in einer süß-herzhaften Kombination. Mit Käse, früher sogar mit Leberwurst. Am liebsten sogar, das war im Zelturlaub schwierig, aufgetoastet. Wir machten hin und wieder auf Texel auch Urlaub in der Pension, dort habe ich sicherlich aufgebackene Rosinenbrötchen probiert.

»Oli, bring mir bitte Brot mit«, das war meine nächste Begegnung mit dem niederländischen Brot. Eine Schulfreundin studierte in Utrecht, ich besuchte sie dort. Brot mitbringen, aha. In Utrecht gibt es also kein Brot. Seltsam.

Dieser Satz prägte sich mir so fest ein, dass ich mich in meinem Studienjahr in Amsterdam auf jedem Heimatbesuch ebenfalls mit Brot eindeckte. So kam ich nicht in die Not und auch nicht zu der Gelegenheit, das niederländische Brot selbst zu testen. Ich hatte das gute deutsche Biobrot mit Biss. Mit Sonnenblumenkörnern und Nüssen drin. War es alle, gab es Müsli. Auf das Brot aß ich meist Marmelade oder Käse, geschnitten vom Stück.

Irgendwann muss mir das Brot wohl doch einmal ausgegangen sein, und auf Müsli hatte ich keinen Appetit. Also kaufte ich so ein Brot im Beutel. Auch in Amsterdam gab es schließlich Bioläden, doch selbst dort war das Brot von der Substanz her dem übrigen niederländischen Brot ebenbürtig. Ich habe es nie zerknüllt und sich wieder entfalten lassen, aber ich vermute, auch das hätte seine Form wiedergefunden. Die Form der NL-Einheits-Brotscheibe ist die einer Kochmütze. Oben ist so eine runde Wölbung dran.

Eines Tages, es überkam mich wohl eine Kindheitserinnerung oder in meinem Studentenwohnheim war das Experimentieren mit dem Brotbelag fortgeschritten, entdeckte ich den Trick, mit dem das niederländische Brot einfach unschlagbar wird. Ich bestrich es mit *pindakaas* und bestreute es anschließend mit *hagelslag*!

Pindakaas ist die cremige, sämige Erdnussbutter, am liebsten die mit Stücken, die nicht wegen einer käsigen Substanz *kaas* heißt, sondern weil eine findige Molkereilobby den Begriff »Butter« für ihre Milchprodukte geschützt hatte. Käse hingegen nicht, also Erdnusskäse.

Hagelslag sind diese leckeren, knusprigen Schokoladenstreusel, die ich in den Hollandurlauben meiner Kindheit in den *Vanillevla* schütten durfte. *Hagelslag*, wieder so ein Rätsel, weshalb es einige Leckereien nicht in die Supermarktregale diesseits der Grenze geschafft haben. Mehr dazu im nächsten Abschnitt, *Grund 80: Weil »Hagelslag« kein Unwetter ist, sondern der weltbeste Brotbelag.*

Ich hatte also meine Kombi gefunden: Brotscheibe plus *pindakaas* plus *hagelslag*. Eine, zwei, drei, vier, ..., mehr!

Ich experimentierte weiter, nahm jetzt geschnittenen Käse, nicht den am Stück. Mh, ebenfalls köstlich! Was mache ich jetzt mit dem ollen deutschen Biobrot? Muss ich nicht aufessen, oder?

Mein Lieblingsbrot in Amsterdam fand ich entlang meiner Fahrradstrecke zur Uni. Ich wohnte im Frühjahr und Sommer im Stadtteil Oud-West, in der Verlängerung der Rozengracht. Das Institut war auf der anderen Seite der Innenstadt. Mein täglicher Weg war die Kerkstraat, über das Amstelveld und die Magere Brug. Irgendwo gab es eine kleine Bäckerei, bei der ich für mein Brot stoppte. *Multigranenbrood.* Es hatte einen körnigeren Biss, war aber doch in Form und Substanz ein typisch niederländisches Brot.

In den Folgejahren, als ich mein Studium in Berlin fortsetzte, kehrten sich die Vorzeichen um: Ich brachte Brot aus den Niederlanden mit nach Deutschland. Zusammen mit *pindakaas* und *hagelslag.*

80. Grund

Weil »Hagelslag« kein Unwetter ist, sondern der weltbeste Brotbelag

Raschel, raschel! Besser sch-sch. Oder vielleicht auch schr-schr. Hm. Trifft es noch nicht so ganz. Aber es ist dieses ganz markante Geräusch, wenn ich eine noch gut gefüllte Schachtel Schokoladenstreusel nehme und sie etwas schüttle. Und es ist auch nur diese Pappschachtel mit genau dieser Füllung, die das besondere Geräusch erklingen lässt. Ein sanftes Schr-Schr halt, oder Sch-Sch! Nicht »Sch! Sch!« als wolle man eine Katze aus dem Garten verscheuchen, sondern wenn ganz feine Dinge aufeinander fallen und sich wieder sortieren.

Das Geräusch löst etwas aus! So wie die Glocke bei Pawlows Hund. Klingeling: Jetzt kommt ein Leckerli. Schr-schr: Jetzt kommt was Feines. Das Brot/Brötchen ist mit Butter geschmiert, das Schälchen *Vanillevla* steht bereit zum Verzieren. Mit feinen, kleinen Streuseln aus Schokolade mit Fettglasur. Hammer! Denn jetzt kommen die Schokoladenstreusel oder eben *hagelslag*, wie man in den Niederlanden sagt.

Da raschelt's im Karton!

Was da getriggert wird, sind natürlich vor allem Erinnerungen aus Kindheitstagen. Ferien an der Nordsee, und zum Frühstück gab es Schokohagel aufs Brot. Und zum Nachtisch gab es natürlich *Vanillevla,* und wenn dieser besonders sein sollte, kamen die kleinen Schokostückchen aus dem Pappkarton oben drauf. Und meine Mutter passte sehr auf, dass ich nicht, nachdem die erste Schicht abgelöffelt war, aus der Packung nachschüttete. Hat manchmal funktioniert, aber meistens eher nicht. Wenn doch: schelmisches Grinsen.

Zu jedem Hollandurlaub gehört heute noch *Hagelslag*, zum Frühstück, als Mitbringsel. Während meines Studienjahres in Amsterdam sogar in Kombination mit Erdnussbutter. In dieser Zeit lernte ich auch das holländische Brot zu schätzen, wie ich bereits im Kapitel über das Brot schrieb. Wenn Deutsche Lebensmittel in den Niederlanden despektierlich betrachten, dann zuerst das Brot. Hauptbestandteil: Luft. Deutsche, die in den Niederlanden wohnen, bringen sich zwei Dinge von zu Hause mit: Brot und Bier. Und dennoch liebte ich das Brot als Trägermasse für *pindakaas* und *hagelslag*.

Als Kind wagte ich mich das ein oder andere Mal sogar an die bunten Fruchtstreusel, an die weißen Anisstreusel oder an die etwas gröber geraspelten Schokoflocken. Doch nichts kam dauerhaft an den echten *Hagelslag* heran. Auch nicht in dunkel (*puur*) sondern immer die hellen Milchschokoladen-Schokostreusel. Im Zusammenhang mit dieser frühen Liebe sehe ich auch meine Angewohnheit, Krümel vom Teller mit dem Finger aufzupicken.

Die Geschichte dieses besonderen Brotbelages geht auf das Jahr 1919 zurück. Der Süßwarenfabrikant B. E. Dieperink, Direktor des

Traditionsunternehmens Venco, soll bei einem Hagelwetter, denn tatsächlich bedeutet *hagelslag* auf Deutsch »Hagelschlag«, auf die Idee gekommen sein, weiße Körnchen aus gesüßter Anismasse als Brotbelag zu kreieren. Als Schokoladenstreusel fand der *Hagelslag* einige Jahre später den Weg auf das Frühstücksbrot glücklicher Kinder. Glückliche flämische Kinder sagen übrigens gerne *muizenstrontjes* zu den dunkelbraunen Krümeln. Mäuseköttel. Äh, *lekker*!

Von den rund 80.000 Tonnen Schokolade, die in den Niederlanden pro Jahr konsumiert werden, Zahlen von 1991, hat der Anteil an Schokoflocken und *Hagelslag* immerhin einen Anteil von 15 %, also 12.000 Tonnen, das entspricht 30 Millionen Schachteln à 400 Gramm, weiß die Nederlandse Cacao Vereniging. Drei davon kaufe ich und importiere sie nach Deutschland.

In einigen Geschäften in meiner Nachbarschaft gibt es den *hagelslag* inzwischen, allerdings bei Backzutaten, den Weg ins deutsche Standardfrühstücksrepertoire, so wie in den Niederlanden, haben sie noch nicht gefunden. Dort freue ich mich selbst beim Hotelfrühstück über die Minischächtelchen mit *hagelslag*! Dass sich das in Zukunft ändert, daran arbeite ich! Schr-schr, mmmhhhh!

81. Grund

Weil die Brotzeit schnell geht und eine Scheibe Gurke sie »gesund« macht

Eine äußerst beliebte niederländische Speise, die bei Touristen noch nicht so bekannt ist wie *frikandel* und *pannekoeken*, ist das *broodje*, die Brotspeise. Ein *broodje* kann entweder ein praktisches Lunchgericht sein, also in der Mittagszeit zum *lunch*, ausgesprochen »lünnsch« oder sogar »lönnsch«, oder eine beliebte kleine Speise für Zwischendurch in einem *bruin café*, einer der geselligen Kneipen.

Ein *broodje* ist ganz allgemein ein Brötchen oder ein Stück Baguette, *stokbroodje*, oder ein Baguettebrötchen, *pistolet*, das belegt ist.

Broodje kaas ist mit Käse belegt, *broodje ham kaas* mit Schinken und Käse, *broodje kipkerry* mit einem scharfen Curry-Hühnchen-Salat. Man bekommt es in manchen Imbissen, bei gut sortierten Bäckern, selbst an Tankstellen oder verpackt im Supermarkt.

Das klingt alles nicht wirklich gesund, oder? Jedenfalls wird der Gesundheitsaspekt erst betont, sobald zu der Scheibe Käse, beliebt ist ein mittelalter Gouda, *belegen kaas*, eine Gurkenscheibe, eine Tomatenscheibe und ein Salatblatt dazukommen. Jetzt ist es gesund? Ja, denn es heißt *broodje gezond.*

Etwas später, wenn der Feierabend kommt und das Mittagsmahl etwas üppiger ausgefallen ist, bietet sich als kleine Speise ein *tosti* an. So heißen Speisevarianten mit getoastetem Brot. Im Englischen ist die Bezeichnung »toasti« gebräuchlich, im niederländischen einfacher *tosti.* Soweit ich mich erinnere, wird es aber wie *tooßti* ausgesprochen, obwohl es von der Schreibweise eher *toßti* heißen sollte. Ich wurde jedenfalls mit *tooßti* immer gut verstanden.

Mein Lieblingstosti ist *tosti kaas-tomaat.* Toastbrot, zwei Scheiben Käse und zwei Scheiben Tomate. Achtung! Es besteht Gefahr, sich an den noch wasserhaltigen Tomaten zu verbrennen, wenn das Brot und der Käse schon etwas abgekühlt sind. Die Tomaten bleiben länger heiß, das liegt an der höheren Wärmekapazität von Wasser gegenüber Fett. Das wäre aber ein anderes Kapitel.

Lecker ist auch *tosti kass-tomaat-ui*, also noch Zwiebeln dabei, das gibt eine frischere Note, so wie bei *friet/patat speciaal.* Beliebt ist auch *tosti ham-kaas*, Käse-Schinken, *tosti geitenkaas-tomaat*, Ziegenkäse-Tomate. Auch gibt es *tosti kipfilet*, mit Hühnchenfilet.

Der Variationen sind wenig Grenzen gesetzt, ebenso wie beim Pfannkuchen. Und so langsam sehe ich auch das Angebot an vegetarischen und veganen Varianten im Steigen begriffen. Mich freut das, und ich teste gerne die neuen Kreationen, zum Beispiel *tosti kaas-tomaat-ui-agurk-paprika.*

82. Grund

Weil braune Cafés urige Kneipen sind

Nach dem Stadtbummel einen Kaffee und eine *appeltaart*! Oder schon einen deftigen Happen und ein Bierchen? Oder einfach gemütlich auf der Terrasse am Marktplatz sitzen und das bunte Treiben der Menschen beobachten. Viel Kneipenleben findet in den Niederlanden in den *Bruin Cafés* statt, die auch *Eetcafes* heißen.

Die Wände sind oft mit dunklem Holz vertäfelt, ebenso dunkle Holztische, knarzende Dielen, ein breiter Tresen auf einer Seite mit Barhockern und die Tische gemütlich gruppiert.

Manchmal führt eine enge Treppe in eine obere Galerieetage, manchmal sind Kissen in den Fensterbänken zum Drauf-Platz-Nehmen. An den Wänden hängt allerlei Buntes an Erinnerungsstücken. Schals des regionalen Fußballvereins, in Friesland Porträtfotos der Gewinner der letzten *Elfstedentocht* mit Autogramm und echten historischen Schlittschuhen, allerlei maritimer Schnickschnack in der touristischen Küstenregion. Vielleicht steht auch ein alter, schiefer Billardtisch herum. Häufig gibt es einen größeren Tisch, auf dem Zeitungen ausliegen. Hier ist die Hemmschwelle etwas niedriger, sich zu anderen Lesenden dazuzusetzen.

Meine liebsten *Eetcafes* sind in Amsterdam, an der Prinsengracht, den Seitenstraßen des Jordaan und um den Noordermarkt. Doch liebe ich ebenso die prall gefüllten Cafés zum frühen Abend in den kleineren Orten, in Sneek, Sittard, Winterswijk oder Harderwijk. Selbst am Dorfplatz der kleinen 4000-Seelen-Gemeinde im Achterhoek ist oft ein gemütliches *Eetcafe*.

Und alle verbindet ein besonderer Stil, von Zeeland bis Drenthe, von Limburg bis Nordholland. Ein einzigartiger Charme.

Das braune Holz lebt unter einer Patina von Jahrzehnten des Ausgesetzseins an Zigarettenqualm. Über die Dielen ist mancher Liter Bier geflossen.

Das Bier ist sowohl in den Niederlanden als auch in Deutschland das beliebteste Kneipengetränk. Doch anstatt beide Kulturen zu vereinen, zeigt es eindeutig große Kulturunterschiede auf.

Schon beim Bierbestellen stößt der Tourist in den Kneipen Amsterdams, Utrechts oder Venlos auf Schwierigkeiten. Okay, ein *biertje* bestellen ist einfach, das funktioniert immer. Dann bekommt man in der Regel ein Heineken, ein Grolsch oder in Limburg ein Brandt an den Tisch. Pilsener Brauart, der Normalfall. Manchmal auch Bitburger oder Warsteiner, das erachte ich allerdings als Pech, denn im Ausland möchte ich doch das regionale Bier kosten.

Das *biertje* wird, wenn nicht explizit anders bestellt, im Viertelliter-Glas serviert. Die Gläser haben eine besondere Form, unten schmal, wodurch man sie gut mit einer Hand greifen kann, oben werden sie breiter und haben dann eine große Öffnung, aus der man bequem trinken kann. Das ist praktisch. Diese Gläser werden in den Niederlanden als Tulpen bezeichnet, ebenso wie die in Deutschland als Tulpen bekannte Gläser, die einen kurzen Stil zum Greifen haben und nach oben ebenfalls breiter werden.

In den Niederlanden wird gerne mit wenig Schaum gezapft, das Glas kommt häufig randvoll gezapft, der Schaum wird mit einem Wischer in Höhe der Glaskante abgewischt.

Probleme bei der Bestellung hatte ich grundsätzlich, wenn eine Nachfrage hinsichtlich Art oder Größe kommt. Bei *tulp of vaas*, Tulpe oder Vase, bin ich meist überfragt und sage dann, welche Größe ich bevorzuge.

Ebenso die Marke, ein leicht hefiges Weißbier ist den Niederlanden sehr beliebt, das *Witbier* und durch den belgischen Einfluss gibt es oft unterschiedliche Spezialbiere vom Fass. Dubbel, Tripel, Mönchsbräu. Häufig gibt es auch umfangreiche Bierkarten.

Nun, ich bleibe meist beim *biertje*, und wenn ich die Glasform nicht weiß, dann sage ich *groot* oder klein, das hat noch immer funktioniert.

83. Grund

Weil der »kibbeling« und der holländische Matjes frisch am Hafen am leckersten ist

Dieses Kapitel wird sicher ein eher schwieriges. Da muss ich zunächst meine Vorlieben, Überzeugungen und Grundsätze überprüfen. Auch, wann ich mich daran halten möchte und wann ich Ausnahmen zulasse. Im Prinzip sehe ich mich als Vegetarier, der sich sogar eher nach Möglichkeit vegan ernährt, als in die andere Richtung zu schielen.

Nachdem ich viele Jahre auch konsequent auf Fisch verzichtet hatte, habe ich irgendwann doch mal wieder ein Schollenfilet bestellt. Es war während einer Gruppenreise an die polnische Ostseeküste. Ich war der Einzige, der vegetarische Kost bestellt hatte. Ich bekam mittags einen halben Blumenkohl und drei Kartoffeln. Ohne Sauce. Trostlos! Es war mir auch kein Trost, dass das Essen meiner Kollegen ebenfalls nicht besser zu sein schien: ein unappetitliches braunes Durcheinander mit drei Kartoffeln. Aber wenigstens mit Soße!

Wir gingen ab Tag drei mittags lieber zur Fischbude an der Promenade. Ich bestellte Pommes frites. Abends gingen wir ebenfalls zur Fischbude an der Promenade, ich bestellte wieder Pommes frites.

Irgendwann bestellte ich eine Scholle. Aus Verzweiflung. Nicht schon wieder Pommes! Einfach mal was anderes! Ich wollte mich fühlen wie ein Mensch inmitten der Zivilisation, ein Mensch mit Auswahl beim Essen! Also Scholle. Und es war okay.

Seitdem habe ich zumindest immer eine Option, wenn das Angebot an vegetarischem Essen mich wenig reizt. Oder wenn ich für Gastgeber eine für sie akzeptable Variante vorschlagen möchte.

Auch für Reisen ins östliche Vorpommern bin ich besser gewappnet, wenn das einzige Gericht, das die Speisekarte als vegetarisch vermeldet, der Vitalsalat mit Putenstreifen ist.

»Tut uns leid, die sind schon drin, den Salat können wir Ihnen nicht ohne Putenstreifen servieren.«

»Aber da steht doch ›vegetarisch‹?«

»Na, Salat!«

Und tatsächlich esse ich hin und wieder auch freiwillig Fisch, etwa einmal im Monat. Mal ein Backfischbrötchen an den Landungsbrücken und Matjesfilet in feiner Sahne bei den Schwiegereltern. Ich sehe mich immer noch als Vegetarier, die Differenz zum Prinzip erkläre ich mir als kognitive Dissonanz.

So ergab es sich, dass ich in den Niederlanden den allseits beliebten *kibbeling* schon mehr als zwei Mal probieren konnte, die mundgerechten, frittierten Fischstückchen in Backteig, meist Kabeljau, Seelachs oder Seehecht.

Auch habe ich mich in einem Anfall von Leichtsinn einmal überreden lassen, in Brüssel *Moules Frites* zu probieren, da gibt es irgendwie nur *Moules Frites*, also musste es wohl zu einem Wochenende in Brüssel dazugehören. Ich bekam einen großen Topf mit Miesmuscheln, dazu *frietjes*. Nein, nein, nicht meins! An die Austern im Frankreichurlaub habe ich mich übrigens nicht herangewagt.

Was ich noch nicht probiert habe, ist der holländische Matjes, der *Hollandse Nieuwe*. Ich habe den deutschen Matjes schon gekostet, das schmeckt mir aber zu sehr nach Fisch, auch nicht meins.

Nun habe ich lang und breit meine Skepsis und mein gespaltenes Verhältnis zum Fisch erklärt. Wir sind aber doch in einem Buch, in dem es um eine Liebeserklärung geht!

Aber Liebe, das kann auch Toleranz sein, Akzeptanz im besseren Fall.

Im Fall meiner Hollandliebe ist es Akzeptanz, denn Fisch gehört für mich trotzdem dazu. Was wäre der Hafen von Volendam ohne die Fischbuden? Oder Oudeschild ohne die Fischkutter? Der Wochenmarkt von Enschede ohne die Gasse durch die Fischstände? Ohne die Tische, an denen sich die Menschen mit Servietten die Finger abwischen und doch den Fischgeruch erst daheim mit Seife und warmem Wasser abbekommen? Was wären die Restaurants von Renesse ohne die Tafeln mit *Zeeuwse Mosselen*, der seeländischen Variante von *Moules Frites*?

Was wäre Amsterdam ohne die Fischbuden, die selbst Herman van Veen besang:

Straks ben ik niet in deze stad
Maar denk er toch weer aan terug
Dan denk ik hoe ik zomaar
Haring at op een ronde brug

Denkend an Amsterdam, sehe ich mich Hering essen, auf einer runden Brücke! Das ist Wehmut, wie sie nur das maritime Element versprühen kann!

Und bei aller Akzeptanz darf ich still seufzen und denken, ach, wenn doch bloss nicht so viel davon gefangen würde. Und wenn der Mensch doch schonender mit dem Meere umginge, dann wäre es vertretbar, häufiger ein Stück Fisch zu essen.

So bleibt mir meine monatliche Hintertür, und ich gehe weiterhin freundlich gewogen am Fischimbiss vorbei.

9. Kapitel

Kultur und Sport

84. Grund

Weil Holland viele Meister hat

Wer ist der bedeutendste bildende Künstler der Welt? Rembrandt! Van Gogh! Mondrian!

Vielleicht aber auch Picasso oder Francis Bacon?

Unbestritten ist, dass die niederländische Kunst eine stolze Reihe großartiger Maler hervorgebracht hat. Es kommt nicht von ungefähr, dass »Holländische Meister« ein Qualitätsbegriff in der Kunstgeschichte ist.

Ich mag Kunst, ich mag Museen, ich mag Bilder, Skulpturen, Fotos, Zeichnungen, Drucke. Doch gehe ich an Kunst eher unbedarft heran. Ich schlendere durch ein Museum, schaue, verweile. An manchen Gemälden und Objekten husche ich vorbei, bei anderen lasse ich mir Zeit und beobachte mich, was mit mir passiert, wenn ich sie betrachte. Am liebsten bin ich mit dem Kunstwerk alleine, habe Ruhe und Muße.

Manche Werke lasse ich wirken, manche untersuche ich mit dem Verstand. Wie ist es entstanden, was möchte mir der Totenkopf dort im Fenster sagen, der neben den vielen Goldmünzen liegt? Was das faulende Obst neben der Kinderwiege? Was der Sonnenstrahl, der das Totenbett bescheint?

Manchmal lausche ich auch fasziniert einer Museumsführung und staune, dass man heutzutage erkennt, dass van Gogh wohl kurzsichtig war! Anhand der Art, wie er Sterne mit einem kleinen Hof malte.

Mit Informationen oder Wissen ausgestattet, kann ich Kunst anders schätzen, ihr anders begegnen. Einen gesellschaftlichen oder historischen Kontext erkennen, Symbolsprache deuten. Dort, wo eine künstlerische Entwicklung sichtbar wird, erkenne ich hinter Kunstwerken eine Biografie, sehe Erkenntnisse, Experimente und Reifeprozesse. Ich erfahre auch gern mehr über das Leben und die Zeit eines Künstlers.

Natürlich bekomme ich Ehrfurcht, wenn ich weiß, dieses Bild hat auf einer Auktion mehrere Millionen Euro erzielt oder es ist vom renommiertesten Künstler seiner Epoche. Und es tut mir leid, wenn ein kreativer Geist Kunstwerke geschaffen hat, die heutzutage für viel Geld verkauft werden, deren Schöpfer aber zu Lebzeiten davon wenig profitieren konnte.

Die Niederlande haben eine Reihe großartiger Künstler hervorgebracht. Vor allem im Goldenen Zeitalter. In dieser Zeit im 17. Jahrhundert sind die meisten Kunstwerke entstanden, kein Wunder, denn es gab reiche Kaufleute, die viel Geld für Kunst ausgaben. Rembrandt van Rijn, Johannes Vermeer, Frans Hals und Jan Steen sind die bekanntesten Vertreter dieser Epoche. Deren Werke sind vor allem im großen Rijksmuseum in Amsterdam ausgestellt. Beinahe ikonisch aus dieser Zeit ist Vermeers *Meisje met de parel, Das Mädchen mit dem Perlenohrgehänge,* die in der filmischen Umsetzung von Peter Webber lediglich Perlenohrringe trägt. Das Kunstwerk ist im Museum Mauritshuis in Den Haag zu sehen.

Doch um große Kunst zu genießen, muss es nicht immer das Goldene Zeitalter sein. Ich war begeistert von den drei Museen, die sich Piet Mondrian widmen. Das sind das Mondriaanhuis in seinem Geburtshaus in Amersfoort, die Villa Mondriaan in Winterswijk, wo er seine Jugend verbrachte, und das Gemeentemuseum in Den Haag, in dem eine Vielzahl seiner bekannten Werke ausgestellt ist. Bei diesem Künstler ist die Entwicklung besonders beeindruckend. Von frühen Landschaftsmalereien hin zu einer Kunst völliger Abstraktion mit schwarzen Linien und gefüllten Flächen in den drei Grundfarben. Mondrian war auch maßgeblich an der Künstlergruppe De Stijl beteiligt, einer visionären Gruppe aus Architekten, Designern und Künstlern, die die Moderne propagierten, vergleichbar mit der Bauhaus-Bewegung.

Ein besonderer Ausflug ist auch der Besuch im Kröller-Müller Museum im Nationalpark Hoge Veluwe, in der Nähe von Arnheim. Es zeigt viele Werke von Vincent van Gogh und besitzt einen beeindruckenden Skulpturengarten. Der Nationalpark kann mit kostenlos ausleihbaren weißen Fahrrädern erkundet werden.

Eine sehr persönliche Beziehung habe ich auch zum Werk von M. C. Escher. Ihm habe ich ein eigenes Kapitel gewidmet: *Grund 33: Weil der Blick in den Zauberspiegel des M. C. Escher magisch ist.*

85. Grund

Weil das Dutch Design einen unverwechselbaren Stil geschaffen hat

Pfiffig, schlicht, humorvoll, praktisch. Und dabei noch elegant. So könnte man die Philosophie der typisch niederländischen Gestaltungskunst beschreiben. Nicht zuletzt deshalb schlendre ich gerne durch Geschäfte wie HEMA, die sich das Dutch Design auf die Fahne geschrieben haben. Viele Produkte dort haben einen hohen Wiedererkennungswert. Vergleichbar mit einem anderen, uns vertrauteren Designstil.

Wenn man nicht wüsste, wo man gerade ist, und öffnete die Augen in einem IKEA-Möbelhaus: Der erste Blick verrät es. So wie das skandinavische Design, hat das niederländische Design eine eigene, unverwechselbare DNA. Ebenso das niederländische Kaufhaus HEMA, dem auch ein eigenes Kapitel gewidmet ist, *Grund 66: Weil echt* HEMA, und andere Geschäfte, die Dutch Design im Angebot haben.

Das Dutch Design geht auf eine Bewegung des frühen 20. Jahrhunderts zurück, die Zeitschrift und die Künstlergruppe De Stijl. Die abstrakte Kunst von Piet Mondrian ist das bekannteste Beispiel dieser Künstlerbewegung, auch die Architektur von Gerrit Rietveld. Dieser hat den berühmten Rot-Blauen Stuhl entworfen, den man auch als gebrauchstüchtige 3-D-Variante eines Bildes von Mondrian beschreiben könnte.

Die Gruppe De Stijl war zu Beginn des 20. Jahrhunderts vor allem eine politische Gruppe, die sich zu einem puristischen und geometrisch-abstrakten Stil in der Kunst und im Entwurf von Gebrauchsgegenständen bekannte. Sie gab sich ein Manifest, das so beginnt:

Es gibt ein altes und ein neues Zeitbewusstsein. Das alte richtet sich auf das Individuelle. Das neue richtet sich auf das Universelle.

Es war eine gesamtheitlich philosophische Bewegung, ein visionärer Aufbruch in eine neue Zeit, die Kunst und Formgebung sowie die Architektur sind der Ausdruck dessen im alltäglichen Leben.

Der Nachteil einer derart dogmatischen Gruppe stellte sich alsbald heraus: Man zerstritt sich bei der Frage, ob es genehm sei, Diagonalen in der Kunst zuzulassen!

Und wie kommt man nun von den dogmatischen Anfängen zu pfiffigen Gebrauchsgegenständen?

Nun, vielleicht nicht direkt. Aber über einen kleinen Umweg:

Parallel zu De Stijl entwickelte sich die Amsterdamer Schule, ein niederländischer Architekturstil der klassischen Moderne, der zum Teil sehr expressive Backsteinbauten hervorgebracht hat.

Viele der Backsteingebäude mit kunstvoll verzierten Mustern und expressionistischen Elementen fallen heute im Stadtbild der Niederlande auf. Nicht immer im historischen Zentrum, eher in den Stadtgebieten, die zu Anfang des 20. Jahrhunderts geplant und gebaut wurden.

Das Schifffahrtsmuseum Amsterdam, das Kaufhaus De Bijenkorf in Amsterdam und vor allem das wegen seiner Form berühmte »Het Schip«, also »das Schiff« genannte Gebäude in Amsterdam-West.

Sie alle wurden vor allem aus dem typischen, roten Backstein gebaut, doch verzieren besonders gestaltete, oftmals schmuckvoll verdrehte oder gezwirbelte Kanten die dennoch geradlinig und modern wirkenden Gebäude.

Auch die Gebrauchsgegenstände, die unter den strengen Vorgaben von De Stijl entstanden, hatten schon das Prinzip des heutigen

Dutch Design. Einfach, schlicht, doch elegant und mit einem Tick Besonderem.

Dass Dutch Design heute international einen ausgezeichneten Ruf hat, liegt an einer starken Förderung von niederländischen Designzentren. Mit der Dutch Design Week und der Design Academy ist Eindhoven weltweit zu einer der Top-Adressen für modernes Design geworden.

86. Grund

Weil es während der Bücherwoche das Bücherwochengeschenk gibt

In jedem Jahr Ende März ist die schönste Woche für Literaturbegeisterte in den Niederlanden, es ist die Bücherwoche. Wer in dieser Woche in einer Buchhandlung für mindestens 12,50 € ein Buch ersteht, bekommt das Bücherwochengeschenk obendrauf.

Das freudige Erlebnis traf mich vor einigen Jahren gänzlich unerwartet bei einem Samstagsbummel in Enschede. Ich kaufte einige Hörbücher und bekam das Buch *Broer* von Esther Gerritsen geschenkt. Ich hatte davor schon mal von der Bücherwoche gehört, war mir aber nicht bewusst, dass es gerade in dieser Woche war, als ich einen Büchergroßeinkauf tätigte. Eine wunderbare Tradition in den Niederlanden schon seit vielen Jahren. Die Bücherwoche beginnt immer an einem Freitag, an dem der Bücherball in Amsterdam stattfindet. Dort trifft sich die literarische und die feine Gesellschaft, es werden Preise verliehen, der ganze Tamtam, ein Ball eben. Veranstalter ist die Stichting CPNB, die Stiftung Collectieve Propaganda van het Nederlandse Boek. Interessanter Name, hinter dem sich das Marketingbüro des Niederländischen Buchwesens verbirgt.

Der Ehrenpreis des Bücherballs gilt der Autorin oder dem Autor, der in diesem Jahr die Ehre hatte, das Buch zur Bücherwoche schreiben zu dürfen. Und inzwischen ist es tatsächlich eine Ehre, so haben alle, die in der niederländischen Literatur Rang und Namen haben, bereits ein Buch zu der besonderen Woche beisteuern dürfen. Harry Mulisch, Connie Palmen, Cees Noteboom, Anna Enquist, Remco Campert, Simon Carmiggelt und Willem Frederik Hermans, um nur einige zu nennen. Sogar Salman Rushdie wurde diese Ehre im Jahr 2001 zuteil.

Die Bücherwoche dauert bis zum Sonntag der Woche nach dem Bücherball. Es ist also genaugenommen ein Zeitraum von zehn Tagen.

Ursprünglich wurde die Bücherwoche 1932 vom Niederländischen Verlegerverband eingeführt, als eine Aktion, die das Medium Buch populärer machen sollte. Das Büchergeschenk gibt es sogar schon seit 1930, in dem Jahr gab es aber nur einen Büchertag. Mit Ausnahme der Kriegsjahre ist diese Tradition bis heute ununterbrochen.

Seit 1955 gibt es auch eine Kinderbücherwoche mit einem eigenen Kinderbücherwochengeschenk. Zeitlich sind beide Werbewochen allerdings voneinander getrennt, die Kinderbücherwoche ist in jedem Jahr im Oktober.

Eine besondere Nachricht für Bahnreisende: Das Bücherwochengeschenk ist auch eine Fahrkarte! Hat man das Buch im Reisegepäck, reist man seit 2001 einen ganzen Tag kostenlos mit der Niederländische Bahn, und zwar am letzten Sonntag der Bücherwoche.

Weil Ding-a-Dong in Europa ein Ohrwurm wurde

And the world looks sunny
Everyone is funny
When they sing a song that goes ding-ding-a-dong

Und klingelt schon was?

Oder:

I see a star, a brand new star
It's right there, twinklin' in your eyes

Noch keine Melodie im Ohr, der Ohrwurm für die nächsten drei Tage?

Vielleicht eher bei:

Cry no more, feeling all alone and insecure …

oder

Ooh skies are black and blue
I'm thinking about you …

Die Zeilen sind allesamt Textzeilen aus Liedern, die, auch wenn sie auf Englisch gesungen wurden, für die Niederlande beim Eurovision Song Contest an den Start gingen. Oder beim Grand Prix Eurovision de la Chanson, wie er auf gut Deutsch bis 2001 hieß. Im Niederländischen ganz einfach *Eurovisiesongfestival.*

Die zitierten Lieder sind:

Ding-a-dong von Teach-In, 1975, 1. Platz

I See a Star von Mouth & MacNeal, 1974, 3. Platz

Lights and Shadows von O'G3NE, 2017, 11. Platz

Calm after the Storm von The Common Linnets, 2014, 2. Platz

Ich gebe zu, ich bin tatsächlich ein ESC-Fan. Es gibt wenige Events, die ich mir über die Jahre nach Möglichkeit immer im Fernsehen angesehen habe und von denen ich immer gleichermaßen begeistert war. Ich habe eher auf ein Endspiel eines der großen Fußballturniere verzichtet als im Mai auf das Festival des europäischen Liedguts.

Äh, Liedgut? Ich gebe zu: Der ESC ist Kitsch. Seichter Schlager, oftmals schlechte, da übertriebene Choreografie, pompöse Video-, Rauch- und Lichtinszenierungen, Balkanpop, manchmal sogar zum Fremdschämen. Aber oft ist es auch ein echtes Musikfest, eine Begegnung der Kulturen, an dem alle europäischen Länder teilnehmen und die ganze Welt zuschaut. Die schönsten Jahre waren die, als noch alle in ihrer eigenen Sprache sangen. Finnisch, Serbokroatisch oder Griechisch.

Und eben auf Niederländisch:
'n Beetje
Verliefd was je wel meer, meneer
Dat weet je
Je hart kwam wel eens meer
Op een ideetje
'n Beetje von Teddy Scholten, 1959, 1. Platz

Ich bin noch nicht so alt, dass ich dieses Lied damals live hätte sehen können, meine Zeit mit dem ESC fing in den 1970er-Jahren an. Den großen Erfolg von ABBA mit *Waterloo* sah ich dort noch nicht, deren Hits hörte ich stattdessen ein, zwei Jahre später bei der WDR *Schlagerrallye*.

Soweit ich denken kann, habe ich den Niederlanden damals schon die Daumen gedrückt und ganz besonders auf den Text geachtet, ob ich denn etwas verstehen würde. Als dann fast alle auf Englisch sangen, fehlte mir besonders der bunte, internationale Reiz, umso mehr freute es mich, wenn mal wieder ein Lied in einer exotischen Sprache zu hören war.

Eine große internationale Karriere begann übrigens ausgerechnet mit einem Auftritt beim Europäischen Schlagerfestival, auch wenn dieser nicht sonderlich erfolgreich ausging. Und zwar mit dem Lied *Wat een geluk (dat ik een stukje van de wereld ben)*.

Das sang 1960 kein Geringerer als Rudi Carrell, womit er allerdings in einem Teilnehmerfeld von 13 Startern nur den zwölften Platz belegte. Dennoch dachte sich das deutsche Fernsehen das Gleiche, nämlich »welch ein Glück, dass dieser junge Mann ein Stück von der Welt ist«, und bot ihm 1965 eine eigene Show an. Der Rest ist Legende.

P.S. Eine Legende wird vielleicht auch Duncan Laurence. Er gewann mit *Arcade* 2019 den ESC und holte diesen Titel erstmals seit 44 Jahren wieder in die Niederlande.

88. Grund

Weil die Elfstedentocht das größte Wintersportspektakel der Welt ist

Die Elfstedentocht ist zwar ein großes, doch leider auch ein sehr seltenes Sportereignis. Es ist ein fast 200 Kilometer langer Eislaufmarathon in der Provinz Friesland. Selten ist das Ereignis, da es auf Natureis ausgetragen wird. Und das ist nicht immer dick genug. Leider, sagen Millionen Fans des *schaatsen*, des Eischnelllaufs.

Die erste Elfstedentocht fand 1909, die bisher jüngste 1997 statt. Im Winter 2016/17 war es allerdings so was von knapp, dass die Eisdicke nicht reichte. Also gilt es weiterhin warten, auf die erste Elfstedentocht des 21. Jahrhunderts. Die Strecke von Leeuwaarden über Sneek, IJlst, Sloten, Stavoren, Hindeloopen, Workum, Bolsward, Harlingen, Freneker, Dokkum und zurück nach Leeuwarden, die elf friesischen Städte, ist zwischen 189 und 199 Kilometer lang. Die große Tour wurde bisher 15 Mal gestartet. Die Sieger brauchten dafür zwischen 13 Stunden und 50 Minuten (1909, Minne Hoekstra für 189 Kilometer) und sechs Stunden und 47 Minuten (1985, Evert van Bentheim für 196,8 Kilometer). 1986 gingen fast 15.000 Läuferinnen und Läufer an den Start. Und ganz sicher standen Millionen an den Grachten und auf Brücken!

Um dieses Phänomen zu verstehen, schauen wir in die Provinz Friesland, ein Kanal auf dem platten Land.

Ein früher Morgen im Februar. Flaches Land so weit das Auge reicht, eine Wiese links, eine Wiese rechts. Das zarte Hellgrün der mit Raureif bedeckten Graslandschaft steht im aufsteigendem Nebel, der dem orangefarbenen Sonnenball entgegensteigt. Einige tapfere Schafe grasen Tiefkühlkost. Der Kanal ist gefroren. Eiskristalle funkeln, glitzern und streuen das Sonnenlicht in grellen Funken in die Landschaft.

Stille.

Von fern her kommen langgezogene Schleifgeräusche: schrrrrrrrr, schrrrrrr, schrrrrr, in gleichmäßigem Takt. Eine schmale, doch kraftvolle Gestalt fliegt in wiegendem Gleitschritt über den Kanal. Ein Arm pendelt im Takt der ausholenden Beinzüge, der andere liegt fest an die Seite und an den Rücken gepresst. Der Anzug zeichnet die Körperkonturen nach, enge Mütze, aerodynamische Sportbrille. Wie Rauchfahnen strömt Atem aus dem Körper. Das Schleifen wird lauter, schleift sich heran: schrrrri schrrrrrri schrrrri – schleift sich wieder fort: schrrrrru schrrrrrru schrrrrrru.

Die sportliche Gestalt und das Fahrgeräusch verschwinden in Richtung Horizont, entlang des sich in die Unendlichkeit des platten Landes verjüngenden Kanals, eine gerade Linie von da nach dort.

Wir sind im Norden der Niederlande, in Friesland oder in der Provinz Groningen. Vielleicht auch im Westen, in den Polderlandschaften Nordhollands. Hier ist Eislauf Kultur und Nationalsport zugleich. Der Höhepunkt ist Eislaufen auf Natureis, sobald die Temperatur es zulässt. Und das ganze Land steht kopf, wenn es zur Elfstedentocht geht.

Szenenwechsel. Scheinwerferlicht.

Heerenveen, Provinz Friesland. Groß wie ein Fußballstadion ist das Eisstadion »Thialf«. Dicke gelbe Rohre unter der Decke. Auf dem 400 Meter langen Rund drehen Ireen und Sven ihre Kreise, Trainer rufen Zeiten rein, machen sich Notizen. An besonderen Tagen fasst die Halle 12.500 Zuschauer, das ist der Fall bei Weltmeisterschaften oder Europameisterschaften, wie sie beinahe im Jahresrhythmus in Heerenveen stattfinden. Das Thialf ist die bedeutendste Eishalle in den Niederlanden und Trainingshalle für das Nationalteam der Eischnellläuferinnen und Eisschnellläufer. Der Name Thialf ist friesisch und bedeutet Schiff. Es ist vielleicht das Herz der Eislaufwelt, zumindest für den Teil der Eislaufwelt, der um hundertstel Sekunden kämpft.

Ireen Wüst wusste seit 1997, seit sie als Zwölfjährige ihren Vater zur bislang letzten Elfstedentocht begleiten konnte, dass Eislauf ihre Leidenschaft würde.

Das hat sie während vier Olympischer Spiele eindrucksvoll bewiesen.

Sven Kramer ist der *local hero*, er wuchs nur wenige Kilometer vom Thialf auf. Auch er wurde familiär mit dem Eisschnelllauf in Kontakt gebracht, sein Vater Yep Kramer war Olympiateilnehmer 1980 und 1984.

Man mag erstaunt sein, mit welcher Übermacht die Kufenflitzerinnen und -flitzer aus den Niederlanden das große eisige Rund beherrschen. Doch wer einerseits das unbändige Verlangen und das romantische Ideal des Natureislaufens kennenlernt, der versteht es. Hier ist die Saat gelegt, die sich in Titeln und Medaillen äußert.

Auch im *Eerste Friese Schaatsmuseum*, dem ersten friesischen Eislaufmuseum in Hindeloopen, geht es um die schnellen Kufen. Dort wird neben der Geschichte des Eislaufens in den Niederlanden auch das große Spektakel der Elfstedentocht dokumentiert. Die Gewinner waren Helden. Doch nicht allein die, schon wer ins Ziel kommt, ist eine Heldin oder ein Held in dieser eislaufverrückten Region. Selbst der amtierende König Willem-Alexander nahm, inkognito unter dem Namen W. A. van Buren, an dem Spektakel teil und erreichte 1986 das Ziel. Respekt, Majestät!

Ein Drama nur, dass es in den zurückliegenden Jahren so selten die nötigen Witterungsbedingungen für das Event der Events im Eisschnelllauf gab.

89. Grund

Weil Oranje eine bedeutsame Farbe im Fußball ist

Natürlich habe ich mich geärgert, als 1988 bei der Fußballeuropameisterschaft die Niederlande im Halbfinale Deutschland aus dem Turnier warfen. Im eigenen Land. In der Schlussviertelstunde!

Natürlich habe ich mich aufgeregt, über das Drama im Achtelfinale der Weltmeisterschaft 1990, als Frank Rijkaard unseren Rudi Völler bespuckte und dafür beide die Rote Karte sahen. Beide! Obwohl der doch gespuckt hat!

Natürlich fiebere ich immer etwas mehr für das deutsche Team, wenn es gegen die Nachbarn aus dem Westen geht. Doch die allgemeine Rivalität zwischen Deutschland und den Niederlanden, wenn es um Fußball geht, habe ich nie mitgemacht.

Vielleicht liegt das vor allem an der Arglosigkeit der späten Geburt, denn 1974 war ich noch nicht dabei.

Und 1988, da habe ich Oranje den Sieg gegen die Sowjetunion beim Endspiel in München und den damit verbundenen Europameistertitel von Herzen gegönnt. Bei der WM 2010 in Südafrika habe ich im Endspiel auch »Hup Holland« gerufen, gebracht hat es indes nichts. Spanien siegte 1:0, erst in der Verlängerung, und führte den Niederländern nach 25 ungeschlagenen Spielen erstmals wieder eine Niederlage zu und wurde Weltmeister. *Verdomme*!

Und ja, ich gebe zu, auch ich habe schon mal »Ohne Holland fahr'n wir zur EM/WM« angestimmt. Doch eher mit einem weinenden Auge, als mit Hohn und Spott. Nein, da sind mir unsere Nachbarn immer lieber, als Spanien, Italien, England, Brasilien, Argentinien und andere erfolgsverwöhnte Nationen. Auch lieber als die anderen, weniger erfolgsverwöhnten, aber weiter weg liegenden Nationen. Außer vielleicht Island. Oder Dänemark.

Meine Fußballgeschichte fing mit einer Sammelleidenschaft an. Ich war neun Jahre alt, fast schon zehn.

Weltmeisterschaft 1978, ich sammelte Argentinien-Bilder. Neben der Deutschen Mannschaft war es vor allem Oranje, deren Bilder ich unbedingt haben wollte, René und Wim van de Kerkhof!

Später liebte ich den Tempo- und Kombinationsfußball um Ruud Gullit. Erfrischend flott, anders als der kontrollierte Fußball, für den die deutsche Mannschaft unter Berti Vogts oder Erich Ribbeck stand.

Die große Rivalität der beiden benachbarten Fußballriesen fing vermutlich mit dem WM-Endspiel 1974 an. Das Waterloo der *Oranje-Elftaal*, ein nationales Trauma.

In diesem Turnier spielte »Holland« um den genialen Johan Cruyff einen traumhaften Kombinationsfußball, temporeich, ideenreich, beinahe revolutionär. *Totaalvoetball*, Fußball total, hieß diese Revolution. In diesem System kann jeder Spieler jede Position eines anderen Spielers übernehmen. Schnelle Positionswechsel und für den Gegner schwierig vorhersehbare Spielsituationen ermöglichte der *totaalvoetbal*. Die Niederländer beherrschten das Konzept perfekt. Sie schlugen auf dem Weg ins Finale den amtierenden Weltmeister Brasilien und hatten in zuvor sechs Spielen 14 Tore erzielt, bei nur einem Gegentreffer.

Doch gerade dem deutschen Beamtenfußball gelang es, die Kombinationswut zu knacken.

In Person war es wohl Berti Vogts. Im Endspiel von 1974 bekam er von Bundestrainer Helmut Schön zunächst den Auftrag, Johan Cruyff mit Raumdeckung zu verteidigen. Die Folge: Cruyff entwischte Vogts beim ersten Angriff, Uli Hoeneß musste ihn im Strafraum stoppen, Elfmeter für Oranje und die Führung in der zweiten Minute. Nur eine Minute später, Cruyff war durch, nun musste Vogts ihn mit einem Foul stoppen, Gelbe Karte für Vogts. Hier beschloss der deutsche Verteidiger, der Strategie seines Trainers nicht mehr zu folgen. Stattdessen folgte er Johan Cruyff auf Schritt und Tritt in enger Manndeckung. Die Legende des »Terrier« war geboren.

Folgenreich, die deutsche Mannschaft bekam Spiel und Gegner in den Griff, Fußball total kam aus dem Rhythmus. Das Ende ist bekannt, den Pokal streckten später Franz Beckenbauer, Gerd Müller und Berti Vogts in den Münchner Abendhimmel. Effizienz und Disziplin gewannen über Tempo- und Kombinationsfußball, Kampf über Zauber und Magie.

In den Niederlanden ist man bis heute überzeugt, dass damals der Fußballgott geschlafen hat. Nicht die bessere Mannschaft hat gewonnen, es ist die *Moeder aller Nederlagen*, die Mutter aller Niederlagen, und der Beginn einer wunderbaren Feindschaft. Na, mindestens einer leidenschaftlichen Rivalität.

90. Grund

Weil Frank Rijkaard und Rudi Völler sich wieder vertragen haben

Einer der größten Skandale im Fußball, abgesehen von Wettbetrug, der Vergabe der Ausrichterländer großer Fußballturniere, den inflationären Ablösesummen, der Duldung rechtsradikaler Plakate in Fanblocks und dem Verschütten von Dosenbier in Regionalzügen durch Fußballfans, ist der Spuckskandal oder das Lama-Drama zwischen Rudi Völler und Frank Rijkaard während der Fußballweltmeisterschaft 1990 in Italien.

Das Mailänder Giuseppe-Meazza-Stadion, in einem emotional aufgeheizten Spiel traf im Achtelfinale Deutschland auf die Niederlande. Zwei Jahre zuvor hatte Oranje den Deutschen bei der Europameisterschaft im eigenen Land ein Bein gestellt und sie im Halbfinale besiegt. Im eigenen Land!

Frank Rijkaard grätschte Rudi Völler in der 22. Minute von den Beinen und sah dafür zu Recht die Gelbe Karte. Im Rücken des Schiedsrichters, dessen vergewisserte Rijkaard sich zuvor, schlich er dann an Völler heran und bespuckte ihn im Vorbeigehen. Völler ging darauf zeternd auf Rijkaard zu und deutete dem Schiedsrichter gestisch an, dass er bespuckt worden sei. Vermutlich begriff dieser die Umstände nicht richtig, gab dem schimpfenden Völler aber ebenfalls Gelb.

Im darauffolgenden Freistoß ergab sich für Rudi Völler eine gute Chance zum Torschuss, bei dem er aber vom herausstürmenden Torhüter van Breukelen durch eine ausladende Fußbewegung von den Beinen geholt wurde. Rijkaard stürmte daraufhin auf den noch liegenden Völler, zog ihn am Ohr und schimpfte auf ihn ein. Van Breukelen versuchte Rijkaard zurückzuhalten, doch der ließ nicht ab.

Der argentinische Schiedsrichter zeigte daraufhin zunächst Rijkaard die Rote Karte. Allerdings auch Rudi Völler, der sich in dieser Szene nichts hat zuschulden kommen lassen.

Im Anschluss stand Völler noch fassungslos im Strafraum, während Rijkaard sich ihm erneut von hinten näherte und ihn ein zweites Mal bespuckte.

Dass die Szenen anhand von TV-Kameras so deutlich und in Zeitlupe mitgeschnitten wurden, war den Akteuren, vor allem Rijkaard, vermutlich in der Spielsituation gar nicht klar. Denn in puncto Übertragungstechnik setzte dieses Turnier einen neuen Standard gegenüber vorangegangenen Turnieren. Erstmals wurden alle Spielsituationen in Nahaufnahme von einer Vielzahl Kameras aus allen möglichen Perspektiven eingefangen und schon Sekunden nach einer Spielsituation in Zeitlupe um die ganze Welt gesendet. Eine Situation, an die Spieler sich zunächst gewöhnen mussten.

In einem persönlichen Brief entschuldigte Frank Rijkaard sich nach dem Turnier bei Rudi Völler. Bei folgenden Begegnungen begrüßten sich beide herzlich, der Streit war also beigelegt, vergeben unter Sportsmännern. Allerdings nicht vergessen, Rudi Völler wird zu vielen Gelegenheiten wohl heute noch zu dieser Situation befragt.

Den deutschen Torjäger wird wohl vor allem getröstet haben, dass er rund zwei Wochen später in Rom wieder auf dem Platz stand und einen schönen Pokal mit nach Hause nehmen konnte, zusammen mit dem Weltmeistertitel.

Auch der Niederländische Molkereiverband nahm es mit Humor: 1996 gewann er Rijkaard und Völler für eine gemeinsame Werbeaktion. Beide saßen gemeinsam im Bademantel am Frühstückstisch. Der passende Slogan lautete: Mit echter Butter bekommst du sie wieder an den Tisch. Also, alles war wieder in Butter.

Dieser Skandal, mehr noch die Verbissenheit, mit der die Niederländer in die Begegnungen gegen Deutschland gingen, hat meine Sympathie für Oranje etwas geschmälert. Nur gut, wenn man sich nachher wieder gemeinsam an einen Tisch setzen kann.

91. Grund

Weil ein Eishockeyteam aus Tilburg die deutsche Oberliga aufmischt

In der deutschen Fußball-Oberliga, da spielt Westfalia Herne gegen Tus Haltern oder Arminia Hannover gegen BV Cloppenburg. Zum Auswärtsspiel fährt man also rund eine, höchstens zwei Stunden, Nachbarschaftsduelle sind an der Tagesordnung.

Anders im Eishockey. Da gibt es die oberste Liga, die Deutsche Eishockey Liga, kurz DEL, die zweite Liga, DEL 2, und darunter kommt schon die Oberliga, die in zwei Gruppen, Nord und Süd, aufgeteilt ist.

Hier spielen also in der Gruppe Nord die Icefighters Leipzig gegen die Füchse Duisburg und Piranhas aus Rostock gegen den Herner EV. Ja, Tiernamen sind im Eishockey beliebt, auf Englisch zudem.

Auch ich hatte in meinem Leben eine kurze Phase der Eishockeybegeisterung. In meiner Heimatstadt spielte der lokale Verein ebenfalls in der Oberliga, damals ging es aber meist gegen Teams aus dem Sauerland. Und die einzigen Tiere in der höchsten Liga waren die Haie aus Köln.

Nun hat mich ein Thema mal wieder für das Eishockey begeistert. Denn ausgerechnet ein Verein aus den Niederlanden hat die Aufnahme in den Ligabetrieb der deutschen Eishockey-Oberliga geschafft. Nicht nur das, bereits in der ersten Saison gewannen sie die Oberligameisterschaft, im folgenden Jahr ebenfalls, im Jahr darauf erneut.

Moment: Wenn die jedes Mal die Oberliga-Meisterschaft gewinnen, dann sollten die doch mal aufsteigen, oder? Theoretisch ja, doch praktisch sprechen einige Gründe dagegen, eher Bedenken und zwar die der anderen Klubs und des Eishockey-Verbandes, die müssten das nämlich vorab genehmigen.

Der Verein heißt Tilburg Trappers und war über viele Jahre Niederländischer Abonnementsmeister.

Nun ist der Ligabetrieb im Eishockey dynamischer als etwa im Fußball, da werden Ligen hin und wieder umgestaltet und durcheinandergewürfelt.

So vereinigte sich vor einigen Jahren die oberste niederländische Liga mit der obersten belgischen Liga zu einer gemeinsamen Meisterrunde.

Das nahmen die Tilburger zum Anlass, direkt im Nachbarland anzuklopfen, da die dritte Liga in Deutschland sportlich reizvoller ist, als eine gemeinsame Liga in den Niederlanden und Belgien. Und ja, ein Start in der Oberliga wurde den Nordbrabandern gewährt.

Die schwierige Situation ist die, dass sie nun aber nicht aufsteigen dürfen. Aber wer weiß, vielleicht wird auch das den Trappers irgendwann einmal gewährt.

Seltsam ist, dass in den Niederlanden Eishockey noch eine Randsportart ist. Denn die Niederlande gehören sowohl im Feldhockey als auch im Eisschnelllauf zur Weltspitze. Weshalb gilt das nicht für die Kombination?

Vermutlich am eher rüpelhaften Image des Eishockeys, denn Feldhockey gilt eher als die Sportart der Reichen und Vornehmen, Eisschnelllauf ist eher athletisch und elegant.

Und im Eishockey, da fehlt schon mal ein Zahn, da gibt es blaue Augen.

Doch die Fankultur ist im Eishockey entspannter als beim Fußball. Gerade in den Niederlanden gibt es hasserfüllte Schlägereien zwischen Anhängern von Ajax Amsterdam und Feyenoord Rotterdam.

Im Eishockey sieht man es humorvoller, da stehen Heim- und Gästefans schon mal freundschaftlich beim Bier zusammen, vor und nach dem Spiel. Das ist mir sehr sympathisch.

10. Kapitel

Sprache

92. Grund

Weil eine Eischen groß sein kann und die Verkleinerungsform fast alles auszudrücken vermag

Eine der auffälligsten Eigenarten des Niederländischen sind die vielen Verkleinerungsformen. Die Endungen -je und -tje, die aus dem *brood* ein *broodje*, aus dem *bier* ein *biertje* machen. Brot und Bier sind gemeint, hatten wir ja bereits.

Die Verkleinerungsform klingt in erster Linie niedlich. Dabei geht es aber nicht immer um die Größe. Denn alles, was irgendwie angenehm oder positiv ist, wird gerne in den Diminutiv gesetzt, wie diese Form grammatikalisch heißt. Wenn ich mir ein Eis kaufe, dann kaufe ich mir im Niederländischen selten bloß ein *ijs* (sprich: eis), sondern ein *ijsje* (sprich: eisje). Ganz egal ob ich eine Kugel oder fünf Kugeln wähle. Es ist also kein Widerspruch in sich, wenn ich von einem *groot ijsje* spreche, einem großen Eischen!

Das liegt mir als Westfalen sehr nahe, denn auch in meiner Region wird gerne verniedlicht. Für mich ist es ganz selbstverständlich, beim Zubereiten der Mahlzeit Kartöffelchen zu schälen und Zwiebelchen zu schneiden. Damit meine ich ebenfalls nicht nur die kleinsten ihrer Art. Befremden habe ich damit unter meinen Erstsemester-Kommilitonen in Berlin ausgelöst. Später setzte ich die Verkleinerungsform sparsamer ein. Offenbar nimmt ihr Gebrauch von Westen nach Osten ab. Niederlande extrem, Westfalen auffällig, Berlin gar nicht. Verständnis hätte ich noch von Exil-Schwaben, denen aus dem Ländle, erhoffen können. Die kannte ich in meiner frühen Studienphase allerdings noch nicht.

Bei bestimmten Redewendungen, die mir im Westfälischen vertraut sind, machen unsere westlichen Nachbarn aber nicht mit. Das Päuschen beispielsweise. Unter Niederländern schlug ich einmal vor, ein *pausje* zu machen, und erntete damit verwirrte Blicke. Obwohl die Pause im Niederländischen auch *pauze* heißt. *Pausje*, das sei ein kleiner Mann aus Rom, so wurde mir erklärt, von *paus*, der Papst. Aha, ein Päpstchen wollte ich nun wirklich nicht machen. Wieder was gelernt und herzlich gelacht!

Und was trinkt man so im Mittagspäuschen? An Rhein und Ruhr ist da ein Käffchen üblich. Den zu verkleinern geht an Waal und Maas nur in seinem Behältnis: *kopje koffie*, das Tässchen Kaffee. Hier hat die Vorstellungskraft, eine Flüssigkeit zu verkleinern, möglicherweise Grenzen.

Wobei andere Getränke das Verkleinern durchaus erlauben: *colaatje*, die Cola, *appelsapje*, der Apfelsaft, oder das beliebte *biertje*. Diese Formen sind sehr gebräuchlich. Bier wird in den Niederlanden meist in Gläsern der Größe 0,25 Liter serviert. Für deutsche Verhältnisse also in homöopathischen Mengen. Die Verkleinerungsform könnte sich hier tatsächlich auf die Größe des Glases beziehen.

Für Sprachlerner ist die Verkleinerungsform – noch mal zum Merken: Diminutiv – ein immenser Vorteil. Zwar gibt es im Niederländischen keine drei Artikel, sondern nur zwei: *de* und *het*.

De ist die und der: *de vrouw*, die Frau, *de man*, der Mann.

Het ist Neutrum: het kind.

Gleichwohl kann ich in manchen Fällen über sie oder ihn, *zij* oder *hij*, reden müssen. Dann kann ich in die Not kommen, mich zu entscheiden, ob ein de-Wort *zij* oder *hij* ist. Hier hilft ein Trick, der Diminutiv! Ein -je oder -tje macht aus allem *hij* und bekommt den Artikel *het*!

Ich unterstelle auch muttersprachlich niederländisch Aufgewachsenen, ihre Unsicherheiten im Zweifelsfall mit einer Verniedlichung zu umgehen!

Es gibt bei der Übersetzung aus dem Deutschen ins Niederländische weitere Fallstricke, was die Artikel angeht: Gleiches Wort, anderes Geschlecht!

Das Radio – *de radio*

Das Auto – *de auto*.

Auch hilft die Verkleinerungsform. Immer sächlich ist *het radiotje, het autotje*. Dabei muss ich nur aufpassen, dass ich Henk mit seinem neuen, getunten Mercedes nicht beleidige: »He, Henk, hübsches Autochen hast du da! … Aua!«

Die Einsatzmöglichkeit der Universalwaffe Diminutiv ist beim Verkleinern oder Verniedlichen längst noch nicht erschöpft. In der Trickkiste des Niederländischen befinden sich zahlreiche Möglichkeiten, aus einem Verb ein Substantiv zu erzeugen, indem ein -je oder -tje angehängt wird. Das Telefongespräch ist ein *telefoontje*, das Handy ein *mobieltje*, die Handynummer kann sogar die *06je* sein, nulzesje, abgeleitet von der Handyvorwahlnummer 06.

In der Kombination mit dem ebenfalls vielfältig einsetzbaren *lekker* ist der Diminutiv unschlagbar: aus schlafen, *slapen*, wird ein *lekker slaapje*, das Badevergnügen das *lekker zwemmetje* (*zwemmen* = Schwimmen) und das schöne Wetter ist ein *lekker weertje*.

Auch kann die Verkleinerungsform eine Kombination mehrerer Wörter zu einem Wort gewissermaßen abrunden. Mit solch einem Beispiel möchte ich das Kapitel dann auch schließen: Eine Begegnung unter Gleichen, wenn man also unter sich ist, *onder ons*, kann mit dem Diminutiv zu *onderonsje* verbunden werden, wörtlich das Unter-uns-chen. Das kann ein Familientreffen bezeichnen, ebenso wie im Sport ein Nachbarschaftsduell, das brisante Derby.

Dafür liebe ich diese wundervolle Sprache, auch wenn sie für ungeübte Ohren wie eine Halskrankheit klingen mag.

93. Grund

Weil die niederländische Sprache sehr einfach ist, aber auch sehr kompliziert sein kann

Das Schöne am Niederländischen ist es, dass sie dem Lernenden, der mit der deutschen Sprache bereits gut versorgt ist, zunächst wenig Hürden in den Weg legt. Die ersten Sätze sind einfach, viele Vokabeln sind absolut naheliegend, Radio ist *radio*, Auto ist *auto*, essen *eten*, gehen *gaan*. Ruck, zuck habe ich eine Basis, mit der ich umgehen kann, die ich auch sprechen kann, wenn ich einmal die vielleicht ungewöhnlichen, dafür aber konsequent regelmäßigen Ausspracheregeln verinnerlicht habe. Dann bemerke ich nämlich, dass die Kuh zwar *koe* geschrieben, aber Kuh gesprochen wird. Einfach, oder?

Doch es wird nicht lange dauern, bis ich über Hürden stolpere, die zunächst nicht wie Hürden aussehen. Denn Niederländisch ist einfach, hat aber ein Reihe von Tücken.

So heißt »wer« im Niederländischen *wie,* das deutsche »wie« hingegen *hoe,* das dann noch dummerweise so ausgesprochen wird, wie im Englischen »who«.

»Größer als« heißt *groter dan'*und »so groß wie« wird *zo groot als.*

Noch mal in übersichtlich? Gerne:

wer – *wie*

wie – *hoe*

(größer) als – *(groter) dan*

(so groß) wie – *(zo groot) als*

Da soll man als unbefangener Sprachneuling nicht verzweifeln? Doch!

Gut, wenn ich Russisch lernen wollte, wäre ich bei diesem Stand noch immer beim Entziffern der Buchstaben, beim Arabisch daran, mich an die Leserichtung zu gewöhnen, und beim Chinesischen wohl noch dabei, am zweiten Sprachzeichen meine Fingerfertigkeit und Feinmotorik zu üben.

Auch ist die anfängliche Hürde im Niederländischen nicht so hoch, da es nur zwei grammatikalische Geschlechter gibt, sächlich und unsächlich:

De vrouw, de man, het kind. Die Frau, der Mann, das Kind. Und im Plural immer *de*, im unbestimmten Fall für alle *een*. Wie praktisch!

Doch auch hier ist die erste Stolperfalle nicht weit: Das Auto wird nicht etwa *het auto*, sondern *de auto*! Ebenso das Radio wird *de radio*. Eine kleine Wiederholung schadet hier nicht!

Einen weiteren Vorzug des Niederländischen weiß ich vor allem zu schätzen, da ich auch mal zwei Volkshochschulsemester Dänisch lernte. Ich möchte jetzt nicht mit Nischenwissen glänzen, sondern eher mein Faible für Nachbarsprachen unterstreichen. Bei unseren nördlichen Nachbarn ist es unüblich, Wörter so auszusprechen, wie sie geschrieben werden. Und dänische Wörter ähnlich zu schreiben bedeutet nicht, sie auch ähnlich auszusprechen.

Ganz anders im Niederländischen: Jede Buchstabenkombination hat eine feste Aussprache, ob ein Vokal lang oder kurz gesprochen wird, ist auch anhand der Schreibweise abzuleiten. Ausnahmen bilden nur getauschte Konsonanten bei einzelnen Pluralbildungen, *een brief, twee brieven*, ein Brief, zwei Briefe, *de olijf, het olijvje*, die Olive, das Olivchen.

Aber auch dieser Buchstabenwechsel ist höchst regelmäßig.

Um die Aussprache konsequent durchzuhalten, gibt es bei einigen Wörtern allerdings den seltsamen Effekt, dass ein s, das den Plural bedeutet, apostrophiert wird. *Een foto, twee foto's*, ein Foto, zwei Fotos. »Fotos« würde im Niederländischen »fotoß« ausgesprochen, und für das richtige »fotoos« müsste auch das zweite o gedoppelt werden. Oder das Plural-s mit Apostroph angefügt werden. Weshalb allerdings *foto's* besser als *fotoos* ist, kann ich nicht sagen. Vermutlich, da bei *foto's* die Betonung auf dem ersten o liegt, bei *fotoos* auf dem zweiten. Es muss regelmäßig sein, da bin absolut sicher!

Und dass die niederländische Sprache für deutsche Ohren putzig bis seltsam klingen kann, zeigen folgende Beispiele auf Straßenschildern, die beim Urlaub im Nachbarland fast allen im Gedächtnis bleiben:

Vaar minderen, spaar kinderen! – Fahre langsamer, schütze Kinder! Sparen kann man die niederländischen Kinder nämlich nicht!

Let op, drempels! – Vorsicht, eingebaute Hindernisse auf der Fahrbahn, die wir mal *drempels* nennen, damit sie sympathischer wirken.

Fietspad, dus niet brommen – Fahrradweg, also nicht mit dem Mofa (*bromfiets*) befahren.

Und letztlich fragte mich ein Arbeitskollege, der bei seinem Hollandbesuch Radio hörte:

»Sag mal, du kannst doch Niederländisch, was heißt dieses *püntenel*, das hört man dort in wirklich jedem Radiospot!«

Ich musste lachen, denn es kommt tatsächlich ständig in der Radiowerbung vor. Es heißt einfach Punkt nl:

Hören wir mal rein, mit Autoübersetzer:

» Bla-bla-bla, …..!

Da haben wir mal wieder viel zu schnell geblubbert, um möglichst viel Information in unseren 20-Sekunden-Werbespot zu packen! Nicht schlimm, das kannst du alles noch mal nachlesen auf www unseretollefirma püntenel.« Äh, muss nicht sein. Und ich schalte lieber zu einem Radiosender weiter, wo nicht dauernd Werbung trällert!

94. Grund

Weil das IJsselmeer ein See, die Nordsee aber ein Meer ist

Eine der größten Fallen ist aber, wenn man überzeugt ist, ein Wort bedeute im Niederländischen das Gleiche wie im Deutschen, da es ja ebenso oder zumindest sehr ähnlich geschrieben oder gesprochen wird. Es kann nämlich ganz etwas anderes bedeuten! Das sind die sogenannten falschen Freunde.

Jemand, der im niederländischen *kak* ist, muss nicht unbedingt stinken, sondern ist im Gegenteil, sehr vornehm.

Man kann in den Niederlanden zwar *Golf* spielen, aber auch darauf reiten: als Wellensurfer auf der Welle nämlich!

Wer ein *ziel* hat, hat eine Seele, und ich kann der Andacht *andacht* schenken, indem ich aufmerksam bin.

Zum Einkaufen nehme ich als Tüte einen *zak*. Kleiden kann ich mich in ein *pak*, und das ist als Anzug businessmäßig angemessen.

Unangenehm sind *lekke banden*, dafür muss ich nicht an Leitplanken lutschen, aber der Fahrradreifen ist platt!

Wenn die Suppe *gekocht* ist, dann ist sie noch nicht gar, sondern gerade erst käuflich erworben.

Sage bitte niemals »*ik kom klaar*«, wenn damit »ich komme schon klar« gemeint ist. Das wird nur in einer sehr intimen Situation benutzt, kurz bevor der Höhepunkt erreicht ist.

Auch bitte nicht erschrecken, wenn auf der Straße jemand *Fikkie* ruft, das ist ein beliebter Hundename, von *fik* für Pfote.

Und was *nuttig* ist, hat nichts mit schlampig zu tun, es ist vielmehr nützlich.

Umgekehrt könnte jemand aus den Niederlanden sagen: »Mein *enkel* tut weh!«

Wenn der Arzt dann fragt: »Woher wissen Sie das?«, zeigt der Patient vielleicht auf seinen geschwollenen Knöchel.

Eines der lustigsten Beispiele für falsche Freunde, finde ich, ist das Wortpaar meer/zee Meer/See. Das fängt eigentlich ganz harmlos an, denn »die See« ist im Deutschen ja gleichbedeutend mit »das Meer«. Also ist unsere beliebte Nordsee natürlich die *Noordzee*. So weit, so gut. Aber nun das IJsselmeer – ja, beim IJ werden beide Buchstaben großgeschrieben, da es sich quasi um einen Buchstaben handelt, eine sogenannte Ligatur. Das IJsselmeer ist durch den Abschlussdeich von der Nordsee getrennt, also ein Binnengewässer, ein See. Bevor es den Abschlussdeich gab, hieß das Gewässer *Zuiderzee*, klar, weil es südlich der *Noordzee* lag. Aber: Der Deich machte aus *zee* ein *meer*, also aus einem Meer einen See! Doch, jetzt habe ich einen Knoten im Kopf.

Als mir ein niederländischer Bekannter sagte, er fahre zum *Chradameer*, so hörte es sich in etwa an, hat es lange gedauert, bis ich auf den Gardasee schließen konnte. Ich habe nicht schlecht gestaunt, als ich erstmals vom *bodenmeer* hörte. Aber ich freue mich nun, weil ich weiß, dass meine alte Heimatstadt Schwerin am Schweriner *meer* liegt.

Wo wir gerade bei Gewässern sind:

Ein sehr großes Seengebiet südlich von Amsterdam im Grünen Herzen von Holland heißt *Loosdrechtse Plassen*. Also nichts mit *meer*. *Plas* heißt eigentlich Pfütze. *Plassen* kann auch eine Tätigkeit sein, umgangssprachlich, ich kann mal kurz *plassen* gehen, wenn die Blase drückt.

Aber bitte nicht in den See, ins Meer schon eher!

95. Grund

Weil es so lustige Wörter gibt wie »Piepschaum«

Es gibt Geräusche, die dringen durch Mark und Bein, sagt man. Die lassen die Fingernägel krümmen, die machen eine Gänsehaut. Die sind schrill, quietschend, nervtötend. Wir erinnern uns alle an Kreide, die auf der Schultafel im Moment höchster Konzentration oder tiefsten Schulschlafs so ein schrilles Quietschen erzeugte, wenn ein hartes Korn in der Kreide eingeschlossen über den grünen Tafellack kratzte. Der Lehrer drehte sich dann gerne grinsend zur Klasse um, die Lehrerin erschrak selbst am meisten, und die halbe Klasse heulte auf. Irgendwie waren es in meiner Erinnerung die Lehrerinnen, die sich erschraken, und die Lehrer, die grinsten, seltsam. Mir machte es meist nicht so viel aus, aber die halbe Klasse kreischte.

Ein anderes schönes Geräusch erzeugt Styropor, wenn es gegeneinandergerieben wird. Manchmal bereits, wenn es ganz eng in einer Verpackung sitzt, das geschützte Gerät fest einschmiegend, und man sucht den passenden Winkel, um Gerät samt Schutzverpackung aus dem Karton zu zerren. Dann quietscht es leise gegen den Karton. Laut quietschte es, wenn ich es in jungen Jahren zu packen bekam. Ich rieb zwei große Stücke gegeneinander, so lange, bis die kleinen Kugeln über den Teppich verteilt waren.

Styropor heißt es also, dieses schön-hässlich klingende Material, der Fachbegriff lautet Polystyrol. Meine Frau nannte es einmal Quietschpappe und war ganz erstaunt, dass ich den Begriff nicht kannte. Meine Frau kommt aus Sachsen, also könnte es ein regionaler Begriff oder DDR-Sprech sein. In meiner Westsozialisation in Nordrhein-Westfalen, auch während des Studiums in Berlin, ist mir der Begriff »Quietschpappe« niemals begegnet. Das kann ich kaum nachvollziehen, denn es ist ein wundervoller, sprechender, um nicht zu sagen quietschender Begriff. Styropor, noch mehr Polystyrol ist Technik, Quietschpappe literarisch bis poetisch.

Auch im Niederländischen gibt es eine wunderschöne Bezeichnung für den künstlichen Dämmstoff. Dieser wird nämlich höchst offiziell mit *piepschuim* bezeichnet. *Piepschuim*!

Es wird sogar fast wie »Piepschaum« ausgesprochen, mit leicht ins ü verzerrte au. Das sch ist hier aber kein Zischlaut, sondern wie ß und chr, also »Piepßchraüim«.

Die Kombination der Vokale u und i ist eine der schwierigsten im Niederländischen. Wer es genau treffen möchte, übe lange a, ü und i aneinanderzusetzen, das a sogar einen Tick zum ä verschoben: »Piepßräüim«. Ich war jedenfalls gleich entzückt vom piependen Schaum und ein wenig verliebt in dieses schöne Wort, als ich ihm zum ersten Mal begegnete.

Es gibt auch den technischen Begriff im Niederländischen als Alternative: *polystyreen*. Doch *piepschuim* scheint wirklich gebräuchlich zu sein.

Man stelle sich folgende Situation vor:

Kundin/Kunde im Baumarkt fragt Fachverkäufer/in: »Wo finde ich denn den Piepschaum?«

Ich finde ihn zum Piepen!

Danke für diese schöne Sprachschöpfung!

96. Grund

Weil ausgerechnet Pommes frites in den Niederlanden eine Sprachgrenze markieren

Es ist eines der großen Rätsel im Niederländischen. Heißen Pommes frites nun *patat* oder *friet*?

Inzwischen weiß ich, dass diese Unterscheidung eine klassische Sprachtrennung der Niederlande in zwei Teile definiert. »Oberhalb der Flüsse« und »unterhalb der Flüsse« sagt man. Oberhalb, also nördlich von Maas, Waal und Lek, muss es also *patat* heißen, südlich davon *friet*. Wobei die Grenze im Westen doch genauer gezogen werden muss, da Teile der Provinz Südholland südlich der Flüsse liegen, dort aber *patat* gebräuchlicher ist.

Eine ähnliche Sprachgrenze gibt es wohl im Deutschen auch, ganz analog. Im Ruhrgebiet werden Pommes frites wohl mit »Eima' Pommes Schanke, bitte«, in Berlin eher »Ick hätt jern Fritten, wa!« bestellt.

Die einen betonen halt die Knolle, die anderen den Garungsprozess. Nur woher kommt die Sprachtrenung im Niederländischen? Es ist noch nicht einmal der frankophone Einfluss im Süden, denn es leitet sich ja beides von *patates frites* ab, also dem belgisch-französischen Wort.

Möglicherweise liegt es sogar an einer weiteren Sprachgrenze, denn in Belgien und teilweise auch im Süden der Niederlande heißen Kartoffeln *patat*, während im Norden Kartoffeln *aardappelen* heißen. Und hieraus ergibt sich tatsächlich der frankophone Einfluss des Südens. Da *patat* also besetzt ist, muss die Pommes *friet* heißen. Der Norden benutzt *patat* noch nicht, also wird dort der markante erste Teil des Doppelwortes genommen. So einfach könnte es sein.

Nun kommt der Test aufs Exempel, die Namen von Snackbars sollten doch Aufschluss geben.

Es gibt den »Frietwinkel Groningen«, das »Frietstudio Leeuwarden« und »Patat and More« in Eindhoven. Diese widersprechen der Sprachgrenze oberhalb/unterhalb der Flüsse.

In Friesland und Groningen kann ich mir vorstellen, dass der südliche Begriff *friet* als bewusste Abgrenzung gegenüber der Randstad benutzt wird. In Eindhoven könnte das *patat* des Nordens möglicherweise einen Hauch von hip mitklingen lassen. Oder die Chefin oder der Chef kommt einfach aus Rotterdam und verweigert die regionale Anpassung.

Und im ganzen Land gibt es natürlich *Vlaamse friet.*

Letztendlich ist es mir einerlei, wie sie heißen, Hauptsache sie sind heiß! Und *speciaal.*

97. Grund

Weil auch Friesisch eine eigene Sprache ist

Bei einem Hotelaufenthalt in IJlst, in der Nähe von Sneek, hat es mich ein Frühstück lang beschäftigt, herauszufinden, was *griene tsiis* ist.

Es stand auf einem Wandschmuck im Frühstücksraum, der komplette Ausspruch lautete »Bûter, brea en griene tsiis«.

Okay, Butter ist klar, in diesem Zusammenhang muss *brea* wohl Brot sein, aber *griene tsiis*? Seltsam. Grüne Ziegen? Grüne Zähne? Hm, sicher etwas Gemüsiges, doch zu Brot? Was ist grün und gehört aufs Brot?

Ich rollte es im Mund herum, sprach es in Gedanken mal so, mal anders aus, und endlich: Es wollte sich zu etwas Bekanntem zusammenreimen, als ich es »tschies« aussprach! Cheese, Käse, grüner Käse, das muss es sein. Dennoch mochte ich mir nicht vorstellen, dass ein grüner Käse die regionale Spezialität ist. Ich hoffte auf einen vielleicht mit Brennnesseln gefärbten Käse, eher als eine von den Spuren der Zeit in grüne Krümel verwandelte Käsemasse. Den Friesen traute ich in diesem Moment alles zu.

Nachforschungen ergaben, dass der Grüne Käse gar keine so besondere Spezialität ist. Zudem nicht mal grün! Es ist ein Magermilchkäse, der mit Kreuzkümmel und Nelken gewürzt ist, der *Friese nagelkaas*. Die Kombination des dunkelgelben Käses und der bräunlichen Gewürze lässt ihn wohl grünlich erscheinen.

Der Spruch an der Wand, so fand ich später heraus, deutet auch weniger auf lokale kulinarische Spezialitäten hin als vielmehr auf den friesischen Nationalstolz und deren Sprache. Der Satz geht nämlich noch weiter:

»Bûter, brea en griene tsiis, wa't dat net sizze kin, is gjin oprjochte Fries.«

Butter, Brot und grüner Käse, wer das nicht sagen kann, ist kein echter Friese.

Der Käse wurde also gewählt, da er sich auf den Friesen reimt. Der Satz wurde verwendet als ein Schibboleth, also ein Satz, der ausgesprochen die Unsrigen vom Feind unterscheiden soll. Er geht zurück auf Pier Gerlofs Donia, auch der Grote Pier, ein friesischer Freiheitskämpfer im 15. und 16. Jahrhundert. Wer den Satz nicht richtig aussprechen konnte, machte Bekanntschaft mit seinem legendären Schwert, das heute noch im Fries Museum in Leeuwarden ausgestellt ist.

Friesisch, genauer eigentlich Westfriesisch, ist in den Niederlanden seit 1993 offizielle Amtssprache. Im Urlaub auf Ameland oder Schiermonnikoog mache ich mir schon mal einen Spaß und schaue Omroep Fryslân, den friesischen Fernsehkanal. Das ist ein seltsames Hörerlebnis, vielleicht vergleichbar mit dem Lesen, wenn ich meine Brille mit Doppelstärkengläsern abnehme. Man meint etwas zu verstehen, aber es entgleitet einem sogleich wieder. Zumal sich Friesisch schon so ähnlich anhört wie Niederländisch, aber eben kein Akzent ist, sondern eine eigene Sprache mit eigenen Wörtern und einer eigenen Grammatik. Offenbar näher am Englischen, doch selbst gute Englischkenntnisse helfen nicht unbedingt weiter, leider.

In der Provinz Fryslân, wie Friesland offiziell heißt, sprechen etwa 400.000 der 650.000 Bewohnerinnen und Bewohner Friesisch, davon 350.000 als Muttersprache. Der Anteil ist hier deutlich höher als in den anderen friesischen Regionen Ostfriesland und Nordfriesland.

Auch unterscheiden sich die Sprachen dort sehr, Nordfriesisch ist näher am Dänischen. In Ostfriesland gibt es Saterfriesisch. Weiter verbreitet ist dort allerdings friesisch Platt.

Damit hatte ich eine für mich lustige Begegnung, als ich dienstlich in Aurich war. Zwei Mitarbeiterinnen eines Kunden unterhielten sich angeregt auf Platt und waren höchst erstaunt, als ich auf ihre Unterhaltung reagieren konnte. Hier halfen mir meine Niederländischkenntnisse!

11. Kapitel

Lieblingsorte

98. Grund

Weil es ein inspirierendes Vergnügen ist, durch die Straßen des Jordaan zu schlendern

Mein Lieblingsviertel von Amsterdam ist der Jordaan. Es ist das Stadtviertel westlich der Innenstadt und liegt zwischen Prinsengracht im Osten, Lijnbaansgracht im Westen, der Brouwersgracht im Norden und der Leidsegracht im Süden, in der Nähe des Leidseplein.

Den Jordaan zeichnen kleine, lebendige Straßenzüge aus und die ruhigeren Seitengrachten der Prinsengracht. Der Name hat vermutlich nichts mit dem Fluss im Nahen Osten zu tun, sondern wurde vom französischen Wort *jardin* für Garten abgeleitet. Auch die Grachten des Jordaan tragen Namen von Pflanzen, so gibt es hier die Lindengracht, die Bloemgracht und die Rozengracht, sprich: Rosenchracht, das z wird gesprochen wie ein stimmhaftes s, wir erinnern uns an *zacht-zoete drops*. Ein echter Kanal ist von den dreien allerdings nur noch die Bloemgracht, die beiden anderen wurden zugeschüttet, um Platz für breitere Straßenzüge zu schaffen.

Vor allem in den 1960er-Jahren hatte der Jordaan, traditionell ein Arbeiterviertel, eine gewisse Schlagergemütlichkeit. Der Sänger Johnny Jordaan schuf mit *Bij ons in de Jordaan*, das ein wenig an *Ein Freund, ein guter Freund* in Version des Kölner Karnevals erinnert, die Hymne dieser Zeit. Spuren davon sind heute noch zu finden, so tragen viele Kneipen den Schlagercharme der 1960er-Jahre, aus dem Nachbarschaftszentrum in der Elandsgracht erklingt am Sonntagnachmittag Akkordeonmusik, und ein Stück weiter Richtung Prinsengracht ist ein ganzes Skulpturenorchester versammelt. Johnny Jordaan und seine musikalischen Mitstreiter.

In meinem Studienjahr wohnte ich direkt außerhalb des Jordaan, sodass ich häufig durch das Viertel spazierte und radelte. Viel hat sich in den vergangenen 25 Jahren, seit ich die Grachten und Gassen des Jordaan entdeckte, nicht geändert.

Wenn ich in Amsterdam am Hauptbahnhof aus dem Zug stieg, führte mich mein liebster Weg direkt ins Viertel. Zunächst zur Harlemmersluis, wo die durch Coffeeshops geprägte Einkaufsstraße Nieuwendijk in die Haarlemmerstraat übergeht. Dort trifft die Singel, die innerste Gracht des Grachtengürtels, auf die Brouwersgracht.

Je nach Stimmung ging ich entweder ein Stück die belebte Haarlemmerstraat entlang oder bog gleich zur Brouwersgracht ab. Allein für die Blicke in die Keizersgracht und die Herengracht verweilte ich hier oft einige Zeit. Ich beobachtete die Kanalboote auf Grachtenrundfahrt, wie sie um die engen Kurven manövrierten.

Dort, wo Brouwersgracht und Prinsengracht aufeinandertreffen, beginnt der Jordaan. Hier sind die kleinen, inzwischen hippen und angesagten Restaurants und die immer noch kleinen, alternativen Läden und kreativen Nischen. Hierher verlaufen sich weniger Touristen, die meisten finden nicht den Weg über die Prinsengracht.

Die erste Begegnung mit dem Jordaan, von Norden kommend, ist der Noordermaarkt an der Noorderkerk. Ein lebendiger Marktplatz, mit Lebensmitteln, Obst, Gemüse, Käse und großem Bio-Angebot. Wenn kein Markttag ist, dann ist der Platz vor allem bei gutem Wetter dennoch belebt, die Stühle und Bänke vor den Straßencafés sind hier sehr beliebt.

An dessen Südseite quert die Westerstraat das Viertel, eine breitere Straßen mit Geschäften, Snackbars und Supermärkten.

Ich bog häufig in die Eerste Tuindwarsstraat, im späteren Verlauf Eerste Egalantiersdwarsstraat. Ja, die Straßennamen! Und die Orientierung. Die Straßennamen sind eigentlich sehr logisch aufgebaut. Von Ost nach West durchziehen Grachten das Viertel, die Egalantiersgracht, die Bloemgracht, weiter südlich die Lauriergracht und die Looiersgracht. Parallel dazu die passende Straße, also Bloemstraat und Egalantiersstraat. Quer dazu verlaufen Straßen, die durchnummeriert sind und als Querstraße nach der Gracht benannt sind, die sie kreuzen. Eerste Egalantiersdwarsstraat, Tweede Bloemdwarsstraat oder Derde Laurierdwarsstraat als Beispiel. *Dwars* heißt quer, *Eerste, Tweede und Derde* bedeutet Erste, Zweite und Dritte. Vierte Querstraßen gibt es, zumindest in der Namensgebung, im Jordaan nicht. Dennoch fiel mir die Orientierung in diesem Quartier immer sehr schwer, denn sowohl die Grachten als auch die Querstraßen sehen sich ähnlich und verlaufen nicht wirklich in Nord-Süd- beziehungsweise Ost-West-Richtung. Geht man eine der Querstraßen entlang, so wird man immer Richtung Prinsengracht oder Lijnbaansgracht geführt. In der Mitte bleiben geht irgendwie nicht. So verlaufen die Wege durch den Jordaan meist im Zickzackmuster.

Das war manches Mal fatal. Ich wähnte mich in der Mitte des Viertels und radelte doch zielstrebig zur Nordwestecke! Eine gute Orientierung bietet der Turm der Westerkerk, aber der ist nur in wenigen Straßenzügen zu sehen, steht dann aber spektakulär über den Dachgiebeln.

An der Egalantiersgracht angekommen, ging ich gerne Richtung Prinsengracht und dort ein Stück an ihr entlang. Gegenüber thront die Westerkerk mit der markanten blauen Kronenkugel am Kirchturm. Rund um die Westerkerk schlängelt sich die Schlange derer, die auf Einlass ins Anne-Frank-Haus warten, ein Online-Ticket sollte die Wartezeit deutlich verkürzen.

Die Prinsengracht ist meist belebt, Tretboote, Grachtenfahrten, kleinere Rundfahrten in offenen Booten mit Sektkühler, sobald das Wetter es zulässt.

An der nächsten Gracht, der Bloemgracht, geht es wieder hinein in den Jordaan, an der Tweede Bloemdwarsstraat erneut nach Süden. Hier kreuzt die Rozengracht das Viertel. Vormals eine Gracht, heute eine breite Straße, die einzige mit nennenswertem Verkehr, die den Jordaan durchquert. Die Rozengracht teilt den Jordaan zudem in zwei Teile. Nördlich eher bio-alternativ, südlich eher hip.

Weiter geht es durch einen besonders schönen Straßenzug: die Tweede Rozendwarsstraat, in Verlängerung die Tweede Laurierdwarsstraat und in weiterer Verlängerung die Hazenstraat bis zur Elandsgracht.

Besonders an den kleinen Straßen fällt auf, das vieles sehr liebevoll gestaltet ist. Vor den Wohnungen und Geschäften stehen Stühle und kleine Tische, Blumenkübel zieren die Ecken, Stromkästen sind kunstvoll bemalt. Hier scheint die Nachbarschaft aktiv und intakt.

Literaturliebhaber können an der Lauriergracht 37 einen historischen Ort besuchen. Hier logierte im Roman *Max Havelaar* von Multatuli einst die Firma Last & Co. des Kaffeehändlers Batavus Droogstoppel. Obwohl fiktiv, ist den »Makelaars in Koffi« ein Firmenschild gewidmet. *Max Havelaar* ist einer der bedeutendsten Romane der niederländischen Literatur und beschreibt die Missstände in der Kolonie Niederländisch Indien im 19. Jahrhundert.

Mein Rundgang durch den Jordaan endet oft beim *biertje* im Festina Lente, einem gemütlichen Bruin Café an der Looiersgracht. Wer es etwas wilder möchte, geht ein paar Hundert Meter zum Leidseplein, da steppt der Bär!

99. Grund

Weil eine Straßenbahnlinie in Amsterdam zu den schönsten der Welt zählt

Eine Stadt gebaut auf Hunderttausenden von Pfählen, in die Wasser der Amstel und des IJ. Ansonsten stünde hier kein Haus, denn die Grundierung sollte eine Feste sein.

Nun ist Amsterdam auch eine Metropole, Hauptstadt, wenn auch kein Regierungssitz, und Ziel von jährlich Millionen Touristen. Da hat fast jede vergleichbare europäische Stadt ein weit verzweigtes und ausgebautes U-Bahn-Netz, das die Menschen ins Stadtzentrum hinein und wieder heraus befördert.

Doch Tunnelbau und Wasser, das ist nicht einfach. Daher hat Amsterdam ein recht kurzes U-Bahn-Netz, auch ein sehr junges, die erste Linie wurde 1977 in Betrieb genommen. Und von den etwa

50 Kilometern U-Bahn-Strecke verlaufen lediglich zehn Kilometer unterirdisch. Wie also die Menschen transportieren, die nicht mit dem Hauptverkehrsmittel Fahrrad reisen können oder möchten?

Zum Glück verfügt Amsterdam über ein sehr gutes Straßenbahnnetz! In der Bimmelbahn fährt es sich ganz wundervoll durch die Stadt, und der Blick auf ebendiese lässt sich genießen. In einem gemütlichen Reisetempo mit bestem Sightseeing!

Da die meisten Linien an der Centraal Station beginnen, oder enden, je nachdem, bieten fast alle eine sehenswerte Strecke in der Innenstadt und kreuzen irgendwann die Grachten.

Besonders schön ist aber die Reise mit der Linie 2. Das fand auch das Magazin *National Geographic* und hat diese Linie 2014 in die Top 10 der weltweit schönsten Straßenbahnlinien gewählt. In einer Liste mit den als spektakulär bekannten Fahrten durch San Francisco oder Lissabon.

Am besten also an der Centraal Station ein Ticket kaufen, direkt beim Einstieg in der Bahn oder am Automaten, und dann die Fahrt genießen. Die Linie 2 fährt nicht den Dam hinunter, also die breite Straße, die am Bahnhof beginnt, sondern parallel durch den Nieuwezijds Voorburgwal. Sie kreuzt die Spui und biegt an der Singel in die Leidsestraat ein. Hier wird der Grachtengürtel durchquert, mit herrlicher Aussicht auf die Heren-, Keizer- und Prinsengracht. Es bieten sich Aussichten auf die prachtvollen Grachtenhäuser, vor allem auch die prominente Goldene Kurve, die *Gouden Bocht* der Herengracht. Hier ist Obacht geboten: nach der scharfen Rechtskurve, wo es vom Singel in die Leidsestraat geht, an der zweiten Gracht, den Singel mitgezählt, schnell nach links blicken!

Über den Leidseplein geht es am Rijksmuseum vorbei, die Rückansicht mit der großen Freifläche, dem Museumsplein. Zuvor haben wir die exklusivste Einkaufsstraße Amsterdams, die P.C. Hooftstraat, gekreuzt.

Auf der Paulus Potterstraat, der Museumsmeile, geht es nun stadtauswärts. Diamantenmuseum (rechts), Museum für Moderne Kunst

Moco (Links), Van Gogh Museum (links), Stedelijk Museum (links), Conservatorium (rechts).

Im Willemsparkweg bewundern wir die schönen Giebelhäuser des Stadtviertels Amsterdam-Zuid.

Der Stadtteil Schinkel ist eher industriell geprägt, zieht nun aber kreative und junge Betriebe an.

Hinter dem gleichnamigen Fluss Schinkel verläuft die Fahrt durch Hochhaus- und Neubauviertel.

Auch ein spannender Aspekt der Fahrt aus dem Stadtzentrum in die Peripherie: Die Strecke ist gleichsam eine Zeitreise durch die Epochen des Stadtausbaus von Amsterdam.

Ob die Jury des *National Geographic* die Linie bis zur Endstation in Nieuw Sloten gefahren ist, ob sie das überhaupt empfiehlt, das sei dahingestellt. Das schnuckelige, pittoreske Amsterdam jedenfalls endet spätestens am Hoofddorpplein. Wer besondere Fotomotive schätzt, dem sei ein Ausstieg an der Haltestelle Amstelveenseweg empfohlen. Die Lomanstraat ist von dort nicht weit entfernt, eine Straße mit markanten, schiefen Straßenbäumen. Da sind viele Likes auf Instagram garantiert.

Ich würde auf der Rückfahrt ganz sicher am Valeriusplein aussteigen und gemütlich durch den Vondelpark zurück ins Stadtzentrum spazieren. Oder in eines der Museen gehen. Oder etwas Zeit auf dem Museumsplein verbringen. Oder doch erst mal in ein Café einkehren. Oder mal das Kreativviertel Schinkel erkunden. Oder meinen Amsterdamaufenthalt um eine Woche verlängern und sowohl das eine als auch das andere tun.

100. Grund

Weil man mit dem Zug bis fast zum Strand fahren kann

Wie habe ich das in meinem holländischen Sommer geliebt! In Amsterdam Centraal in den Zug steigen, ein halbes Stündchen mit der Bahn tuckeln, aussteigen, ein kurzer Gang, Strand!

Als es wärmer wurde in meinem Studienjahr, so ab Mai, war ich an Wochenenden häufiger in Zandvoort, einfach so. Wie man in Berlin mit der S-Bahn zum Wannsee oder zum Müggelsee rausfährt, in Hamburg mit der Linie 62 nach Övelgönne zum Elbstrand, im Ruhrgebiet mit dem Auto zum Kemnader See, so kann man von der Randstad mal eben mit dem Zug zur Nordsee. Zur Nordsee!

Es war ungewohnt, den Sehnsuchtsort, der immer nur mit viel Aufwand erreichbar schien, direkt verfügbar zu haben. Fast vor der Haustür.

Von Amsterdam ist die günstigste Bahnverbindung zum Strand die nach Zandvoort, von Rotterdam nach Hoek van Holland. Von Den Haag aus liegt Scheveningen direkt vor der Haustür. Dort gibt es keinen Bahnhof, doch ist der Stadtteil der Regierungsstadt sogar mit der Straßenbahn erreichbar. Also auch Schienenverkehr, das zählt.

Vom Stadtzentrum Den Haags fahren mehrere Linien nach Scheveningen, eine besondere Fahrt ist die mit der Touristenlinie 37 in historischen Wagen. Die Strecke führt an vielen Sehenswürdigkeiten entlang, zum Beispiel auch am Parlamentsgebäude, dem Binnenhof. Ob diese bereits von einem Reisemagazin zu einer der schönsten Straßenbahnlinien der Welt gekürt wurde, liegt allerdings nicht in meiner Kenntnis.

Bei schönem Wetter ist es in den Orten natürlich entsprechend voll, vor allem in der Saison, wenn der Strand zum Sonnen und das Wasser zum Baden einladen. Da ich aber selten mit Stranddecke ausgestattet die Tagesreise antrat, sondern eher für den Spaziergang am Meer, hat mich das selten gestört. Ein wenig laufen, und ich hatte den Badehandtuchhotspot verlassen. Und einen Aussichtsplatz im Strandpavillon habe ich meistens bekommen.

Seither bin ich auch für Tagesausflüge an die Nordsee häufiger mit dem Auto unterwegs. Eine Sorge, die ich seitdem habe, entfällt bei Anreise mit der Bahn: die Parkplatzsuche. Auch wenn das Parken in den Seebädern nicht so teuer ist wie in den großen Städten, muss man für das Parkticket in der Garage schon ein paar Euro bezahlen, oder den Parkplatz in Kauf nehmen, der weiter vom Strand entfernt ist.

Natürlich hat das Auto seine Vorteile, es passt mehr Lakritz für die Rückfahrt in den Kofferraum, als in den Rucksack, doch mit dem Zug fördere ich natürlich das, was ich an der Nordsee suche, eben Natur und Ruhe vor dem Straßenlärm. Am besten also mit dem Rad, am zweitbesten mit dem Zug.

Ja, es gibt auch hübschere Orte an der Nordsee als ausgerechnet Zandvoort und Hoek van Holland. Egmond aan Zee oder die Schoorlser Dünen, natürlich die Watteninseln. Ich reise gern auf verschiedene Arten und habe vielseitige Hollanderlebnisse.

Und wenn es Abend wird, nach einem Tag an der See, dann packen alle ihre Strandtasche wieder zusammen und tuckeln zurück nach Amsterdam, Rotterdam oder Den Haag. Im Zug riecht es nach Sonnencreme, und unter den Fußsohlen knirscht Sand.

101. Grund

Weil inmitten eines Polders eine Weltkulturerbe-Insel liegt: Schokland

Der Noordoostpolder in der Provinz Flevoland gehört zu den neueren großflächigen Landgewinnungsmaßnahmen. 600 Quadratkilometer wurden der Zuiderzee für den Bau des Polders abgerungen. Heute wohnen rund 46.000 Menschen dort. Es ist eine relativ dünn besiedelte Gemeinde, große Agrarflächen und Alleen prägen das Landschaftsbild. Flächen, vor allem Flächen. Gerade Straßen über plattes Land. Insgesamt recht eintönig.

Der Bau des Polders wurde in den 1930er-Jahren begonnen und ab 1947 besiedelt. Die Ortschaften sind also recht modern, wenige Gebäude sind älter als 50 Jahre.

Doch plötzlich, bei der Fahrt über den Polder, eröffnet sich ein unerwarteter Blick. Auf einem Hügel erscheint ein Gebäudeensemble, das nicht in die Polderlandschaft passt: grün getünchte Holzhäuser, alte Mauern, eine Kirche. Was auf diesem Land, wo vor 80 Jahren noch der Meeresgrund der Zuiderzee war, wie ein Einsprengsel aus einer anderen Zeit wirkt, ist eine Insel. Eine ehemalige Insel in der Zuiderzee.

Sie heißt Schokland und steht heute unter dem Schutz des UNESCO-Weltkulturerbes.

Die Insel selbst hatte dabei bis zu ihrer Räumung im Jahr 1859 eine bewegte Geschichte. Mehrere Sturmfluten machten das kleine Fleckchen Land etappenweise unbewohnbar. Die rund zwei Kilometer lange, aber kaum 100 Meter breite Insel wurde hauptsächlich von Fischerfamilien bewohnt.

Der Norden von Schokland gehörte zu Holland, der Süden zur Provinz Overijssel. Es entwickelten sich im Nordteil und im Südteil sogar eigene Dialekte. Auch die Religionszugehörigkeit war unterschiedlich. In der Blütezeit zählte die Insel 700 Einwohner. Heute sind es noch fünf, die auf dem Gelände der Insel im Polder wohnen. Der südliche Teil ist ein Museum, in dem das mitunter mühevolle Leben der Fischerfamilien auf Schokland anschaulich dargestellt wird.

Der Name Schokland entspringt vermutlich einer alten Verunglimpfung der Inselbewohner. Er leite sich vom niederländischen Begriff *schokke* ab, getrockneter Kuhmist, mit dem die armen Inselbewohner damals heizten.

Wie unwegsam die Insel früher war, beschreibt die Tradition des *Schokker Dans*, des Tanzes der Schokländer. Der Hauptweg von

Norden nach Süden verlief am Ufer entlang über eine Holzplanke. Sie war so schmal, dass keine zwei Personen nebeneinander auf ihr gehen konnten. Bei jeder Begegnung kam es so zum *Schokker Dans*, bei dem sich beide Personen an den Hüften hielten, um aneinander vorbeizukommen. Es heißt, der Weg auf der Planke war damals äußerst beliebt bei den jüngeren Inselbewohnern, und er förderte so manchen Kontakt.

Auch die heutige Hafenstadt Urk, die 20.000 Einwohner zählt, war vor der Trockenlegung des Noordoostpolders eine Insel. Anders als Schokland hat sie durch den noch aktiven Hafen ihren maritimen Charakter beibehalten können.

In seiner Entstehungszeit war der Noordoostpolder ein beliebter Zufluchtsort für Widerständler gegen die deutsche Besatzung. Mit dem Bau wurde in den 1930er-Jahren begonnen. Auch unter der Besatzung der Nazis wurde weitergebaut, der Polder 1942 trockengelegt. In den Folgejahren wurde der Boden für den Ackerbau bereitet. Die weit abgelegene Polder-Baustelle in der Zuiderzee war also ein geeigneter, weil wenig zu kontrollierender Zufluchtsort.

102. Grund

Weil hier der Kaiser sein Exil fand – Kaiser Wilhelm auf Huis Doorn

Ein altes Landgut in der Nähe von Utrecht ist heute ein Ort der gemeinsamen Geschichte der Niederlande und Deutschlands. Es ist das Haus Doorn, dort lebte der letzte deutsche Kaiser, Wilhelm II. rund 20 Jahre bis zu seinem Tod im niederländischen Exil.

Das Anwesen mit Nebengebäuden und einer großen Parkanlage ist heute als Museum zu besichtigen. Einige Räume zeigen eindrucksvoll noch den Zustand, in dem sie zu Lebzeiten des Kaisers eingerichtet waren.

Doch blicken wir zunächst rund 100 Jahre zurück. Wie kam der Kaiser ins niederländische Exil?

Am 29. September 1918 verkündete die Oberste Heeresleitung des Deutschen Kaiserreichs die Niederlage im Ersten Weltkrieg. Das Hauptquartier befand sich in den letzten Kriegsmonaten in einem Hotel in Spa, das heute im Osten Belgiens liegt. Seit 1914 hatte es unter deutscher Besatzung gestanden. Der noch amtierende Kaiser Wilhelm II. floh einen Monat später, am 29. Oktober 1918, aus Berlin vor den sich abzeichnenden Unruhen und den Forderungen nach seinem Rücktritt eben dorthin, nach Spa.

Als im November 2018 die Weimarer Republik ausgerufen wurde, stand der Kaiser vor der Alternative, zurückzukehren oder das Exil zu wählen. In Berlin hätte er eine Verhaftung und damit wohl seinen Tod zu fürchten gehabt. Also wählte er den Ausweg, das Exil.

Er bat die niederländische Königin Wilhelmina, in die Niederlande kommen zu dürfen, die im Ersten Weltkrieg neutral geblieben waren. Zudem bestand durch mehrere Heiraten unter den Häusern Hohenzollern und Oranien ein verwandtschaftliches Verhältnis.

Wilhelmina gewährte die Bitte des Kaisers und verhinderte so die geforderte Auslieferung an die alliierten Siegermächte.

Zunächst zog die Familie auf das Schloss Amerongen, als Gäste des dortigen Schlossherrn. 1919 durfte das Haus Doorn erworben und 1920 bezogen werden. Dort blieb die Familie bis zu Wilhelms Tod. Zu den Regeln des kaiserlichen Exils zählte auch, dass er das Anwesen nur mit Erlaubnis verlassen durfte, was er allerdings selten tat.

Die Begegnung mit diesem für mich relativ unbekannten Kapitel deutscher Geschichte löste verschiedene Gefühle aus. Zunächst eine befremdliche Neugierde. Der Erste Weltkrieg ist in der deutschen Geschichtswahrnehmung, auch im gymnasialen Geschichtsunterricht, gut hinter dem Zweiten Weltkrieg und der Nazizeit verborgen. Natürlich zu Recht!

Doch trifft man hier ein Kapitel, das gerade einmal 100 Jahre zurückliegt. In Doorn ist die Zeit einer deutschen Monarchie spürbarer als bei Besichtigungen anderer Schlösser, in denen die Bewohner vor allem auf großen Ölgemälden an den Wänden sichtbar sind.

Das Wohnhaus zeigt am besten die Lebenswelt der kaiserlichen Familie. Der Hausstand des Berliner Stadtschlosses zog in mehr als 50 Eisenbahnwaggons von Berlin nach Doorn. Da das Haus deutlich kleiner ist als der repräsentative Palast der Hohenzollern, erscheint das Interieur recht dicht gedrängt.

Eine Vielzahl von alltäglichen Dingen, wie schmuckvolle Tabakdosen, ein Schachspiel, das Porzellangeschirr und die Bibliothek, gibt Einblick in den Alltag auf Haus Doorn. Auffällig sind die vielen Erinnerungsstücke an Friedrich den Großen, ein Vorbild Wilhelms.

Sehr markant: ein spezielles Besteckstück, eine Kombination aus Gabel und Messer, das dem Kaiser beim Mahl diente. Durch einen Geburtsfehler konnte Wilhelm einen Arm nur eingeschränkt bewegen und so nur eine Hand zum Essen gebrauchen.

Wilhelm II. war kein Diplomat, er fiel im Gegenteil durch markige Sprüche auf. Und nicht unbedingt ein gutes Gespür für technische Innovation. So soll er gesagt haben: »Ich glaube an das Pferd. Das Automobil ist eine vorübergehende Erscheinung.«

Die Treue zum Vierbeiner hat er sich sogar ins Arbeitszimmer geholt. Sein Schreibtischstuhl ist nämlich ein umgebauter Sattel. Ob er dieses Sitzmöbel allerdings wählte, weil ihm im Sattel die besten Ideen kommen, oder wegen eines Rückenleidens, ist schwierig zu sagen. Vermutlich ist es ein frühes Beispiel für ergonomisches Sitzen.

Der Kaiser wurde in einem Mausoleum im Park des Anwesens beigesetzt. Anders seine Familie: Die Kaiserin Auguste Viktoria und seine späteren Ehefrau Hermine wurden in Potsdam bestattet. Das wollte Wilhelm für sich auf keinen Fall. Eine mögliche Überführung seines Sarges nach Deutschland untersagte er, außer für den Fall, dass in Deutschland wieder eine Monarchie eingeführt würde.

Durch ihre neutrale Rolle im Ersten Weltkrieg waren die Niederlande wenig betroffen, dennoch lag das kleine Land zwischen den Fronten der großen Nachbarn Frankreich und Deutschland und so mitten im Geschehen. Eine Ausstellung in einem Nebengebäude widmet sich dieser Rolle und der diplomatischen Taktik der Niederlande im Ersten Weltkrieg. Gemeinsam mit dem niederländischen Gedenkzentrum für den Ersten Weltkrieg ist am Haus Doorn so ein Ort des Gedenkens und des gemeinsamen Aufarbeitens der Geschichte entstanden. Ein Ort der Nachbarschaft, von der ich mir in einem vereinten Europa mehr wünsche.

103. Grund

Weil direkt hinter der Grenze ein bezauberndes Künstlerdorf liegt: Ootmarsum

Unmittelbar an der Grenze zwischen der Provinz Overijssel und Niedersachsen, wenige Kilometer von Nordhorn entfernt, liegt das Künstlerdorf Ootmarsum. Es ist ein kleines Nest von rund 4.500 Einwohnern in der Region Twente, nicht weit von Enschede entfernt.

Der Name ist mir eher zufällig begegnet, im Zusammenhang mit dem alljährlich stattfindenden Weihnachtsmarkt an einem Wochenende im Dezember. Zu der Gelegenheit besuchte ich Ootmarsum auch das erste Mal. Es war ein neblig-trüber Tag, es lag ein zarter Puderzucker auf den Dächern. Das Dorfensemble war in ein magisches Licht der Weihnachtsmarktbeleuchtung getaucht. Durch kleine gepflasterte Gassen näherte ich mich der Ortsmitte und war bereits verliebt in dieses Dorf.

Rund um die katholische Stadtkirche und den benachbarten Platz am historischen Rathaus verlaufen verwinkelte, gepflasterte Gassen. Backsteingiebelhäuser bilden das Gebäudeensemble des Ortskerns.

In vielen der Häuser befinden sich Galerien, Ootmarsum ist ein Künstlerdorf. Den Anstoß dazu gab wohl der berühmteste Sohn des Ortes, Ton Schulten. Er gründete dort eine eigene Galerie und eröffnete 2013 sein Museum. Dort sind viele der großflächigen, farbenfrohen Landschaftsmalereien ausgestellt.

Schulten setzte der Region und dem Ort Ootmarsum ein Denkmal. Die Felder und Höfe erstrahlen in lebhaften, kraftvollen, ja strahlend eingefärbten Flächen. Er entwickelte für seine Bilder einen ihm ganz eigenen Stil der abstrakten Landschaftsmalerei.

Und das kommt gut an, auch bei zahlungskräftigen Kunstliebhabern. Einen kleinen Schulten hätte ich mir leisten können, anstelle des großen Bildes hätte ich eher den Mittelklassewagen gewählt.

Ich kaufte dennoch etwas in der Galerie, ein Buch, Landschaften plus Gedichte. Denn so ganz konnte ich mich dem Zauber und der Strahlkraft der Bilder nicht entziehen.

Ootmarsum hat sich in den vergangenen Jahrzehnten zum Ort der Kunst entwickelt. Heute befinden sich neben vielen Galerien auch Ateliers für Glaskunst und eine Glasbläserei, diese bereits mit langer Tradition. Neben Ausstellungen werden dort Führungen und Workshops angeboten.

In einem ehemaligen Kloster hat sich eine Brennerei etabliert, die ihre besonderen regionalen Spezialitäten anbietet.

Wer mehr über die Geschichte der Region um Ootmarsum, die Dinkelland heißt, erfahren möchte, findet dazu Gelegenheit im Freilichtmuseum. Das zeigt das ländliche Leben zu Beginn des 20. Jahrhunderts. Es betrachtet sowohl die Seite der bäuerlichen Bevölkerung als auch die der Amtsverwaltung. In 16 alten Bauernkaten und Schuppen wird die Historie lebendig präsentiert. Auf dem Gelände des Museums befindet sich auch eine Brauerei. Ich vermute mal, dass es dort Dinkelbier gibt.

Ootmarsum ist traditionell sehr mit der Agrarwirtschaft verbunden und nennt sich auch die *Siepelstad*, die Zwiebelstadt. Es deuten viele Straßenskulpturen auf diese Tradition hin, so das Siepelvrouwtje auf dem Kirchplatz und eine Zwiebelfigur in der Klostergasse. Die Skulpturen schaffen eine Verbindung, zwischen dem Ort der Kunst und der Agrarregion.

Es ist bemerkenswert, dass die Zwiebel in dieser Region *siepel* heißt, denn auf Niederländisch übersetzt heißt Zwiebel *ui.* Siepel, das klingt fast schon nach Zwiebel, dafür müsste man lediglich sechs Kilometer weiter nach Osten fahren.

Der Höhepunkt des Jahres und eine ganz besondere Gelegenheit, den Ort kennenzulernen, ist der jährliche Weihnachtsmarkt »Kerst en Kunst«, der, soweit ich in Erfahrung bringen konnte, in jedem Jahr am 3. Advent stattfindet.

Die Geschäftsstraßen der Ortsmitte verwandeln sich dann in einen bunten Markt mit Ständen, an denen allerlei Festliches und Kunstvolles angeboten wird.

Chöre treten auf, Musiker und Gaukler ziehen durch die Gassen und tauchen Ootmarsum in einen winterlichen Zauber. Ich komme wieder, keine Frage. Im Sommer und am nächsten 3. Advent.

104. Grund

Weil in Giethoorn die Boote flüstern

Wie viel kostet es wohl, ein Haus in Giethoorn zu bauen? Die Antwort mag überraschen: 50 Millionen! Und wie viel kostet es, ein Hotel zu bauen? Auch diese Antwort überrascht: 50 Millionen plus vier Häuser! Dafür bekommt man aber auch 450 Millionen Miete, wenn man dort ein Hotel besitzt und jemand landet auf Giethoorn, beim Würfeln!

Ja, wir sind beim Würfelspiel, und es ist das altbekannte Monopoly. Okay, aber Giethoorn?

Doch, der kleine Ort in der Provinz Overijssel mit gerade einmal rund 2.500 Einwohnern hat es geschafft, ein Feld in der World Edition anlässlich des 80-jährigen Jubiläums von Monopoly zu bekommen. Damit sind die Niederlande das einzige Land, das in diesem Spiel zwei Orte auf dem Brett hat.

Allerdings war Amsterdam von vornherein gesetzt, Giethoorn hat die »Wild Card« gezogen, sprich die weltweite Abstimmung, welche Stadt den Platz der Turmstraße, wenn wir von der deutschen Edition ausgehen, bekommen soll.

Giethoorn ist nicht bloß ein Dorf mit einigen Tausend Einwohnern, es zieht auch jährlich mehr als zwei Millionen Touristen an, viele davon aus Fernost. Sie waren wohl alle so begeistert von diesem Ort, dass sie ihn auf das Spielbrett gewählt haben.

Und was macht ihn nun aus, den Ort, der Scharen von Touristen anzieht?

Vor allem ist es eine Gracht im Ort, der älteste Teil von Giethoorn. Die Häuser liegen auf kleinen Inseln am Hauptkanal und kleinen Stichkanälen. Erreichbar sind sie hauptsächlich mit dem Boot und über eine schmale Holzbrücke vom Fußweg auf der anderen Seite des Kanals. Die Häuser sind durchgängig mit Reet gedeckt. Durch die Kanäle fahren heute lautlos Hunderte Elektroboote, sogenannte Flüsterboote, mit Reisenden aus aller Herren Länder. Früher wurden Kähne hier entlanggestakt, die Post, Milch, Heu und Waren des täglichen Bedarfs brachten. Selbst die Kühe wurden auf den schmalen Booten transportiert.

Wohl wegen der vielen Brücken, eine schöne Perspektive ergibt sich vom Wasser aus, wenn die Torbögen mit den weiß getünchten Geländern eine Reihe konzentrischer Bögen bilden, nennt Giethoorn sich *Dutch Venice* oder *Hollands Venetië*, das niederländische Venedig. Um in Asien touristisch zu punkten, kann ich diesen Vergleich schon verstehen, nachvollziehen jedoch nicht. Mich erinnerten die traditionellen Kähne eher an Fahrten durch den Spreewald, auch das mitteleuropäische Flair des Ortes, weniger an die Gondolieri, die Seufzerbrücke oder prächtige Dogenpaläste der Lagunenstadt. Auch das holländische Schmuddelwetter, das gerade herrschte, als ich den Ort besuchte, passte nicht zum Mittelmeer.

Aus meiner Sicht bedarf es dieses Vergleichs auch gar nicht. Denn es ist der völlig eigenständige Charakter, der den Charme von Giethoorn ausmacht. Das Gefühl, in der Zeit zurückversetzt zu sein, wenn man von den leise dahinsurrenden Elektrobooten und den knipsenden Touristen absieht. Wer des Morgens, außerhalb der Saison, vielleicht noch an einem Donnerstag bei leichtem Nieselregen, an der Dorpsgracht entlangläuft, der wird die Stille genießen, die dieser autofreie Teil von Giethoorn bietet. Vielleicht schnattern drei Enten.

Und wer sich eines der Flüsterboote ausleiht, stunden- oder tagesweise, der fährt hinaus auf die Bovenwijde, den großen See, der aus dem Ort zwischen den Häusern an vielen Stellen hervorblitzt, und hat dort weites Wasser. Zwar gibt es an vielen Stellen zahllose Boote auszuleihen, doch lohnt sich im Sommer eine Reservierung, die online vorab möglich ist, ganz sicher.

Die Entstehung dieses besonderen Ortes ist im Dorfmuseum *'t Olde Maat Uus* wunderbar nachzuerleben.

Die besondere Landschaft entstand durch den Abbau der Hochmoore, später auch der Niedermoore. In diesem Zuge zog das Dorf Giethoorn mehrfach um, den abzubauenden Moorflächen hinterher.

Es führen sowohl ausgeschilderte Wanderwege als auch Fahrradrouten durch den Ort und das Umland, das eine wundervolle Seenlandschaft zu bieten hat, mitten im Nationalpark Weerribben-Wieden.

105. Grund

Weil in der Festungsstadt Heusden keine Reklame leuchten darf

Die Festungsstadt Heusden besuchte ich an einem klaren Februartag. Die Sonne beschien an diesem Tag die weiten Wiesen und spiegelte sich auf dem langsam westwärts fließenden Wasser der Bergschen Maas. Ich fuhr recht langsam oben auf dem Damm und wäre wohl lieber mit dem Fahrrad unterwegs gewesen, wäre es nicht so verdammt kalt. Zwei Grad unter null, gefühlt noch kälter bei recht scharfem Wind.

Und plötzlich tauchte sie auf: die Festungsstadt Heusden mit ihren breiten Wassergräben, den mächtigen Stadttoren und dem Wall, wo einst ein festes Mauerwerk die Stadt gegen die Launen der Geschichte verteidigen sollte.

Ich parkte etwas außerhalb der Stadt und genoss zunächst den Anblick von jenseits des Wassergrabens. Die Silhouette von Heusden flimmerte erhaben im Gegenlicht der noch tief stehenden Vormittagssonne. Durch ein mächtiges Stadttor, das Wijkse Poort, betrat ich das Innere der Festungsanlage.

Ich staunte vom ersten Moment an. Würden hier nicht einige Autos parken, wäre die historische Kulisse perfekt, und ich fühlte mich ins Goldene Jahrhundert der Niederlande zurückversetzt.

Der Käseladen, das Buchgeschäft, der Süßwarenhändler, Galerien und Ateliers, alle haben sie kunstvoll bemalte Schilder über ihrem Eingang. Moderne Reklametafeln sind im Ort nirgends zu sehen, Leuchtreklame ist gänzlich verboten. Ich schlenderte, mein Blick schweifte durch die Häuserzeilen, die Ladenauslagen und in die Seitengassen.

In einer Straßenflucht entdeckte ich eine hölzerne Bockwindmühle und bog dort kurzerhand ein. Die Straße führte mich zum Wall am Stadthafen. Er dient auch als Jachthafen und Ausgangspunkt für die Rundfahrten der Ausflugsschiffe über die Maas. Von dort ist auch der nahe Industriehafen mit seinen mächtigen Ladekränen zu sehen, doch dominieren die alten Gebäude, der Wall, die Kanonen an der Hafenmauer und inzwischen zwei historische Bockwindmühlen.

Die Finger froren mir bald ab, doch mochte ich keinen Moment mit dem Fotografieren aufhören. Es ergaben sich immerzu neue, interessante Perspektiven mit Hafenmauer, Windmühlen, der kleinen Zugbrücke und den Giebeldächern des Ortes.

Als der innere Stadthafen zwei Mal umrundet war, nahte die Rettung: das *Eetcafé* Havenzicht. Es war noch vormittags, und mir stand der Sinn nach einem zweiten Frühstück. *Pannekoeken* oder ein *broodje kaas* wäre jetzt prima! Dafür war es im Februar leider selbst in diesem touristischen Ort zu saisonfern. Der Kellner schüttelte den Kopf, die Küche öffnete erst ab Mittag. Ich erklärte mich auf der Stelle mit dem Alternativangebot einverstanden, *appeltaart* und *chocomel*. Die Finger dankten es mir.

Viele der kunstvollen Ladenschilder, die die Gassen in Heusden schmücken, weisen auf Galerien und Kunsthandwerk hin. Zwischen moderner Kunst und ansprechenden Dekoartikeln bietet Heusden ein breites Spektrum.

Entlang der Flüsse Maas und Waal liegen mehrere Städte, denen auf der Karte noch anzusehen ist, dass sie einmal gut gesicherte Festungen waren. Neben Willemstad und Geertruidenberg auch das nahe Zaltbommel. Entlang der großen Flüsse verlief über lange Zeit die Grenze zwischen dem spanisch besetzten Gebiet und den Vereinigten Niederlanden. Gegen Ende des 16. Jahrhunderts wurde Heusden im Auftrag von Wilhelm von Oranien zur Festungsstadt ausgebaut. Die Festung und der Garnisonsstandort wurden im 19. Jahrhundert aufgegeben, doch erkannte man bald schon den historischen Wert der Wallanlage, die so erhalten blieb.

Ein trauriges Kapitel der Stadtgeschichte ereignete sich in den letzten Kriegstagen 1944. Die bereits besiegte Besatzungsarmee der deutschen Wehrmacht sprengte vor dem Rückzug aus der Stadt das alte Rathaus. Hier verbargen sich 134 Bewohner, sie kamen alle ums Leben. Das Rathaus galt als eins der schönsten in den Niederlanden und wurde nicht wieder aufgebaut.

1968 begann die historische Restaurierung der Altstadt von Heusden, die bis heute noch nicht komplett abgeschlossen ist. Der Aufwand der Restaurierung, so konnte ich nach einem kurzen Besuch bereits bestätigen, hat sich gelohnt. Die Hafen- und Festungsstadt an der Maas ist ein Juwel, ein besonders sehenswerter Ort in den

Niederlanden. Trotz des historischen Charmes behält die Stadt einen lebendigen Charakter. Es fühlte sich trotz der historischen Kulisse nicht an, als liefe man durch ein Freilichtmuseum.

Ein Besuch in Heusden lohnt sich, sowohl für einen Tagesausflug als auch für einen Wochenendtrip. In der wärmeren Jahreszeit ist der Besucherandrang allerdings entsprechend größer, dafür aber das gastronomische Angebot ganz sicher vielfältiger.

106. Grund

Weil ein Steuertrick die weiße Stadt Thorn geschaffen hat

Eine kleine Stadt, die jedoch viel Einfluss hat, so hätte das Motto von Thorn im Mittelalter lauten können. Der heute rund 2000 Einwohner zählende Ort verdankt seinen Einfluss einem Kloster mit strengen Aufnahmeregeln, nur adelige Damen mit reinstem Stammbaum, adelig in allen Familienlinien bis in die achte Generation zurückreichend. Das Kloster hatte in der Region auch politisches Sagen und den Status eines eigenen Fürstentums inne.

Vor der napoleonischen Besatzung mussten die Nonnen jedoch fliehen und ließen sich in Essen nieder.

Eine Recherche nach Thorn überraschte mich dann allerdings doch: Thorn sei UNESCO-Weltkulturerbe! Okay, es ist ein besonderer, wirklich sehenswerter Ort mit einmaligem, unverwechselbarem Ortsbild, aber dass es gleich Weltkulturerbe wäre, hätte ich doch nicht vermutet. Es löste sich schnell auf: Thorn heißt auch die Hauptstadt der polnischen Woiwodschaft Kujawien-Pommern, gemeinsam mit Bydgoszcz. Aber das Thorn in der niederländischen Provinz Limburg, etwa 40 Kilometer südlich von Venlo gelegen, an der Maas und an der Landesgrenze zu Belgien, ist in jedem Fall einen Ausflug und eine Besichtigung wert.

Um seine Besonderheit, die meisten Häuser im Ort sind weiß gestrichen, gibt es mehrere konkurrierende Geschichten. Auch sie haben mit der Besatzung durch die Franzosen im Jahr 1794 zu tun. Die neuen Herrscher erhoben von der Bevölkerung eine Steuer, die abhängig von der Fenstergröße zur Straße hin war. Viele Einwohner konnten sich diese Steuer nicht leisten, da sie in relativ großen Häusern wohnten, dennoch vergleichsweise arm waren. Die Klosterherrschaft forderte wohl einen kleineren Zehnten als die Franzosen. Backsteine gab es gerade genügend im Ort, von der Ruine des geschleiften Klosters, und etwas weiße Farbe war günstiger als die neue Steuer. So wurden die Fenster kurzerhand zugemauert und das Haus weiß getüncht.

Zugemauert ist klar, aber weshalb weiß getüncht? Da Armut in dieser Zeit als Schande angesehen wurde, wollte niemand zugeben, sich die Steuer nicht leisten zu können. Also wurde das soeben umgebaute Haus ganz in Weiß getüncht, um die Narben des Umbaus in der Fassade zu verdecken. Denn die Steine des Klosters waren größer und wohl von anderer Farbe als die ursprünglichen Backsteine des Hauses.

Es ist heute natürlich schwierig nachzuvollziehen, ob die Kaschierung tatsächlich funktionierte. Die Nachbarn werden es wohl mitbekommen haben, wer im Ort seine Fenster vermauert hatte. Und ein Ort von 1000 Einwohnern, oder wie viele es am Ende des 18. Jahrhunderts gewesen sein mögen, besteht ja so gut wie ausschließlich aus Nachbarn.

Es mag sicher auch für die Bewohner selbst angenehmer gewesen sein, eine frische weiße Fassade zu betrachten, als den Beweis der eigenen finanziellen Misslage und die bauliche Manifestation der nun verdunkelten guten Stube.

Einige Häuser im Ort blieben in ihrer ursprünglichen Farbe. Hier, sagt man, wohnten die Reichen, die sich die Steuer leisten konnten und keine Fenster vermauern mussten.

Die Zeit der französischen Besatzung endete mit Napoleons Niederlage in Waterloo 1815. Die Häuser indes blieben bis heute weiß.

In den 1970er-Jahren erhielt der Ort den Denkmalstatus des geschützten Stadtbildes, und rund 100 Häuser sind ein Einzeldenkmal.

Der Tourismusverband dankt sicherlich den findigen Bewohnern für ein unverwechselbares Merkmal, das Thorn den Beinamen »Het witte stadje«, das weiße Städtchen einbrachte.

107. Grund

Weil eine kleine Insel im IJsselmeer eine echte Marke ist

Auf einem Urlaubsfoto, es muss aus dem Jahr 2007 sein, bin ich abgebildet, wie ich mit dem Fahrrad über eine Zugbrücke fahre. Es ist eine dieser typischen weißen Zugbrücken, mit einem ausgeschmückten Torbogen, der Hebekonstuktion oberhalb der Brücke, bestehend aus einem Gegengewicht, Auslegebalken und Ketten, die den Brückenboden bei Bedarf heben sollen. Die Fahrbahn der Brücke ist gerade eben breit genug, dass ich mit meinem Hollandrad drüberfahren kann, links und rechts weiße Holzgeländer. Viel länger als mein Hollandrad ist die Brücke auch nicht. Auf dem Foto ist nicht zu erkennen, über welche Art von Wasser die Brücke verläuft, es sieht aber eher nach einem kleinen, mit Entengrütze bedeckten Teich aus als nach einem befahrbaren Gewässer, das jemals rechtfertigen würde, die Brücke zu öffnen! Sie passt für mich eher ins Miniaturland Madurodam als in ein bewohntes Dorf mit einem genutzten Weg.

Im krassen Gegensatz zur Größe der Brücke steht ihr Name: Auf dem Torbogen prangt in Großbuchstaben MÁXIMA BRUG. Benannt nach Königin Máxima, zum Zeitpunkt der Aufnahme noch Prinzessin Máxima.

Die Brücke befindet sich auf der Insel Marken und steht zugleich stellvertretend für diese: alles irgendwie Miniatur. Die Orte, die Gassen, die Häuser, selbst die Brücken wirken wie im Kleinformat. Für die Insel Marken passt am ehesten die Bezeichnung »schnuckelig«, und das ist hier keinesfalls geringschätzig gemeint.

Auffallend sind die Häuser. Viele haben Holzfassaden, dunkelgrün, schwarz oder auch grau gestrichen, die Spitzgiebel und Fenster strahlend weiß abgesetzt. Um die Kirche herum, den Kerkbuurt, überwiegen Backsteinhäuser.

Die Insel liegt im Markermeer, einem Teil des IJsselmeeres, rund 20 Kilometer nördlich von Amsterdam. Es war einer meiner liebsten Radwege rund um Amsterdam während meines Austauschjahres an der UvA. Der Weg von Amsterdam dorthin führt die meiste Zeit direkt auf dem Deich am IJsselmeer entlang. Unterwegs liegt noch der bezaubernde Ort Durgerdam.

Die Insel Marken erreicht man vom Festland über einen knapp einen Kilometer langen Damm. Auf der Insel angekommen, erreicht man zunächst den großen Parkplatz. Er ist das einzig wirklich Große auf Marken, denn die Insel ist, bis auf den Weg zum Parkplatz, autofrei.

Marken wurde ursprünglich von Mönchen besiedelt, bis zur Fertigstellung des Abschlussdeichs 1932 bewohnten auch Fischer die Insel. Das Leben dort war allerdings wenig bequem, als Teil der Zuiderzee wurde das Land häufig überspült.

Heute ist der Tourismus die wichtigste Einnahmequelle, mit rund einer Million Besuchern jährlich. Dafür schmeißen sich die Inselbewohnerinnen und -bewohner auch schon mal in Schale: Auf Marken kann man sie häufig in den traditionellen Trachten durch die Straßen laufen sehen.

Auffällig ist auch der Leuchtturm, der als *Paard van Marken,* das Pferd von Marken, bekannt ist. Der Turm mit seinem Nebengebäude erinnert aus der Ferne betrachtet an die Gestalt eines Pferdes. Hm, na gut, etwas!

Da Marken eine Insel ist, ist die stilvollste Anreise natürlich per Boot! Ab Volendam fahren beinahe stündlich Ausflugsschiffe nach Marken.

108. Grund

Weil der alte Hafen von Enkhuizen wunderschön ist

Wir waren auf Fahrradtour durch die Niederlande. Zwei Wochen ab Utrecht mit längerem Aufenthalt auf Texel und zurück über den Houtribdijk Richtung Deutschland.

Wir hatten uns bei heftigem Gegenwind über den 27 Kilometer langen Deich gekämpft, der das IJsselmeer in zwei ungleiche Teile teilt. Gute zwei Stunden hatten wir dafür gebraucht. Glücklich waren wir auf dem Flevolandpolder angekommen und suchten im Zentrum von Lelystad eine Gelegenheit, zur Mittagspause einzukehren.

Ein unbeschreibliches Gefühl von traurigem Abschied setzte ein. Einerseits, weil der Urlaub bald vorbei wäre, anderthalb Etappen standen uns noch bevor, andererseits, weil schlagartig klar war: Der schönere Teil der Strecke liegt jetzt hinter uns.

Wir sollten mit Kampen und Zwolle noch zwei sehenswerte Städte besuchen und auch landschaftlich reizvolle Strecken beradeln, doch Lelystad und Flevoland wirkten plötzlich unendlich trist. Ja, auch die jüngste der niederländischen Provinzen hat ihre Reize, doch die waren gerade zutiefst verborgen.

Die Trostlosigkeit der Innenstadt von Lelystad wurde zudem noch durch einen sehr starken Kontrast verstärkt. Noch wenige Stunden zuvor waren wir nämlich in einer der schönsten Städte der Niederlande losgeradelt, in Enkhuizen.

Folgende zwei Thesen möchte ich hier nicht unterschlagen, darauf angesprochen, werde ich aber abstreiten, dass ich ihnen in irgendeiner Form zustimme:

Der Houtribdijk verbindet die schönste Stadt der Niederlande mit der hässlichsten.

Lelystad leitet sich ab von *lelijk*, dem Niederländischen Wort für »hässlich«.

Ich löse auf: Lelystad wurde nach Cornelis Lely benannt, dem Bauingenieur und späteren Minister für Wasserangelegenheiten, Handel und Wirtschaft. Er legte den ersten realisierbaren Plan zur Trockenlegung der Zuiderzee vor, dessen Umsetzung von der Regierung 1913 beschlossen wurde.

In Enkhuizen hatten wir uns für einen Ruhetag entschieden, da wir uns sofort in diese stimmungsvolle und charmante Stadt verliebt hatten. Die Pracht des Goldenen Zeitalters ist hier zu spüren. Der maritime Charakter, Grachten und schmuckvolle Häuschen, eine Ahnung davon bekommt man in der alten Hafenstadt an der Zuiderzee.

Enkhuizen war auch ein Standort der Niederländischen Ostindien-Kompanie, also legten hier die großen Handelsschiffe mit Waren aus den Kolonien an. Der Reichtum der Händler ist an den prachtvollen Grachtenbauten erkennbar.

Heute ist Enkhuizen ein sehr beliebter Ausgangsort für Segeltouren auf dem IJsselmeer. Im alten Hafen liegen viele der historischen Plattbodenschiffe, die für Charterfahrten bereit stehen. Sie steuern die historischen Städte Hoorn, Volendam und Monnikendam an, auch die Häfen auf der friesischen Seite des IJsselmeers.

Bis Windstärke 4 ist das Segeln auf den Plattbodenschiffen eine wundervolle Art zu reisen. Bei stärkerem Wind jedoch kann selbst das IJsselmeer einen ungemütlichen Wellengang produzieren. Obwohl es ja ein Binnensee ist. Die Plattbodenschiffe schaukeln gut mit, da sie keinen Kiel haben, sondern eben einen platten Boden. Sie haben stattdessen zwei Schwerter, links und rechts, so waren sie als Transportkähne auf Kanälen mit geringem Tiefgang und den friesischen Seen besonders geeignet.

Die Boote bieten Platz für bis zu 50 Personen, die größeren Klipper sogar mehr, daher ist im Buitenhaven und dem benachbarten Alten Hafen durch die Gruppenfahrten stets viel Betrieb. Dort ist auch der schönste Ort zum Verweilen. Auf der breiten Hafenpromenade bieten Cafés Plätze zum Sitzen. Der Drommedaris, ein mächtiger backsteinerner Doppelturm mit Tordurchgang, der ehemals als Gefängnis diente, und die weiße Hebebrücke am Hafenausgang bieten eine prächtige Kulisse.

Eine besondere Sehenswürdigkeit ist das Zuiderzeemuseum. Es hat einen Außenbereich mit original erhaltenen Häusern und einem Nachbau des Hafens von Marken.

Das Museum zeigt die Geschichte der Region Westfriesland, wie dieser Teil der Provinz Nordholland früher genannt wurde. Im Sommer werden die vielen handwerklichen Anlagen von Akteuren bespielt, viele davon freiwillige Helferinnen und Helfer, die sich für das Museum engagieren.

Eine Sache ist allerdings schwierig an Enkhuizen: die Aussprache. Der schwierigste Laut im Niederländischen ist nämlich die Vokalkombination ui. Eine Kombination aus ä, ü und i, wie wir im *Grund 95: Weil es so lustige Wörter gibt wie »Piepschaum«* bereits erfahren haben.

Enkhuizen war mein Übungswort für das ui bei den ersten privaten Niederländisch-Einheiten, so brachte der Ort mich zum Verzweifeln, noch bevor ich entdecken durfte, wie wundervoll er ist.

109. Grund

Weil eine Vielzahl von Schlössern und »Buitenplaatsen« zum Besuch locken, beispielsweise das Landgut Twickel in Delden

Die Niederlande sind nicht unbedingt bekannt für prunkvolle Schlösser. Doch es gibt sie und gar nicht mal wenige! Vor allem aber gibt es eine Vielzahl ehemaliger Landsitze mit großzügigen Landschaftsparks und pittoresken Gartenanlagen.

Anders als in Deutschland waren die Landhäuser nicht unbedingt Adelssitze, sondern die Zufluchtsstätten der reichen Städter, meist der Kaufleute, die in den Sommermonaten mit dem gesamten Hausstand aus den stickigen Städten in ihre Anwesen vor den Toren der Stadt umzogen. Daher ist die niederländische Bezeichnung für diese Landsitze auch *buitenplaats*, der Ort weit draußen. Diese sind vor allem in der Zeit des Goldenen Zeitalters, im 17. Jahrhundert, entstanden, als Handelsfamilien großen Reichtum erwirtschafteten.

Heutzutage werden viele der Landsitze als Museen oder Hotels genutzt, einige sind in kommunaler Verwaltung, andere werden mit einem Stiftungsvermögen betrieben und vor allem mit viel Herzblut durch lokale Freiwillige.

Einige sind tatsächlich noch bewohnt, so wie das Landgut Twickel in der Nähe von Enschede. Das Herzstück ist ein prachtvolles Wasserschloss. Da es aber bewohnt ist, öffnet es seine Tore nur an wenigen Tagen im Jahr für Besuche.

Doch auch die 4.000 Hektar große Anlage im Stil des englischen Landschaftsparks mit seinen Alleen, Seen, einem Wildgehege und einem romantischen Pavillon mit bester Aussicht über das Gelände, lohnt den Besuch. Und das Schloss ist aus vielen Perspektiven zu bewundern. Zum Gebäudeensemble gehört auch eine Orangerie, die im Winter echte Orangenbäume beherbergt, im Sommer aber den Gästen für eine Kaffeepause offen steht.

Mit weiteren Ländereien, die zum Landgut Twickel gehörten, war es einst das größte Anwesen der Niederlande, das sich in Privatbesitz befand. Heute wird es von einer Stiftung verwaltet.

In den Niederlanden gibt es rund 700 dieser *buitenplaatsen*. Vor allem in der Nähe der größeren Städte, sodass sie zum Zweck der Stadtflucht dienen konnten.

Die Parkanlagen und die Gärten waren den damaligen Besitzern besonders wichtig. So wichtig, dass sie häufig zunächst einen Park anlegen ließen, ihm mehrere Jahre Wachstum gönnten, bevor die Gebäude errichtet wurden. Man wollte anscheinend lieber einige Jahre auf den Sommersitz der Familie warten, als den Sommer zwischen allzu niedrigen Bäumchen zu verbringen.

Viele sind beispielsweise entlang des Flusses Vecht zu finden, der zwischen Amsterdam und Utrecht verläuft. Östlich von Utrecht hatte ich die Gelegenheit, drei weitere Landsitze zu besuchen.

Sehr beeindruckend fand ich die Anlage des heutigen Museums Oud-Amelisweerd, in Bunnik. Dort sind wechselnde Ausstellungen zu sehen. Die Parkanlage liegt am Kromme Rijn, einem alten Arm des Rheins, der hier allerdings nur noch wenige Meter breit ist. Der Ort spielt auch eine Rolle in *Grund 26: Weil es nur einen Katzensprung über den Rhein ist.*

In einem Nebengebäude befindet sich eine Backstube, soweit ich mich erinnere mit einem Angebot an Biobroten und Cafébetrieb. Es duftete dort verführerisch.

Wenige Kilometer entfernt ist der Ort Leersum. Dort eröffnete vor einigen Jahren ein Hotel im Kasteel Broekhuizen. In historischem Ambiente werden erlesene Speisen serviert. Das Hotel verfügt über eine Hochzeitssuite mit traumhaftem Blick in die Parklandschaft. Kategorie sehr edel!

Auch das Huis Doorn, in dem der letzte deutsche Kaiser Wilhelm II. seine Exiljahre verbrachte, und das Schloss Amerongen, auf dem die kaiserliche Familie zwei Jahre verbrachte, sind von dort nicht weit entfernt. Die Geschichte ist im Grund 102: *Weil hier der Kaiser sein Exil fand – Kaiser Wilhelm auf Huis Doorn* erzählt.

110. Grund

Weil die Provinz Limburg einen frankophilen Charme besitzt

Es war in einer kleineren Stadt in der Provinz Limburg. Ich war für einen Samstagsausflug hier. Shopping, Stadt anschauen, kleiner Marktbummel, das schöne Wetter auf einer der *terrasjes* am Marktplatz genießen. Mein üblicher Plan, wenn ich eine für mich noch unbekannte Stadt erkunden möchte. Es verlief auch zunächst alles wie gewohnt. Zwischendurch wurde ich immer mal wieder stutzig, wenn bestimmte Erwartungen nicht in Erfüllung gingen, die von Erfahrungen aus anderen Städte herrührten. Mir fehlte irgendwie der Instinkt, der bestimmte Riecher.

Beispielsweise musste ich sehr lange nach einer Snackbar suchen, die sonst immer die prominenten Ecken der Innenstadt besetzten.

Auch waren bedeutend weniger Menschen auf dem *fiets* unterwegs, es parkten weniger, und es huschten weniger an mir vorbei.

Ich studierte das Essensangebot der Restaurants am Marktplatz. Hier fand ich Angebote für dreigängige Mittagsmenüs: Vorspeise, Hauptgericht, Nachtisch. Auffällig viele der Gäste saßen zur Mittagszeit beim Glas Wein.

Ein Imbiss hatte sogar verschiedene herzhafte Pasteten im Angebot. Unwillkürlich suchte ich nach *Foie gras*, der französischen Gänseleberpastete. Aus Neugierde, nicht aus Appetit.

Und irre ich mich? Ist nicht auch die Architektur hier anders als in Zwolle oder Amersfoort? Für Grachten liegt der Ort zu hoch, das war mir klar, aber wo richtige Backsteinbauten sonst den Marktplatz zieren, stehen hier Fachwerkhäuser. Eher der Art, wie sie im Elsass zu sehen sind, als in der benachbarten Eifel.

Kein Vertun: Holland ist das nicht.

Dass die Provinz Limburg französischen Einfluss hat, könnte an der kurzen Zeit der französischen Besatzung unter Napoleon liegen, oder einfach daran, dass die Limburger die Südländer der Niederlande sind.

Auch ist hier deutlich, dass Karneval eine kulturelle Rolle spielt. Fast jede größere Stadt in Limburg hat Kostümläden. Wer schon mal im Februar in Venlo war, sieht überall Vorzeichen des *Vastelaovend*, wie der Karneval in der Hochburg an der Maas genannt wird.

Viele Orte haben in Limburg zweisprachige Ortsschilder, wobei der limburgische Name dem Niederländischen nicht immer ähnlich ist:

Roermond – Remunj
Maastricht – Mestreech
Sittard – Zitterd

Dass die Limburger humorvoll mit ihrem Sprachaußenseitertum umgehen können, zeigt ein Lied der Limburger Band Rowwen Hèze, die für Limburg mindest so etwas ist wie BAP für Köln:

't is een kwestie van geduld
Rustig wachten op de dag
Dat heel Holland Limburgs lult

Es sei also bloß eine Frage der Geduld, bis ganz Holland Limburgisch, äh, spricht, im Lied ist eine eher derbe Form gewählt.

Ungewöhnlich für die Niederlande sind auch die Berge und Hügel, selbst eine Serpentine, so etwas Ähnliches zumindest, führt hinauf zum Dreiländereck, dem *drielandenpunt*, bei Vaals in der Nachbarschaft zu Aachen.

Limburg hat zudem noch das Problem, dass es regional höchst diffizil ist, wo man sich befindet, wenn man in Limburg ist. Eine berechtigte Frage ist auch: Woher kommt der Limburger Käse?

Die Region Limburg war einst ein Herzogtum, das jedoch im Spiel der Nachbarmächte erobert, geteilt, vereinigt und erneut geteilt wurde. So gehörte es zu Brabant, dem Burgunderreich, zu Spanien, den Niederländischen Generalstaaten, zu Österreich und unter Napoleon sogar zu Frankreich, auch zu Belgien und zum Deutschen Bund.

Heute gibt es neben der niederländischen Provinz Limburg, die seit 1866 zu den Niederlanden gehört, auch eine belgische Provinz mit demselben Namen.

In diesem Namenswirrwarr wundert es nicht, dass die Partei Forum voor Democratie, eine rechtspopulistische, antieuropäische Partei, auf einem Wahlplakat zu einer Provinzwahl mit einem Bild des Limburger Doms antrat. Nur: Es war der Dom von Limburg an der Lahn, das liegt bekanntermaßen in Hessen. Die Namensgleichheit ist Zufall, die beteiligten Orte sind weder verwandt noch verschwägert.

Ach so: Der Limburger Käse, genießbar mit zugehaltener Nase, hat seinen Ursprung in der belgischen Provinz Limburg. Er wurde vermutlich zuerst von Mönchen in der Nähe der Stadt Herve produziert, die allerdings heute in der Provinz Lüttich liegt. Der belgische Name des Käses ist *Fromage de Herve.*

Ich habe im eingangs beschriebenen Ort, es war übrigens Sittard, an dem Tag noch meine *friet speciaal* bekommen. Abends auch ein vegetarisches Menü, allerdings erst im dritten Restaurant, das ich angesteuert hatte. Das wäre mir in Utrecht oder Tilburg wohl leichter gefallen.

Und doch, ach, dieses *Flair especielle!*

111. Grund

Weil die Provinz Friesland eine stolze Geschichte und jüngst auch die Kultur entdeckt hat

Die Friesen waren einst eine große Nation und besiedelten die Küstengebiete zwischen Schelde und Elbe, die Nordfriesen hoch bis zur heutigen deutsch-dänischen Grenze. Doch verstanden die Friesen sich in ihrer Geschichte nicht unbedingt als eine Nation. Über viele Jahrhunderte waren sie als die Sieben Seelande in einem losen Bund vereint. Das Gebiet der Friesen war im Mittelalter nicht unbedingt zugänglich, so entstanden kaum reichere oder mächtigere Zentren.

Aus Kriegsdiensten für den deutschen Kaiser wurde ihnen aber das Recht der Friesischen Freiheit zugesagt, vermutlich durch Karl den Großen, der Friesland die Autonomie zusicherte.

Die Seelande waren eher genossenschaftlich organisiert, regelmäßig jedoch trafen sich deren Abgesandte am Auricher Upstalboom zum Ratschlag. Die wichtigste Aufgabe war der Schutz der Deiche, davon weiß nicht nur Hauke Haien, der Deichgraf in Theodor Storms *Schimmelreiter* ein Lied zu singen.

»De nich will dieken, mutt wieken«, war das Motto der Friesen, wer keine Deiche baut, muss gehen. Es entstand gewissermaßen ein frühes »Poldermodell« der gegenseitigen Solidarität.

Heute gehören noch drei friesische Regionen dem interfriesischen Rat an. Die niederländische Provinz Friesland, offiziell Fryslân, Ostfriesland mit weiteren friesischen Gebieten in Niedersachsen und der Landkreis Nordfriesland mit Helgoland.

Von allen niederländischen Provinzen hat Friesland die eigenständigste Kultur und die größte Identifikation mit der Region. Es gibt sogar eine kleine Unabhängigkeitsbewegung, die Friesland unter der niederländischen Krone eigenständig machen möchte, doch hat sie kaum politisches Gewicht. Wie wir bereits in *Grund 97: Weil auch Friesisch eine eigene Sprache ist* erfahren haben, sind die Friesen auch besonders stolz auf ihre eigene Sprache.

Der größte Stolz der Friesinnen und Friesen ist allerdings sportlicher Natur, das haben wir bereits in *Grund 88: Weil die Elfstedentocht das größte Wintersportspektakel der Welt ist* erfahren.

Wer die friesische Fahne kennt, könnte die roten Farbtupfer, die auf den weißen Streifen der blau-weiß gestreiften Fahne zu sehen sind, zunächst für kleine Herzen halten. Das macht sie vor allem bei deutschen Touristen sehr beliebt. Tatsächlich sollen es aber Seerosen sein, was den Sympathiewert aus meiner Sicht aber nicht schmälert.

Einen großen Effekt auf den Tourismus hatte zuletzt auch die friesische Kultur, die sich auf die internationale Bühne gewagt hat. Die Hauptstadt Leeuwarden und die Region Friesland waren 2018 Europäische Kulturhauptstadt. Hier wurde viel Wert auf Regionales wie Sprache und Natur gelegt. Vor dem Besuch der Kulturhauptstadt hätte ich wohl nicht gewusst, dass zwei Berühmtheiten in Leeuwarden geboren wurden: die (vermutlich) berühmteste Spionin in der Zeit des Ersten Weltkrieges Mata Hari, vermutlich, da ihre Schuld nie eindeutig bewiesen werden konnte, und M. C. Escher, dessen Werdegang in *Grund 33: Weil der Blick in den Zauberspiegel des M.*

C. Escher magisch ist beschrieben ist. Beiden wurde 2018 eine große Ausstellung im Fries Museum in Leeuwarden gewidmet.

Vier der fünf niederländischen Watteninseln liegen in der Provinz Friesland. Nur Texel, die westlichste, gehört zur Provinz Nordholland.

Und wenn Sie, liebe Leserin, liebe Leser, eine Sache aus diesem Buch mitnehmen, sagen Sie auf Vlieland, Terschelling, Ameland und Schiermonnikoog bitte nicht mehr: Ich bin in Holland!

650.000 Friesinnen und Friesen werden es Ihnen danken.

Bildnachweis

Titelfoto: © Jenifoto/stock.adobe.com, Bildleiste von oben: © rh2010 - stock.adobe.com, ©dihetbo - stock.adobe.com, ©Sander - stock.adobe.com, © Olha Rohulya - stock.adobe.com, © Uncleroo/depositphotos.com, © LarisaP/depositphotos.com, © airtony/depositphotos.com.

Textteil: 1. Kapitel: © venemama - stock.adobe.com, 2. Kapitel: © egon999 - stock.adobe.com, 3. Kapitel: © Melanie - stock.adobe.com, 4. Kapitel: © Eric Gevaert - stock.adobe.com, 5. Kapitel: © tournee - stock.adobe.com, 6. Kapitel: © Juri - stock.adobe.com, 7. Kapitel: © Vitalinka - stock.adobe.com, 8. Kapitel: © geshas - stock.adobe.com, 9. Kapitel: © Nataraj - stock.adobe.com, 10. Kapitel: © erikdegraaf - stock.adobe.com, 11. Kapitel: © selitbul - stock.adobe.com

Bildteil 1 (von oben nach unten): Seite I: © Mediagram - stock.adobe.com, S. II: © shorty25 - stock.adobe.com, © jstuij - stock.adobe.com, S. III: © misign - stock.adobe.com, S. IV: © Joachim - stock.adobe.com, S. V: © Jenifoto - stock.adobe.com, © Jeroen van den Broek - stock.adobe.com, S. VI-VII: © Lucian Constantin - stock.adobe.com, S. VIII: © Oliver Hübner, © mrvisual - stock.adobe.com, S. IX: © Laurens - stock.adobe.com, S. X: © Mediagram - stock.adobe.com, S. XI: © samott - stock.adobe.com, © Melanie - stock.adobe.com, S. XII: © julia700702 - stock.adobe.com, mije shots - stock.adobe.com, S. XIII: © Pangfolio.com - stock.adobe.com, © Corinne - stock.adobe.com, Sarawoot - stock.adobe.com, © aquariagirl1970 - stock.adobe.com, S. XIV-XV: © breedfoto - stock.adobe.com, S. XVI: © kiranphoto - stock.adobe.com

Bildteil 2 (von oben nach unten): Seite I: © sborisov - stock.adobe.com, S. II-III: © maartenhoek - stock.adobe.com, S. IV-V: © Oliver Hübner (alle Abbildungen), S. VI: © Oliver Hübner, S. VII: © Oliver Hübner, © Donnerbold - stock.adobe.com, S. VIII-IX: © Oliver Hübner, S. X-XI: © Oliver Hübner, S. XII: © Oliver Hübner, S. XIII: © cees49 - stock.adobe.com, © pit24 - stock.adobe.com, S. XIV-XV: © djama - stock.adobe.com, S. XVI: © Oliver Hübner

111 GRÜNDE, DÄNEMARK ZU LIEBEN

GELASSENHEIT, GLÜCK, »HYGGE«: DÄNEMARK IST IN JEDEM VON UNS.
SIE MÜSSEN ES IN IHREM INNEREN NUR FINDEN, ES AUSGRABEN UND FÜHLEN.

111 GRÜNDE, DÄNEMARK ZU LIEBEN
EINE LIEBESERKLÄRUNG AN DAS SCHÖNSTE LAND DER WELT
Von Maritta G. Demuth
320 Seiten | Taschenbuch
Plus zwei Farbteile á 16 Seiten
ISBN 978-3-86265-612-7 | Preis 12,99 €

Dänemark aus Sicht einer Insiderin, die der Zufall in dieses Land führte und die mindestens 111 Gründe davon abhalten, es jemals wieder zu verlassen.

Dänemark, das ist nicht nur skandinavisches Klima mit viel Wind, der trübe Gedanken davonbläst, Dänemark, das sind nicht nur wundervolle Landschaften mit weiten Wiesen, Wäldern und endlosen Stränden. Dänemark ist auch ein hochmoderner Staat, der die digitalen Vorzüge unserer Zeit höchst effektiv für seine Bürger auszuschöpfen weiß und sich nicht in unnötiger Bürokratie verliert.

Dänemark ist eine Gesellschaft, in der gearbeitet wird, um zu leben, nicht umgekehrt. Dänemark, ein außergewöhnliches Land, in dem nichts perfekt sein muss, ein Land, das Sie mit Gelassenheit so nimmt, wie Sie sind. Dänemark – Balsam für die Seele.

WWW.SCHWARZKOPF-SCHWARZKOPF.DE

OLIVER HÜBNER, geboren 1968 in Unna, Diplom-Physiker, Autor, Blogger und ITler. Studierte in Berlin und ging für ein Auslandsjahr nach Amsterdam. Beruflich zog er 2004 nach Schwerin, machte Pressearbeit für ein Filmfestival und schrieb Kolumnen für ein Wochenblatt. 2013 kehrte er ins Ruhrgebiet zurück, gründete dort die Agentur *Blogwerk* und begann sein deutsch-niederländisches *Blog speciaal.*

Oliver Hübner
111 GRÜNDE, DIE NIEDERLANDE ZU LIEBEN
Eine Liebeserklärung an das schönste Land der Welt

ISBN 978-3-86265-782-7

VERLAG
Schwarzkopf & Schwarzkopf Verlag GmbH
Kastanienallee 32, 10435 Berlin
Telefon: 030 – 44 33 63 00
Fax: 030 – 44 33 63 044

INTERNET | E-MAIL
www.schwarzkopf-schwarzkopf.de
www.facebook.com/schwarzkopfverlag
info@schwarzkopf-schwarzkopf.de